日蓮門下の人間群像

――師弟の絆、広布の旅路

下

目次

四条金吾《しじょうきんご》　鎌倉《かまくら》……11
日眼女《にちげんにょ》　鎌倉《かまくら》……99
池上《いけがみ》兄弟　武蔵《むさし》……113
松野六郎左衛門入道《まつののろくろうざえもんのにゅうどう》　駿河《するが》……155

西山殿《にしやまどの》 駿河《するが》 …… 174
曽谷教信《そやきょうしん》 下総《しもうさ》 …… 186
秋元太郎兵衛尉《あきもとたろうひょうえのじょう》 下総《しもうさ》 …… 205
コラム　お礼の手紙——時を逃《のが》さず、真心《まごころ》には真心で …… 215
波木井氏一族《はきいしいちぞく》 甲斐《かい》 …… 217

高橋六郎兵衛入道《たかはしろくろうひょうえのにゅうどう》・妙心尼《みょうしんあま》夫妻 駿河《するが》……235
船守弥三郎《ふなもりやさぶろう》夫妻 伊豆《いず》、新田殿《にいだどの》 伊豆《いず》……255
日妙聖人《にちみょうしょうにん》 鎌倉《かまくら》、さじきの女房《にょうぼう》 鎌倉《かまくら》……269
妙密上人《みょうみつ》 鎌倉《かまくら》、日女御前《にちにょごぜん》……288
三沢殿《みさわどの》 駿河《するが》、新池殿《にいけどの》 遠江《とおとうみ》……301

内房女房《うつぶさのにょうぼう》　駿河《するが》、内房尼《うつぶさのあま》　駿河《するが》……317

椎地四郎《しいじのしろう》　鎌倉《かまくら》、星名五郎太郎《ほしなごろうたろう》、弥三郎《やさぶろう》……327

最蓮房《さいれんぼう》　佐渡《さど》、遠藤左衛門尉《えんどうさえもんのじょう》　佐渡《さど》……343

熱原《あつはら》の三烈士《さんれっし》　駿河《するが》……359

石河新兵衛入道《いしかわしんひょうえのにゅうどう》・重須殿女房《おもすどののにょうぼう》　駿河《するが》、

刑部左衛門尉女房《ぎょうぶのさえもんのじょうのにょうぼう》　尾張《おわり》、出雲尼《いずもあま》　安房《あわ》……373
妙法尼《みょうほうあま》、妙一女《みょういちにょ》……391

日蓮門下の人間群像　上　目次

新尼《にいあま》・大尼《おおあま》　安房《あわ》
光日尼《こうにちあま》　安房《あわ》
工藤殿《くどうどの》　安房《あわ》
国府《こうの》入道《にゅうどう》夫妻《ふさい》　佐渡《さど》
大学三郎《だいがくさぶろう》夫妻《ふさい》と大学允《だいがくのじょう》　鎌倉《かまくら》
富木《とき》常忍《じょうにん》　下総《しもうさ》
阿仏房《あぶつぼう》　佐渡《さど》
千日尼《せんにちあま》　佐渡《さど》

北条《ほうじょう》弥源太《やげんた》　鎌倉《かまくら》
中興《なかおき》入道《にゅうどう》一族　佐渡《さど》
南条《なんじょう》兵衛《ひょうえ》七郎《しちろう》　駿河《するが》
上野《うえの》尼《あま》御前《ごぜん》（南条時光《なんじょうときみつ》の母）　駿河《するが》
南条時光《なんじょうときみつ》　駿河《するが》
妙一尼《みょういちあま》　鎌倉《かまくら》
一谷《いちのさわ》入道《にゅうどう》夫妻《ふさい》　佐渡《さど》
大田《おおた》乗明《じょうみょう》　下総《しもうさ》

一、本書は、「大白蓮華」に連載された「日蓮門下の人間群像――師弟の絆、広布の旅路」（２０１９年９月号～２０２２年１月号）を収録した。

一、御書の引用は、『日蓮大聖人御書全集 新版』（創価学会版）に基づき、ページ数は（新〇〇㌻）と示した。『日蓮大聖人御書全集』（創価学会版、第二七八刷）のページ数は（全〇〇㌻）と示した。

一、法華経の引用は、『妙法蓮華経並開結』（創価学会版、第二刷）に基づき（法華経〇〇㌻）で示した。

一、御書引用文中の省略箇所は、通解も含めて……で示した。

一、説明が必要と思われる語句等には、注を付けた。

一、御書引用文中、及び「池田先生の講義から」「池田先生の指針から」において、必要と思われる箇所には（　）で注や補足を付けた。

一、当時の地名については、連載時点の地名を（　）で補足した。

表紙写真　アフロ

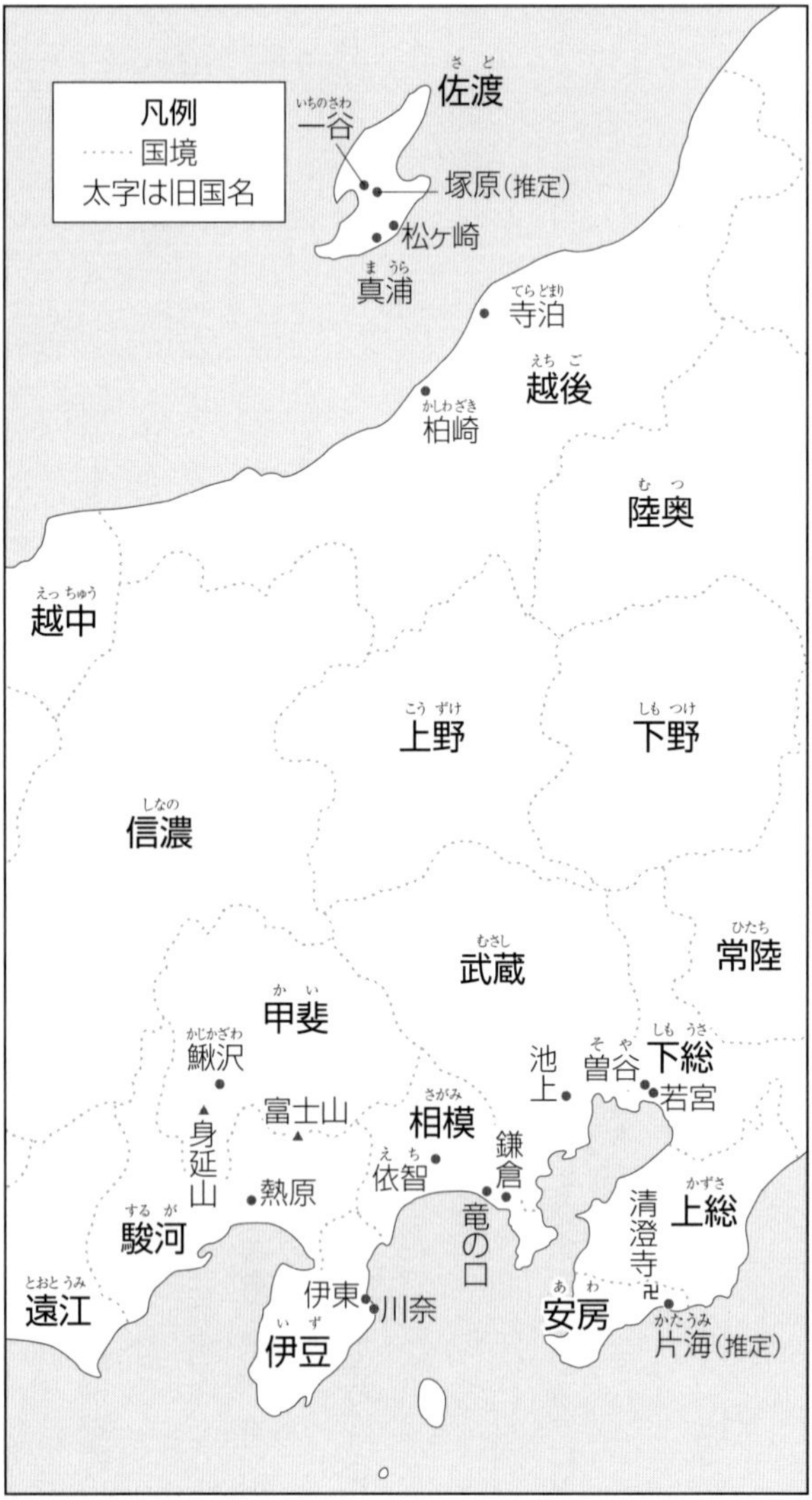
凡例
国境
太字は旧国名
佐渡《さど》
一谷《いちのさわ》
塚原（推定）
松ケ崎
真浦《まうら》
寺泊《てらどまり》
越後《えちご》
柏崎《かしわざき》
陸奥《むつ》
越中《えっちゅう》
上野《こうずけ》
下野《しもつけ》
信濃《しなの》
武蔵《むさし》
常陸《ひたち》
甲斐《かい》
鰍沢《かじかざわ》
池上
曽谷《そや》
下総《しもうさ》
若宮
富士山
身延山
相模《さがみ》
鎌倉
依智《えち》
熱原
竜の口
上総《かずさ》
清澄寺
駿河《するが》
遠江《とおとうみ》
伊東
川奈
伊豆《いず》
安房《あわ》
片海《かたうみ》（推定）

日蓮大聖人の主な足跡

四条金吾《しじょうきんご》

鎌倉《かまくら》

四条金吾《しじょうきんご》は、日蓮大聖人が鎌倉《かまくら》で弘教《ぐきょう》を始められた早い時期から大聖人の弟子になったと伝《つた》えられています。

金吾《きんご》は、いかなる苦難《くなん》が起きようと、門下《もんか》の中心として戦《たたか》い抜《ぬ》きました。金吾《きんご》夫妻が大聖人から頂《いただ》いたお手紙は、分かっているだけで約30数通の多きにのぼっています。

大聖人の門下《もんか》の中でも、特《とく》に四条金吾《しじょうきんご》に親近感を持つ人は少なくありません。

その理由の一つに、金吾《きんご》が大聖人から頂《いただ》いた数々の指針《ししん》が具体的《ぐたいてき》で、現実生活に関《かん》するものが多いという点があるのではないでしょうか。〝短気を起こしてはならない〟〝お酒に気をつけなさい〟〝女性《じょせい》を叱《しか》ってはいけない〟〝陰《かげ》の人を大切に〟――現代《げんだい》にも通じる、大切な御指導《ごしどう》だと思います。

また、金吾《きんご》の人柄《ひとがら》が開放的で、いわゆる〝人間くささ〟があるのも魅力《みりょく》となっています。何よりも、時代の荒波《あらなみ》の中でも信心を貫《つらぬ》き、社会に信頼《しんらい》と勝利の旗《はた》を打ち立てた〝行動の人〟であったからだとも考えられるでしょう。

池田先生は、金吾《きんご》の人生に触《ふ》れて、こう綴《つづ》られています。「いかなる逆境《ぎゃっきょう》にも、ひとたび掲《かか》げた『信仰《しんこう》の旗《はた》』を厳然《げんぜん》と振《ふ》り続《つづ》ける。その人が本当に偉大《いだい》な人です。真の一流の人間です」（『希望の経典「御書」に学ぶ』第3巻）と。

金吾《きんご》の生涯《しょうがい》を通し、苦難《くなん》に打ち勝つ信心、師弟不二《していふに》に生《い》き抜《ぬ》く信心を学んでいきましょう。

父子ともに忠義《ちゅうぎ》に厚《あつ》く

まずは、四条金吾《しじょうきんご》の人物像《じんぶつぞう》に迫《せま》っていきます。

金吾《きんご》の生没年《せいぼつねん》には諸説《しょせつ》があり、はっきりとしたことは分かっていません。さまざまな伝承《でんしょう》によると、竜《たつ》の口《くち》の法難《ほうなん》の折《おり》に殉死《じゅんし》の覚悟《かくご》で大聖人にお供《とも》をした時、金吾《きんご》は27歳とも、42歳とも、43歳だったともいわれています。

四条金吾《しじょうきんご》の正式な名乗りは「四条中務三郎左衛門尉頼基《しじょうなかつかさのさぶろうざえもんのじょうよりもと》」で、名字《みょうじ》は四条《しじょう》、実名《じつみょう》（通称などではない本当の名前）は頼基《よりもと》です。「金吾《きんご》」というのは、「衛門府《えもんふ》」の唐名《とうみょう》（中国風の呼《よ》び名《な》）で、頼基《よりもと》の官職《かんしょく》が「左衛門府《さえもんふ》」の「督《かみ》・佐《すけ》・尉《じょう》・志《さかん》」という4等官のうちの3番目、「左衛門尉《さえもんのじょう》」であることによる呼《よ》び名《な》です。当時は正式な場面を除《のぞ》き、実名《じつみょう》で呼《よ》ばれることはなく、日頃《ひごろ》は「四条左衛門尉《しじょうさえもんのじょう》」や「四《し》条金吾《じょうきんご》」などのように、名字《みょうじ》と官職《かんしょく》で呼《よ》ばれていたと考えられます。[1]

金吾《きんご》と父親は2代にわたって、鎌倉幕府《かまくらばくふ》の執権《しっけん》・北条《ほうじょう》家の支流《しりゅう》である江間《えま》家（名越《なごえ》家）に仕《つか》える武士《ぶし》でした。金吾《きんご》の父が仕《つか》えた主君・江間光時《えまみつとき》は、名門でありながら、謀反《むほん》の疑《うたが》いをかけられて、伊豆《いず》の江間《えま》の地（静岡県伊豆《いず》の国市）に幽閉《ゆうへい》されました。それでも、金吾《きんご》の父は変《か》わらず主君に忠誠《ちゅうせい》を尽《つ》くしました。

「頼基陳状《よりもとちんじょう》」には、金吾《きんご》の父が仕《つか》えていた主君・光時《みつとき》が、執権《しっけん》・北条時頼《ほうじょうときより》の怒《いか》りに触《ふ》れて処罰《しょばつ》された時、数百人の一族の家臣《かしん》らが心変《こころが》わりをした中で、金吾《きんご》の父だけが、ただ一人、最後《さいご》まで主君に奉公《ほうこう》し抜《ぬ》いた、と記《しる》されています（新1579ページ・全1161ページ、趣意）。

金吾《きんご》は、この父の跡《あと》を継《つ》ぎ、江間《えま》家に仕《つか》えることになりました。父に似《に》て、金《きん》吾《ご》も人一倍、忠義《ちゅうぎ》に厚《あつ》い武士《ぶし》でした。武術《ぶじゅつ》に優《すぐ》れているだけでなく、医術《いじゅつ》にも通《つう》達《だつ》しており、主君からの信頼《しんらい》が厚《あつ》かったことが御書の各所《かくしょ》から、うかがえます。

文永《ぶんえい》9年（1272年）に起きた二月騒動《そうどう》（北条《ほうじょう》一門の内乱）の折《おり》には、江間《えま》氏が謀反《むほん》に連《つら》なった嫌疑《けんぎ》をかけられると、伊豆国《いずのくに》にいた金吾《きんご》は、ただ一人で箱根の山を越《こ》えて鎌倉《かまくら》に向かい、主君の前で自害《じがい》しようという8人のうちに加《くわ》わっています。

父の代から変《か》わらぬ忠誠《ちゅうせい》を貫《つらぬ》いた金吾《きんご》は、主君と家臣《かしん》という立場の違《ちが》いはあれ、人間として、江間《えま》氏と強い信頼《しんらい》の絆《きずな》で結《むす》ばれていたと考えられます。

さらに人となりの面では、金吾《きんご》は正義感《せいぎかん》が強い一方で、「あなたは確《たし》かに短気な相《そう》が顔にあらわれています」（新1593ジペー・全1171ジペー、通解）と仰《おお》せのようになっています

1　「三郎《さぶろう》」というのは「仮名《けみょう》」（通称）で、〝3番目の男子〟という意味。その前にある「中務《なかつかさ》」は父が中務省《なかつかさしょう》で何らかの官職《かんしょく》を持っていたことを示《しめ》している。「中務省《なかつかさしょう》」も「左衛門府《さえもんふ》」も朝廷《ちょうてい》の機構《きこう》だが、鎌倉《かまくら》時代には、こういった朝廷《ちょうてい》の官職《かんしょく》が幕府《ばくふ》に仕《つか》える武士《ぶし》たちに名誉称号《めいよしょうごう》として与《あた》えられるようになっていた。

に、剛毅《ごうき》で一本気なところもあったようです。

家族のことを通した激励《げきれい》

金吾《きんご》は、早くから大聖人に帰依《きえ》していたと推測《すいそく》されます。しかし、残《のこ》された大聖人の書状《しょじょう》で金吾《きんご》の動静《どうせい》をうかがうことができるのは、文永《ぶんえい》8年（1271年）からです。これは、金吾《きんご》が大聖人と同じ鎌倉《かまくら》に在住《ざいじゅう》し、日頃《ひごろ》から大聖人にお目にかかる機会《きかい》が多く、わざわざ書状《しょじょう》を交《か》わす必要《ひつよう》がなかったためではないかと考えられます。

それでも、大聖人が鎌倉《かまくら》におられた時期は、金吾《きんご》の身に何か大事なことが起これば、お手紙が交《か》わされています。

例《たと》えば文永《ぶんえい》8年（1271年）には、前年に亡《な》くなった金吾《きんご》の母親の追善《ついぜん》に際《さい》して、お手紙を送られています。〝亡《な》くなられたあなたのお母さまは、法華経の行者です。日蓮の檀那《だんな》です。どうして餓鬼道《がきどう》に堕《お》ちることがあるでしょうか。きっと、釈迦仏《しゃかぶつ》、多宝仏《たほうぶつ》、十方《じっぽう》の諸仏《しょぶつ》の御宝前《ごほうぜん》にいらっしゃることでしょう。その仏たちが「これこそ四条金吾《しじょうきんご》のお母《かあ》さんですよ、お母《かあ》さんですよ」と、お母《かあ》さまの頭をなで、喜《よろこ》び、褒《ほ》められているでしょう。お母《かあ》さまは、「ああ、私は何と素《す》晴《ば》らしい子どもを持ったことでしょう」と釈迦仏《しゃかぶつ》と語られていることでしょう〟（新1515ページ・全1112ページ、趣意）と。

母親の生前の信心を最大《さいだい》に称《たた》えるとともに、強盛《ごうじょう》な信心の功徳《くどく》は自身のみならず、一族を包《つつ》み込《こ》み、家族と共《とも》に成仏《じょうぶつ》の道を歩めることは疑《うたが》いないことを教えられているのです。

また、文永《ぶんえい》8年（1271年）に記《しる》された別《べつ》のお手紙では、この年に金吾《きんご》の妻・日眼女《にちげんにょ》が女の子を出産《しゅっさん》したことをとても喜《よろこ》ばれています。

「金吾《きんご》夫妻が願《ねが》っていた安産《あんざん》が叶《かな》った様《さま》は、まるで潮《しお》が満《み》ちあふれ、春の野に

花が咲《さ》いたようです」（新1511ページ・全1110ページ、趣意）

一家にあって、娘《むすめ》はまさしく「春の花」のような存在《そんざい》であると祝福《しゅくふく》されているのです。また、このお手紙では、金吾《きんご》の子に「月満御前《つきまろごぜん》」と命名されています。

これらのお手紙から、大聖人が金吾《きんご》のみならず、一族全体の幸せを心から願《ねが》われ、家族に訪《おとず》れるさまざまな機会《きかい》を通じて、いっそう信心を奮《ふる》い起《お》こすように励《はげ》まされていたことがうかがえます。

文永《ぶんえい》8年9月12日

金吾《きんご》は、大聖人の御生涯《ごしょうがい》で最大《さいだい》の法難《ほうなん》に接《せっ》し、師弟《してい》の絆《きずな》を確固《かっこ》たるものにした日を迎《むか》えます。竜《たつ》の口《くち》の法難《ほうなん》が起きた文永《ぶんえい》8年（1271年）9月12日です。

この日の「申時《さるのとき》（午後4時頃）」（新204ページ・全287ページ）、鎌倉《かまくら》の松葉ケ谷《まつばがやつ》にあった大聖人の草庵《そうあん》を、侍所《さむらいどころ》（全国の御家人《ごけにん》を統率《とうそつ》する機関《きかん》）の実質的最高位《じっしつてきさいこうい》にあっ

長谷駅近くを走る江ノ島電鉄。この周辺で、「竜の口」へ向かう大聖人が金吾を呼んだとされている（神奈川県鎌倉市）

た平左衛門尉頼綱《へいのさえもんのじょうよりつな》が数百人の武装《ぶそう》した兵《へい》を率《ひき》いて襲《おそ》い、大聖人を捕縛《ほばく》しました。これは、大聖人との祈雨《きう》の勝負で敗《やぶ》れ、大聖人への憎《にく》しみに燃《も》える極楽寺良観《ごくらくじりょうかん》をはじめとする諸宗《しょしゅう》の僧《そう》の謀略《ぼうりゃく》と讒言《ざんげん》（事実無根《じじつむこん》の訴《うった》え）によって、幕府要人《ばくふようじん》の中でも実力者だった頼綱《よりつな》が動いたためです。

頼綱《よりつな》は、幕府《ばくふ》に対する謀反人《むほんにん》のような扱《あつか》いで大聖人を捕《と》らえ、連行《れんこう》しました。

馬の口《くち》に取り付《つ》き

　そして、その日の夜半、大聖人は、馬に乗せられ鎌倉《かまくら》の郊外《こうがい》へ向かわれました。秘密《ひみつ》のうちに斬首《ざんしゅ》されようとしたのです。途中《とちゅう》、由比ケ浜《ゆいがはま》に出て御霊《ごりょう》神社の前に差《さ》し掛《か》かった時でした。大聖人は「熊王《くまおう》」という使いの者をやり、近くに住む金吾《きんご》を呼《よ》ばれたのです。これは、大聖人が自《みずか》らの振《ふ》る舞《ま》いを金吾《きんご》に生き証人《しょうにん》として見届《みとど》けさせたかったとも考えられます。

　驚《おどろ》いた金吾《きんご》は、4人とも3人ともいわれる兄弟たちを伴《ともな》って、大聖人のもとに裸足《はだし》で駆《か》け付《つ》けました。大聖人は金吾《きんご》に諄々《じゅんじゅん》と大難《だいなん》の意義《いぎ》を、大要、次のように語られました。

「今夜、頸《くび》を切られに行くのである。この数年の間、願《ねが》ってきたのはこれである。法華経ゆえに命を失《うしな》うことは、むしろ願《ねが》ってきたことである。人間に生まれ、このような機会《きかい》に巡《めぐ》りあうことは、今までなかったであろう。ゆえに、父母の恩《おん》、国の恩《おん》に報《むく》いる力《ちから》も、なかなか持てないでいた。しかし今度は、法華経に身命《しんみょう》を捧《ささ》げ、その大功徳《だいくどく》を父母に、さらに門下《もんか》にも、回向《えこう》できるのだ」（新１２３１ページ・全９１３ページ、趣意）と。

すると金吾《きんご》は、大聖人がお乗りになっている馬の口《くち》に取り付《つ》き、大聖人が処刑《しょけい》されたなら、その場で腹《はら》を切って死ぬ覚悟《かくご》で大聖人のお供《とも》をしたのです。

命を懸《か》けた民衆救済《みんしゅうきゅうさい》の大闘争《だいとうそう》の功徳《くどく》を、共《とも》に苦難《くなん》の中で戦《たたか》う門下《もんか》に回《めぐ》らし向けよう、と仰《おお》せになる師匠《ししょう》。いかなることがあっても師匠《ししょう》の信念《しんねん》に殉《じゅん》じようとする弟子。その師弟《してい》の崇高《すうこう》な姿《すがた》に、周《まわ》りの兵士《へいし》も立場を超《こ》えて、胸《むね》を強く打たれたに違《ちが》いありません。

この時の金吾《きんご》の不惜身命《ふしゃくしんみょう》の信心を、大聖人は後年、何度も称賛《しょうさん》されています。

「あなたは馬の口《くち》にとりすがり、裸足《はだし》で供《とも》をし、泣《な》き悲しまれた。そして、私が頸《くび》を切られることが現実《げんじつ》となってしまうならば、自分の腹《はら》を切ろうとの様子で

あったことを、いかなる世にも思い忘《わす》れることができようか」（新1624ページ・全1193ページ、通解）

「竜《たつ》の口《くち》でのあなたの姿《すがた》は、いつの世にも忘《わす》れることはできない。もし、あなたの罪《つみ》が深くて地獄《じごく》に堕《お》ちるようなことがあれば、あなたと一緒《いっしょ》に地獄《じごく》に入ろう」（新1595ページ・全1173ページ、趣意）

「あなたは日本国の人々に憎《にく》まれてきたが、竜《たつ》の口《くち》で私のお供《とも》をしてこられたので、一閻浮提第一《いちえんぶだいだいいち》の法華経の味方をしたことになる。諸天善神《しょてんぜんじん》から守られ、成仏《じょうぶつ》することは疑《うたが》いない」（新1605ページ・全1184ページ、趣意）

これほどの悦《よろこ》びを笑《わら》いなさい

「子丑時《ねうしのとき》（午後11時頃から午前3時頃）」（同）を迎《むか》えた時でした。いよいよ竜《たつ》の口《くち》（神奈川県鎌倉《かまくら》市腰越《こしごえ》周辺、および同藤沢《ふじさわ》市片瀬《かたせ》周辺）に到着《とうちゃく》し、刀《かたな》を手にした武士《ぶし》が今にも処刑《しょけい》せんと身構《みがま》えると、剛毅《ごうき》な金吾《きんご》も「只今《ただいま》なり（今が最期《さいご》でございます）」（新1231ページ・全913ページ）と言って、こらえきれずに嗚咽《おえつ》しました。

これを見られた大聖人は「不《ふ》かく《覚》のとのばら《殿原》かな。これほどの悦《よろこ》びをばわら《笑》えかし。いかにやくそく《約束》をばたが《違》えらるるぞ（なんという不覚《ふかく》の人か！　これほどの喜《よろこ》びを笑《わら》いなさい。どうして約束《やくそく》を破《やぶ》ることができようか）」（同）と、悠然《ゆうぜん》と金吾《きんご》を叱咤《しった》されました。

するとその時、月のような「光り物」が江《え》の島《しま》の方向から現《あらわ》れたため、処刑役《しょけいやく》の兵士《へいし》は目がくらんで倒《たお》れ伏《ふ》し、周《まわ》りの兵士達《へいしたち》は恐《おそ》れおののいてしまい、処刑《しょけい》ができなかったのです。いかなる大難《だいなん》も突《つ》き抜《ぬ》けて、「絶対《ぜったい》に一切衆生《いっさいしゅじょう》を救《すく》うのだ！」という、大聖人の強き一念《いちねん》に、諸天善神《しょてんぜんじん》の守護《しゅご》の働《はたら》きが現《あらわ》れ、魔性《ましょう》を打《う》ち破《やぶ》ったのです。

もとより、いかなる権力《けんりょく》や武力《ぶりょく》をもってしても、大聖人の命《いのち》を奪《うば》うことなどできるはずがありません。

大聖人の悠然《ゆうぜん》たるお姿《すがた》に圧倒《あっとう》された兵士《へいし》たちは、何もすることができませんでした。結局《けっきょく》、大聖人を依智《えち》（神奈川県厚木《あつぎ》市北部）の本間六郎左衛門尉重連《ほんまのろくろうざえもんのじょうしげつら》の邸《やしき》に護送《ごそう》しました。邸《やしき》に入ると、大聖人は、付《つ》いてきた兵士《へいし》たちに酒を振《ふ》る舞《ま》われます。

彼《かれ》らは「鎌倉《かまくら》に帰ります」と大聖人にあいさつし、頭を下げて合掌《がっしょう》しました。重罪人《じゅうざいにん》の立場である大聖人に畏敬《いけい》の念《ねん》を示《しめ》し、中には念仏《ねんぶつ》を捨《す》てる誓《ちか》いを立てた者もいたのです（新１２３２ページ・全９１４ページ参照）。

彼《かれ》らの姿《すがた》を目《ま》の当《あ》たりにした金吾《きんご》も、依智《えち》を後にしました。帰る道すがら、金《きん》吾《ご》にとっての〝一番長い日〟を何度も振《ふ》り返《かえ》ったことでしょう。斬首《ざんしゅ》という究極《きゅうきょく》の大難《だいなん》を乗《の》り越《こ》え、一生成仏《いっしょうじょうぶつ》の手本を、身をもって示《しめ》してくださった師匠《ししょう》のお姿《すがた》を自身の命《いのち》に刻《きざ》みこんだのです。

〝信心さえ揺《ゆ》るがなければ、乗《の》り越《こ》えられない困難《こんなん》はない。打ち勝てない試練《しれん》はない〟との確信《かくしん》を深め、生涯《しょうがい》、師弟《してい》の道を歩もうと、金吾《きんご》は決意したに違《ちが》いありません。竜《たつ》の口《くち》の法難《ほうなん》を契機《けいき》に、大聖人と金吾《きんご》の師弟《してい》の絆《きずな》は、より確固不動《かっこふどう》のものとなったのです。

依智《えち》からの便《たよ》り

竜《たつ》の口《くち》の法難《ほうなん》の直後、大聖人は相模国依智《さがみのくにえち》の本間六郎左衛門尉重連《ほんまのろくろうざえもんのじょうしげつら》の邸《やしき》で約1カ月の間、留《とど》め置《お》かれました。依智滞在中《えちたいざいちゅう》、大聖人が金吾《きんご》に送られたお手紙の中で、「度々《たびたび》の御音信《おんおとずれ》、申《もう》しつくし《尽》がたく候《そうろう》」(新1516ページ・全1113ページ)と記《しる》されています。この時期、金吾《きんご》が、師匠《ししょう》の無事《ぶじ》を願《ねが》い、幾度《いくど》も連絡をとっていたことが分かります。

このお手紙では、竜《たつ》の口《くち》でどこまでも大聖人と命を共《とも》にしようとした金吾《きんご》の振《ふ》る舞《ま》いを最大《さいだい》に称賛《しょうさん》されています。「あなたの覚悟《かくご》は、弘演《こうえん》（自分の腹《はら》を割《さ》いて主君の肝《きも》を隠《かく》し、主君の名誉《めいよ》を守った中国の忠臣《ちゅうしん》）より百千万倍も優《すぐ》れている。日蓮が霊山《りょうぜん》に赴《おもむ》いた時は、まず四条金吾《しじょうきんご》こそ、日蓮と同じように、法華経のゆえに腹《はら》を切ろうと言いました、と申し上げましょう」（新1517ページ・全1113ページ、趣意）と。

また、このお手紙では、法華経ゆえに大難《だいなん》を受ける場所はどこであっても永遠《えいえん》の仏国土《ぶっこくど》といえると述《の》べられています（新1516ページ・全1113ページ、趣意）。執《しっ》権《けん》・北条時宗《ほうじょうときむね》の命令《めいれい》によって、自身は佐渡《さど》に配流《はいる》されることになるだろうが、「三光天子《さんこうてんし》」のうち、月天子が竜《たつ》の口《くち》で光り物となり、明星天子《みょうじょうてんし》が依智《えち》で現《あらわ》れたように、残る日天子《にってんし》による諸天《しょてん》の加護《かご》を確信《かくしん》していることを伝《つた》えられています（新1517ページ・全1113ページ、趣意）。妙法に生き切る強盛《ごうじょう》な一念《いちねん》によって、いずこの地でも寂光土《じゃっこうど》となることを教えられ、金吾《きんご》に不惜身命《ふしゃくしんみょう》の信心を促《うなが》されているのです。

「開目抄《かいもくしょう》」を賜《たまわ》る

大聖人に佐渡流罪《さどるざい》の命が下され、文永《ぶんえい》8年（1271年）10月10日に依智《えち》を出発。佐渡《さど》の塚原《つかはら》に到着《とうちゃく》されたのは、11月1日のことでした。今日《こんにち》の暦《こよみ》では既《すで》に12月に入っています。処刑《しょけい》は免《まぬか》れたものの、極寒《ごっかん》の佐渡《さど》で、言語に絶《ぜっ》する逆境《ぎゃっきょう》におかれたのです。

大難《だいなん》が打《う》ち続《つづ》く中、門下《もんか》にも激《はげ》しい弾圧《だんあつ》が加《くわ》えられました。少しでも大聖人に心を寄《よ》せる者は罪《つみ》に問われ、所領《しょりょう》の没収《ぼっしゅう》、一族郎党《ろうとう》からの追放、勘当《かんどう》、罰金《ばっきん》などの迫害《はくがい》が加《くわ》えられたのです。その結果《けっか》、信仰《しんこう》を捨《す》てる者が多く、「鎌倉《かまくら》でも幕府《ばくふ》の処罰《しょばつ》の時には、千人のうち九百九十九人は退転《たいてん》してしまった」（新1223ページ・全907ページ、通解）と仰《おお》せのように、大聖人の教団《きょうだん》は壊滅的《かいめつてき》な打撃《だげき》を受けました。

大聖人は難《なん》に揺《ゆ》れ動《うご》く弟子たちを心から案《あん》じられたことでしょう。流人の身で、いつ命を奪《うば》われても不思議《ふしぎ》ではない状況《じょうきょう》の中、世間の人や門下《もんか》たちから寄《よ》せられる疑難《ぎなん》に答え、法華経の行者として生き抜《いぬ》く、御自身の境地《きょうち》を留《とど》める一書を残《のこ》そうとされました。それが「開目抄《かいもくしょう》」です。

「開目抄《かいもくしょう》」は、塚原《つかはら》に到着《とうちゃく》されて間もない文永《ぶんえい》8年（1271年）11月から構想《こうそう》され、翌年《よくねん》2月に著《あらわ》されると、金吾《きんご》からの使いの者に託《たく》されます（「種々御振舞御書《しゅじゅおんふるまいごしょ》」、新1238ページ・全919ページ参照）。「開目抄《かいもくしょう》」には「文永《ぶんえい》9年（1272年）2月、雪の中で記《しる》し、有縁《うえん》の弟子《でし》に送る」（新102ページ・全223ページ、趣意）とあります。「有縁《うえん》の弟子《でし》」とは、直接《ちょくせつ》には、竜《たつ》の口《くち》の法難《ほうなん》で大聖人にお供《とも》した金吾《きんご》のことですが、広くは、これまで大聖人に随順《ずいじゅん》し戦《たたか》ってきた全門下《もんか》を指します。

大聖人は「開目抄《かいもくしょう》」で、御自身こそ、法華経に予言された通りに実践《じっせん》した末法《まっぽう》の「法華経の行者」であり、一切衆生《いっさいしゅじょう》を救《すく》う主師親《しゅししん》の三徳《さんとく》を具《そな》えられた末法《まっぽう》の御《ご》本仏《ほんぶつ》であることを明かされています。また、「大聖人が法華経の行者であるのなら、なぜ諸天《しょてん》の加護《かご》がないのか」という批判《ひはん》に答えられ、末法《まっぽう》の法華経の行者が難《なん》を受けるのは経文《きょうもん》通りであることを示《しめ》されています。

「開目抄《かいもくしょう》」は、翌《よく》・文永《ぶんえい》10年（1273年）4月に認《したた》められた「観心本尊抄《かんじんのほんぞんしょう》」とともに、佐渡流罪中《さどるざいちゅう》の御書の中で最《もっと》も重要《じゅうよう》なものです。「開目《かいもく》」と認《したた》められた墨痕鮮《ぼっこんあざ》やかな文字が目に飛《と》び込《こ》んできた金吾《きんご》は、御文《ごもん》を拝《はい》し、〝私の真実の姿《すがた》に目を開《ひら》け〟との師《し》の呼《よ》び掛《か》けに胸《むね》を熱《あつ》くしたことでしょう。

「開目抄《かいもくしょう》」には、こう仰《おお》せです。「当世《とうせい》日本国に第一に富《と》める者は日蓮なるべし。命は法華経にたてまつり、名をば後代《こうだい》に留《とど》むべし」（新101ジペー・全223ジペー）と。いつ命を狙《ねら》われるか分からない状況《じょうきょう》にもかかわらず、大聖人は「魂《たましい》の王者」としての宣言《せんげん》を師子吼《ししく》されました。師匠《ししょう》が極寒《ごっかん》の地で燃《も》え上《あ》がらせた衆生救済《しゅじょうきゅうさい》の炎《ほのお》は、金吾《きんご》の心にも、苦難《くなん》に立ち向かう勇気《ゆうき》の炎《ほのお》をともしたことでしょう。御文《ごもん》の端々《はしばし》にあふれる大聖人の御確信《ごかくしん》に触《ふ》れて、金吾《きんご》の心は大きく揺《ゆ》さぶられたに違《ちが》いありません。

鎌倉門下《かまくらもんか》の中心として

文永《ぶんえい》9年（1272年）2月18日に佐渡《さど》に到着《とうちゃく》した船の知らせによって、大聖人は、鎌倉《かまくら》と京都で北条《ほうじょう》氏一族の内乱《ないらん》（二月騒動《そうどう》）が起きたことを知ります（新1239㌻・全919㌻参照）。「立正安国論《りっしょうあんこくろん》」で予言してきた自界叛逆難《じかいほんぎゃくなん》が的中《てきちゅう》したことを踏《ふ》まえ、翌《よく》3月に、「開目抄《かいもくしょう》」の趣旨《しゅし》を要約《ようやく》された「佐渡御書《さどごしょ》」を認《したた》められました。これも「開目抄《かいもくしょう》」と同じく、全門下《もんか》に送られたものですが、冒頭《ぼうとう》には、富木常忍《ときじょうにん》、四条金吾《しじょうきんご》など主な門下《もんか》に宛《あ》てられたものであることが示《しめ》されています（新1284㌻・全956㌻参照）。さらに追伸《ついしん》として、「この手紙を志《こころざし》のある方々は寄《よ》り集《あつ》まってご覧《らん》になり、よく思索《しさく》し心を慰《なぐさ》めてください」（新1291㌻・全961㌻、通解）とも記《しる》されています。

大聖人は、佐渡《さど》を訪《おとず》れた金吾《きんご》にも、御自身が書き送られた書状《しょじょう》を門下《もんか》が共《とも》に学び合い、励《はげ》まし合って、信心を触発《しょくはつ》していくように促《うなが》されていたと思われます。

また、「佐渡御書《さどごしょ》」には、「京都と鎌倉《かまくら》で起こった合戦《かっせん》で亡《な》くなった方々の名前を書《か》き記《しる》して届《とど》けてください」（新1284ページ・全956ページ、通解）と記《しる》されています。富木常忍《ときじょうにん》や金吾《きんご》たちは、大聖人から依頼《いらい》された情報《じょうほう》の収集《しゅうしゅう》や発信《はっしん》を担《にな》う上で大きな役割《やくわり》を果《は》たしていたと考えられます。

宮仕《みやづか》えで多忙《たぼう》な中を佐渡《さど》へ

文永《ぶんえい》9年（1272年）4月に、金吾《きんご》の妻・日眼女《にちげんにょ》に送られたお手紙によると、金吾《きんご》は、はるばる鎌倉《かまくら》から佐渡《さど》の大聖人をお訪《たず》ねしたことが分かります。

〝大聖人のお体は大丈夫《だいじょうぶ》だろうか〟〝さぞかし暮《く》らしにお困《こま》りではないか〟――さまざまな思いが頭をよぎる中、険《けわ》しい山や荒海《あらうみ》を越《こ》えていきました。佐渡《さど》に到着《とうちゃく》し、師匠《ししょう》と再会《さいかい》を果《は》たした時の金吾《きんご》の喜《よろこ》びはいかばかりだったでしょうか。

大聖人は、すぐさま鎌倉《かまくら》で留守《るす》を預《あず》かる金吾《きんご》の妻に、感謝《かんしゃ》の思いを綴《つづ》っています。「鎌倉《かまくら》にいながら、人目をはばからず、命も惜《お》しまず、法華経を信仰《しんこう》されているこことは、ただごととは思えません。このように世の中が乱《みだ》れている中で、頼《たよ》りになる召使《めしつか》いもいないのに、夫の金吾《きんご》を佐渡《さど》まで遣《つか》わされた。あなたのその真《ま》心《ごころ》は大地よりも厚《あつ》い。きっと梵天《ぼんてん》・帝釈《たいしゃく》も知られていることでしょう」（新1518ジペー・全1115ジペー、趣意）と。

当時の鎌倉《かまくら》は、大聖人の門下《もんか》を激《はげ》しく迫害《はくがい》した幕府《ばくふ》や諸宗《しょしゅう》の悪僧《あくそう》の強い支配下《しはいか》にあり、二月騒動《そうどう》の混乱《こんらん》も残《のこ》っていたと考えられます。そんな逆境《ぎゃっきょう》にもかかわらず、金吾《きんご》夫妻は堂々《どうどう》と法華経の信仰《しんこう》に励《はげ》み、金吾《きんご》は大聖人を求《もと》めて険路《けんろ》を乗《の》り越《こ》え、佐渡《さど》に渡《わた》ったのです。

その潔《いさぎよ》い信心を最大《さいだい》に称《たた》えられ、必《かなら》ず諸天《しょてん》の加護《かご》があることを教えられています。目に見えないところで健気《けなげ》に信心に励《はげ》んでいる人が何よりも尊《とうと》く、その功《く》徳《どく》も大きいことを教えられているのです。

後年、金吾《きんご》へのお手紙でも、「あなたは在俗《ざいぞく》の宮仕《みやづか》えで、暇《ひま》のない身なのに、山河《さんが》の険難《けんなん》を凌《しの》ぎ、蒼《あお》き海《うみ》を渡《わた》って佐渡《さど》まではるばる来られた。その志《こころざし》は、香城《こうじょう》での修行《しゅぎょう》で供養《くよう》のために我《わ》が身《み》の骨《ほね》を砕《くだ》いたという常啼菩薩《じょうたいぼさつ》や、鬼神《きじん》から法《ほう》を聞くために雪山《せっせん》で自分の体を投げた雪山童子《せっせんどうじ》の志《こころざし》に決して劣《おと》らない」（新1624ページ・全1193ページ、趣意）と称賛《しょうさん》されています。

いかなる障害《しょうがい》も乗《の》り越《こ》えて、師《し》を求《もと》める「信心の志《こころざし》」がどれほど尊《とうと》いか、文面から伝《つた》わってきます。

仏が遣《つか》わした〝使い〟

大聖人は、佐渡流罪《さどるざい》という劣悪《れつあく》な環境《かんきょう》の中でも、多くの御述作《ごじゅっさく》を認《したた》め、門下《もんか》を励《はげ》まされました。佐渡期《さどき》に金吾《きんご》夫妻に直接《ちょくせつ》送られた御述作《ごじゅっさく》も、「開目抄《かいもくしょう》」をはじめ、数通が残《のこ》されています。

文永《ぶんえい》9年（1272年）9月に認《したた》められたお手紙を拝《はい》すると、この時、金吾《きんご》が母の三回忌《かいき》の追善回向《ついぜんえこう》に際《さい》し、大聖人のもとに使いを送り、御供養《ごくよう》をお届《とど》けしていることが分かります（新1526ジペー・全1120ジペー参照）。

これに対し、大聖人は、御自身が世間からも仏法からも天からも捨《す》てられた身であるにもかかわらず、御供養《ごくよう》を届《とど》けた金吾《きんご》の「御志《おんこころざし》」に深く感謝《かんしゃ》され、この金吾《きんご》の振《ふ》る舞《ま》いは釈迦仏《しゃかぶつ》もご存《ぞん》じであり、孝養《こうよう》の至《いた》りであると称賛《しょうさん》されています。

同じく佐渡期《さどき》の別《べつ》のお手紙では、大聖人をお守りする金吾《きんご》を、仏法の上から位《い》置《ち》づけられています。金吾《きんご》は、法華経に説《と》かれる法師《ほっし》を守るために仏が遣《つか》わした〝使い〟であり、大聖人御自身は「法華経の法師《ほっし》」であると宣言《せんげん》されています（新1522ジペー・全1117ジペー、趣意）。

この仰《おお》せは、大聖人と金吾《きんご》の師弟《してい》の縁《えにし》が、今世《こんぜ》に限《かぎ》られた関係《かんけい》だけでなく、法華経に説《と》かれた三世《さんぜ》にわたる深い因縁《いんねん》であり、久遠《くおん》からの契《ちぎ》りであることを示《しめ》されているとも拝《はい》されます。また、「あなたもまた日蓮に従《したが》い、法華経の行者として、多くの人に、この法《ほう》を語られている。これこそ法華経の流通《るつう》ではないか」(同、通解)とも仰《おお》せになっています。この御文《ごもん》から、大聖人門下《もんか》への強い圧迫《あっぱく》の中でも、大聖人の教えのままに、金吾《きんご》が妙法弘通《ぐつう》に励《はげ》んでいたことがうかがえます。

「法華宗《ほっけしゅう》の四条金吾《しじょうきんご》」と

大聖人の佐渡流罪中《さどるざいちゅう》、金吾《きんご》は主君《しゅくん》の庇護《ひご》を受けており、他の門下《もんか》のように所領《しょりょう》を没収《ぼっしゅう》されるなどの厳《きび》しい迫害《はくがい》を受けていたわけではありません。しかし、大聖人の弟子というだけで、いわれなき非難中傷《ひなんちゅうしょう》を浴《あ》び、悔《くや》しい思いを日々つのらせ、同志《どうし》の退転《たいてん》に胸《むね》を痛《いた》めたことと思います。正義感《せいぎかん》にあふれる金吾《きんご》が一方で、一本気な性格《せいかく》であることを、よくご存《ぞん》じだった大聖人は、金吾《きんご》が一時の感情《かんじょう》に流されて、信心を見失《みうしな》ったりしないように、同抄《どうしょう》で金吾《きんご》を戒《いまし》められました。「法華経の信心をとおし《通》給《たま》え」(新1522ジペー・全1117ジペー)と、持続《じぞく》の信心《しんじん》を強調されているのです。

その上で、金吾《きんご》にとって生涯《しょうがい》の指針《ししん》ともいうべき有名な御金言《ごきんげん》を記《しる》されています。『法華宗《ほっけしゅう》の四条金吾《しじょうきんご》、四条金吾』と、鎌倉中《かまくらじゅう》の上下万人をはじめとして、日本国の一切衆生《いっさいしゅじょう》の口《くち》にうたわれていきなさい」(新1522ジペー・全1118ジペー、通解)と。「法華宗《ほっけしゅう》の四条金吾《しじょうきんご》」、すなわち「日蓮大聖人門下《もんか》の四条金吾《しじょうきんご》」として、日本中の人々から称賛《しょうさん》される人物になりなさいと励《はげ》まされたのです。

〝たとえ今、世間から激《はげ》しく非難《ひなん》されたとしても、この信心を貫《つらぬ》き通《とお》せば、必《かなら》ず鎌倉《かまくら》で勝利《しょうり》の実証《じっしょう》を示《しめ》し、人々から賛嘆《さんたん》される人生を歩むことができる〟――現代《げんだい》に生きる私たちにとっても永遠《えいえん》の指標《しひょう》となる、この大聖人の励《はげ》ましに、

「佐渡広宣流布之碑」が立つ佐渡平和会館

金吾《きんご》はどれほど勇気《ゆうき》づけられたことでしょう。

師子王《ししおう》の教団《きょうだん》に

大難《だいなん》が起きた時こそ、誰《だれ》が真の信仰《しんこう》者《しゃ》か、本物の弟子であるかが明らかになります。

竜《たつ》の口《くち》の法難《ほうなん》から佐渡流罪《さどるざい》という一連《いちれん》の大法難《だいほうなん》の中、多くの門下《もんか》が退転《たいてん》しましたが、金吾《きんご》は大聖人をお守りし、純粋《じゅんすい》に信念《しんねん》の道を貫《つらぬ》きました。金吾《きんご》にとって、佐渡流罪《さどるざい》の時期は、信仰《しんこう》を鍛《きた》え、師弟不《していふ》二《に》の絆《きずな》を確認《かくにん》する機会《きかい》となったのです。

真の日蓮門下《もんか》にとって、佐渡流罪《さどるざい》の意義《いぎ》とはいかなるものだったのか、池田先生は、次のように洞察《どうさつ》されています。

「佐渡流罪《さどるざい》は一面から見ると、難《なん》ゆえに真実の信仰《しんこう》を築《きず》いた門下《もんか》たちにとってみれば、真実の弟子の時代の開幕《かいまく》でもあるととらえることができるのではないだろうか」

「（門下《もんか》の組織《そしき》の）再建《さいけん》とは、言うなれば、散《ち》り散《ぢ》りになった門下《もんか》たちが漠然《ばくぜん》と集まってきたというのではないと思う。大聖人が佐渡《さど》から発信《はっしん》される明確《めいかく》な指導《しどう》のもとに、戦《たたか》う心が同一になった門下《もんか》たちが、以前《いぜん》より堅固《けんご》な異体同心《いたいどうしん》の和合僧《わごうそう》を築《きず》いていった。それが佐渡期《さどき》の鎌倉《かまくら》の門下《もんか》たちではないだろうか」（『御書の世界』、『池田大作全集』第33巻所収）

ひとたび壊滅《かいめつ》しかけた大聖人の教団《きょうだん》は、法難《ほうなん》の嵐《あらし》を乗《の》り越《こ》えると、新しい命が吹《ふ》き込《こ》まれたように再生《さいせい》していきました。逆境《ぎゃっきょう》に鍛《きた》えられた弟子が集《つど》う〝師子王《ししおう》の教団《きょうだん》〟として生《う》まれ変《か》わり、その弟子の中心に金吾《きんご》がいたのです。

文永《ぶんえい》11年（1274年）3月8日、佐渡《さど》の日蓮大聖人のもとに、ついに流罪《るざい》の赦免状《しゃめんじょう》が届《とど》きました。鎌倉《かまくら》からはるばる佐渡《さど》まで訪《おとず》れたり、御供養《ごくよう》を届《とど》けたりして、懸命《けんめい》に大聖人をお守りしてきた四条金吾《しじょうきんご》です。〝生きて帰ることはできない〟といわれた流刑地《るけいち》の佐渡《さど》から戻《もど》る大聖人をお迎《むか》えできることは、どれほどの喜《よろこ》びだったことでしょう。

時に同年3月26日、大聖人は鎌倉《かまくら》に帰還《きかん》され、その折《おり》のことを「鎌倉《かまくら》へ打ち入《い》りぬ」（新1241ジ・全921ジ）と表現《ひょうげん》されています。それは、まさに反転攻勢《こうせい》の気概《きがい》に満《み》ちた堂々《どうどう》の凱旋《がいせん》だったのです。

4月8日、大聖人は幕府《ばくふ》の招《まね》きに応《おう》じ、平左衛門尉頼綱《へいのさえもんのじょうよりつな》らと対面されました。対面の際、烈々《れつれつ》たる国主諫暁《かんぎょう》を行い、蒙古《もうこ》（モンゴル帝国）の年内襲来《しゅうらい》を予言されました。しかし、幕府《ばくふ》は大聖人の諫暁《かんぎょう》を用《もち》いませんでした。

大聖人は、5月に身延《みのぶ》へ入られました。そこで、御自身と同じく大難《だいなん》と戦《たたか》っていける本格派《ほんかくは》の弟子を育成《いくせい》し、末法万年《まっぽうまんねん》にわたる広宣流布の基盤《きばん》を確立《かくりつ》しようとされたのです。

大聖人は、民衆救済《みんしゅうきゅうさい》の大闘争《だいとうそう》を門下《もんか》にも呼《よ》び掛《か》けられました。佐渡流罪中《さどるざいちゅう》、大《だい》難《なん》の中で信心を貫《つらぬ》いてきた各地《かくち》の門下《もんか》は、大聖人が流罪赦免《るざいしゃめん》を勝ち取られたという実証《じっしょう》によって一段《いちだん》と勇気《ゆうき》を得《え》て、師匠《ししょう》と心を同じくして妙法弘通《ぐつう》に立ち上がったのです。

主君を折伏《しゃくぶく》

金吾《きんご》も、果敢《かかん》に本格的《ほんかくてき》な弘教《ぐきょう》を始めました。同年（文永《ぶんえい》11年〈1274年〉）に、満《まん》を持《じ》して主君・江間《えま》氏を折伏《しゃくぶく》し、そのことを大聖人にご報告《ほうこく》したのです。

当時、主従《しゅじゅう》の関係《かんけい》が厳《きび》しい封建《ほうけん》社会にあって、家臣《かしん》が主君に改宗《かいしゅう》を迫《せま》るのは、大変な勇気《ゆうき》を要《よう》したことでしょう。それでも金吾《きんご》が主君に信心を勧《すす》めたのは、恩《おん》ある主君の幸せを心から願《ねが》っていたからに違《ちが》いありません。

大聖人は、「主君の耳にこの法門《ほうもん》を説《と》いて聞かせたことは、実に素晴《すば》らしいことである。たとえ主君が今は用《もち》いなくとも、あなたは与同罪《よどうざい》を免《まぬか》れたのである」（新1540ペ－ジ・全1133ペ－ジ、通解）と金吾《きんご》を称賛《しょうさん》されています。

その一方で、「これより後は、口《くち》を慎《つつし》んでいきなさい」（同、通解）と仰《おお》せになり、〝ますます用心しなさい〟〝いよいよ人から憎《にく》まれるかもしれませんよ〟と注意を促《うなが》されています（同、趣意）。大聖人は金吾《きんご》の報告《ほうこく》から、主君との間で軋轢《あつれき》が生じる危《あや》うさを感じとられたのかもしれません。〝今後、主君に対して、仏法の話を短兵急《たんぺいきゅう》に切り出して反感を招《まね》くのではなく、誠実《せいじつ》な振《ふ》る舞《ま》いで信頼《しんらい》を勝《か》ち得《え》ていきなさい〟との御指導《ごしどう》とも拝《はい》されます。

同僚《どうりょう》が主君に讒言《ざんげん》を

もともと、親の代から江間《えま》家に仕《つか》えていた金吾《きんご》は、江間《えま》氏と強い信頼《しんらい》で結《むす》ばれていました。竜《たつ》の口《くち》の法難《ほうなん》の際《さい》も金吾《きんご》には特段《とくだん》のとがめはなく、2年前の二月騒《そう》動《どう》（北条一門《ほうじょういちもん》の内乱《ないらん》）の際《さい》には命を賭《と》して主君を守っています。そうした絆《きずな》があったからこそ、佐渡《さど》への訪問《ほうもん》も許《ゆる》されました。江間《えま》氏も、頼《たの》みにしていた金吾《きんご》の話ということで、最初は話を聞こうとしたのでしょう。

しかし、かねて金吾《きんご》に嫉妬《しっと》していた同僚《どうりょう》たちは、江間《えま》氏の心の迷《まよ》いを見て、ここぞとばかりに金吾《きんご》を陥《おとし》れる讒言《ざんげん》を吹《ふ》き込《こ》みました。当時の武家《ぶけ》社会は、主君と家臣《かしん》との縦《たて》の結び付きがとても強い時代で、家臣同士《かしんどうし》の横の関係は希薄《きはく》でした。家臣《かしん》たちは、この機会《きかい》をとらえて、自分の栄誉栄達《えいよえいたつ》のために、主君から信頼《しんらい》されている金吾《きんご》を引きずり落とそうとしたのかもしれません。

結局《けっきょく》、金吾《きんご》は江間《えま》氏の不興《ふきょう》をかい、理不尽《りふじん》にも主君から遠ざけられてしまいました。大聖人の危惧《きぐ》が的中《てきちゅう》してしまったのです。

金吾《きんご》が不興《ふきょう》をかった背景《はいけい》には、江間《えま》氏が信奉《しんぽう》していた極楽寺良観《ごくらくじりょうかん》（忍性《にんしょう》）の暗《あん》躍《やく》があったことは容易《ようい》に推測《すいそく》されます。大聖人を迫害《はくがい》した良観《りょうかん》は、あらゆる謀略《ぼうりゃく》を巡《めぐ》らしたことでしょう。また、門下《もんか》の柱である金吾《きんご》を孤立《こりつ》させ、大聖人の教団《きょうだん》全体に大きな打撃《だげき》を与《あた》えようとしていたとも考えられます。

なぜ大難《だいなん》が雨のように

金吾《きんご》は江間《えま》家の中で、四面楚歌《しめんそか》の状態《じょうたい》に置《お》かれました。大聖人が、門下《もんか》の日昭《にっしょう》から伝え聞いた金吾《きんご》の率直《そっちょく》な心情《しんじょう》を、文永《ぶんえい》12年（1275年）3月のお手紙で記《しる》されています。

「法華経を持《たも》つ者は、『現世《げんぜ》安穏《あんのん》、後生善処《ごしょうぜんしょ》』とお聞きして、すでに去年から今日まで、言われた通りに信心をしてまいりましたが、そのようにならないで、大《だい》難《なん》が、雨が降《ふ》るように次々と起こってきました」（新1544ページ・全1136ページ、通解）さしもの剛毅《ごうき》な金吾《きんご》も、この時ばかりは、つい弱音を漏《も》らすほど、深刻《しんこく》な状況《じょうきょう》に陥《おちい》ったようです。

大聖人は「これは本当にあなたが言ったことなのか。日昭《にっしょう》の報告《ほうこく》が誤《あやま》っているのか。いずれにしても、よい機会《きかい》なので、その不審《ふしん》を晴らしましょう」（同、趣意）と仰《おお》せです。日昭《にっしょう》の報告を鵜呑みにせず、その上で、実際に弱音を吐《は》いたとしてもとがめずに、金吾《きんご》を傷《きず》つけることのないように、との心配りが感じられます。

さらに、「受《う》くるはやす《易》く、持《たも》つはかた《難》し。さるあいだ、成仏《じょうぶつ》は持《たも》つにあり」（同）と仰《おお》せになっています。正法《しょうほう》を信受するにもまして、信心を貫《つらぬ》き通すことが成仏《じょうぶつ》の要諦《ようてい》であることを教えられたのです。

苦楽ともに思い合わせて

不遇《ふぐう》な状況《じょうきょう》が長引くにつれ、金吾《きんご》は焦《あせ》りやいらだちを募《つの》らせていったことでしょう。そんな金吾《きんご》に、大聖人は、どのように苦難《くなん》に立ち向かっていくべきかを教えられていきます。

建治《けんじ》2年（1276年）6月のお手紙には、こう認《したた》められています。「南無妙法蓮華経と唱《とな》える以外に遊楽《ゆうらく》はない」「ただ、世間の人々からどんな難《なん》が襲《おそ》ってきても、とりあってはならない。賢人《けんじん》や聖人《しょうにん》であっても、このことは逃《のが》れられないからである。ただ、家で女房《にょうぼう》と酒を飲み、また、南無妙法蓮華経と唱《とな》えていきなさい。苦しいことは苦しいまま、楽しいことは楽しいまま、ありのままに、苦も楽も思い合わせて南無妙法蓮華経と唱《とな》え続けていきなさい」（新1554ジペー・全1143ジペー、通解）と。

本当の「遊楽《ゆうらく》」とは苦難《くなん》がないことではなく、苦難《くなん》に見舞《みま》われようと、悩《なや》みを見下ろし、悠々《ゆうゆう》と乗《の》り越《こ》えていける境涯《きょうがい》にあります。その境涯《きょうがい》は、南無妙法蓮華経を唱《とな》える中で必《かなら》ず開《ひら》けることを教えられているのです。

こまごまとした注意

大聖人は、命を狙《ねら》われるようになった金吾《きんご》に対して、生活上の注意を繰《く》り返しされています。

「同僚《どうりょう》や他の人たちと、自宅以外《いがい》で夜に酒盛《さかも》りはしてはならない」「主君から呼び出された時は、昼なら急いで出仕《しゅっし》しなさい。夜なら、3回までは急病を理由にしてお断《ことわ》りしなさい。3回を超《こ》えるなら、下人などに申しつけて、辻々《つじつじ》を確認した上で出仕《しゅっし》しなさい」（新1560ページ・全1147ページ、趣意）

大聖人がこまごまとした点にまで心を砕《くだ》いていることが伝わってきます。もちろん、金吾《きんご》も、狙《ねら》われていることは重々承知《しょうち》していたはずです。しかし、大聖人は、金吾《きんご》の心のどこかに潜《ひそ》む油断《ゆだん》を感じ取られ、あえて何度も警鐘《けいしょう》を鳴らされたと拝《はい》されます。

各地で門下《もんか》が弘教《ぐきょう》を進める一方で、一部の退転者《たいてんしゃ》は、大聖人と門下《もんか》との「師弟《してい》」の絆《きずな》を引《ひ》き裂《さ》こうと動いていました。

この時期の御執筆《ごしっぴつ》とされるお手紙によると、金吾《きんご》は「名越《なごえ》のこと」（新1546ジペー・全1137ジペー）について大聖人に報告《ほうこく》しています。これは、後に退転《たいてん》する名越《なごえ》の尼《あま》の不穏《ふおん》な動きを指しているのではないかと推察《すいさつ》されています。金吾《きんご》は自身が苦境《くきょう》に置《お》かれている間も、大聖人と連絡《れんらく》を密《みつ》にし、魔《ま》の手《て》から同志《どうし》を守るために懸命《けんめい》に動いていたと思われます。

入道を思いとどまらせる

当時、金吾《きんご》への攻撃《こうげき》は激《はげ》しさを増《ま》していました。思い詰《つ》めた金吾《きんご》は、主君のもとを去り、頭を剃《そ》って入道してしまおう、との思いも漏《も》らしています。

これに対して大聖人は、断《だん》じて今いる所に踏《ふ》みとどまるように諭《さと》されています。「日蓮が佐渡《さど》で飢《う》え死にせず、身延《みのぶ》でも修行《しゅぎょう》できるのは、ただ金吾殿《きんごどの》の助けによるのである。その金吾殿《きんごどの》の助けは、主君のおかげである。大恩《だいおん》ある主君を捨《す》ててはならない」(新1559ジペー・全1147ジペー、趣意)と。

他の門下《もんか》が信仰《しんこう》ゆえの圧迫《あっぱく》を主君から受ける中、金吾《きんご》は北条《ほうじょう》一族である江間《えま》氏によって守られてきました。大局から見れば、江間《えま》氏は、広宣流布の一端《いったん》を支《ささ》えた存在《そんざい》ともいえます。ゆえに、金吾《きんご》が恩《おん》ある主君に仕《つか》え切っていくことが、仏法の上だけでなく、道理の上からも正しい振《ふ》る舞《ま》いであることを指導《しどう》されているのです。

その上で、入道を願《ねが》い出《で》たことも思いとどまらせています。「入道になったところで、かえって悪縁《あくえん》にたびたび見舞《みま》われるに違《ちが》いない」(新1560ジペー・全11

48ジペ〜、趣意）と。

大切なのは、悩《なや》みから逃《に》げることなく、何ものにも紛動《ふんどう》されない確固《かっこ》たる自身を確立《かくりつ》することだと大聖人は教えられているのです。

領地替《りょうちが》えの内命

このお手紙から間もなく、主君から金吾《きんご》に、越後《えちご》（新潟県）への領地替《りょうちが》えの内命がありました。現代《げんだい》でいえば、左遷《させん》にあたる事柄《ことがら》ともいえましょう。

この報告《ほうこく》を聞かれた大聖人は、主君への返答の仕方について、金吾《きんご》にこまごまと指示《しじ》を出されています。「私は今、病気ですので、越後《えちご》への領地替《りょうちが》えのご命令《めいれい》を全《まっと》うすることは困難《こんなん》です。さらに、世情《せじょう》は大事が起こりそうな気配です。私は御主君の御前《ごぜん》に命を捨《す》てる思いでいます。それなのに、事が起こっても、越後《えちご》から鎌倉《かまくら》へ駆《か》け付《つ》けるにはあまりにも遠すぎます。たとえ所領《しょりょう》を取り上げられても、今年は御主君のお側《そば》を離《はな》れません。お見捨《みす》てになられても、私の命は差《さ》し上《あ》げる覚悟《かくご》です。後世《ごせ》は日蓮の御房《ごぼう》にまかせます」（新1563ページ・全1149ページ、趣意）と。

大聖人は、単《たん》に内命を拒絶《きょぜつ》するように言われたのではありません。武士《ぶし》にとって主君を守り抜くことが最《もっと》も重要《じゅうよう》な責務《せきむ》であるという、誰《だれ》もが認《みと》めざるをえない道理をもって、主君の理解《りかい》を得《え》るように御指南《ごしなん》されたのです。「後世《ごせ》は日蓮の御《ご》房《ぼう》にまかせます」とは、現世《げんぜ》としての生命は主君に捧《ささ》げる覚悟《かくご》であるが、死後の生命という、宗教的《しゅうきょうてき》な信念《しんねん》は大聖人の門下《もんか》として全《まっと》うする旨《むね》を堂々《どうどう》と述《の》べるように教えられているのです。

誠意《せいい》がねじ曲げられ

金吾《きんご》は、主君に忠義《ちゅうぎ》を尽《つ》くす思いを伝えましたが、金吾《きんご》の誠意《せいい》はねじ曲げられ

湘南モノレールが横を走る鎌倉文化会館。大聖人と金吾の師弟の縁深き地で、創価の友は今日も広布に駆ける

てしまいました。大聖人は、領地《りょうち》替《が》えの問題が深刻《しんこく》になっているのは、家臣《かしん》たちが主君に讒言《ざんげん》しているのではないかと推察《すいさつ》され、周《まわ》りの者が主君に吹《ふ》き込《こ》んだであろう内容を次のように記《しる》されています。

「金吾《きんご》は、振《ふ》り替《か》えられる所領《しょりょう》を嫌《きら》って、主君を軽んじているのではないか」「このような者に対しては恩賞《おんしょう》を差《さ》し控《ひか》えるべきではないか」（新1564ページ・全1150ページ、趣意）と。

自分の真意が近臣《きんしん》の讒言《ざんげん》で歪《ゆが》めら

れたことに、一本気な金吾《きんご》はさぞ憤慨《ふんがい》したことでしょう。自身の潔白《けっぱく》を伝《つた》えるためでしょうか、ついに金吾《きんご》は所領《しょりょう》問題で主君を訴《うった》えようとしたのです。当時、領《りょう》地《ち》を巡《めぐ》る訴訟《そしょう》は珍《めずら》しくないことだったとはいえ、よくよくのことだったのかもしれません。

大聖人は精神的《せいしんてき》に追《お》い詰《つ》められていた金吾《きんご》を諭《さと》されています。「大恩ある主君である。何も恩賞《おんしょう》がなくても、主君を恨《うら》むべきではない。重《かさ》ねての恩賞《おんしょう》を望《のぞ》み、今回の所領《しょりょう》を嫌《きら》うことは、金吾《きんご》の過《あやま》ちである」（新1564ページ・全1151ページ、趣意）と。さらに、「訴訟《そしょう》などを起こしてはならない。主君を恨《うら》んだりしてはならない。怒《いか》りに任《まか》せて、悪びれた振《ふ》る舞《ま》いをしてはならない」（新1567ページ・全1152ページ、趣意）と、軽はずみな行動を厳《げん》に戒《いまし》められています。大聖人は、今は時を待って、誠実《せいじつ》の限《かぎ》りを尽《つ》くして、江間《えま》氏の善《ぜん》なる心を呼《よ》び起《お》こすように促《うなが》されているのです。

大聖人は、金吾《きんご》と江間《えま》氏の間に、心の底《そこ》では信頼関係《しんらいかんけい》が残《のこ》っていることを見抜《みぬ》かれていたのでしょう。大聖人がことあるごとに、金吾《きんご》に主君の恩《おん》に思いを致《いた》すように指導《しどう》されたのは、金吾《きんご》を最《もっと》も苦しめた悩《なや》みが同僚《どうりょう》との軋轢《あつれき》であり、それが元で、主君にまで恨《うら》みが向かっていかないようにするためだったようです。

さらに、このお手紙では、利《うる》い、衰《おとろ》え、毀《やぶ》れ、誉《ほま》れ、称《たた》え、譏《そし》り、苦しみ、楽しみという「八風《はっぷう》」に侵《おか》されない「賢人《けんじん》」を目指すように教えられています。大聖人は、なぜ「賢人《けんじん》の道」を教えられたのでしょうか。

池田先生は次のように洞察《どうさつ》されています。「それは、金吾《きんご》自身の人間革命、人間としての成長《せいちょう》によって、問題を根本的《こんぽんてき》に解決《かいけつ》していくべきであることを教えられていると拝《はい》されます」「正しい法《ほう》に説《と》かれるがままに、そして正しい師匠《ししょう》の指《し》導《どう》通りに実践《じっせん》に励《はげ》む。その『賢人《けんじん》の道』を貫《つらぬ》き、妙法を根本《こんぽん》とした生き方に徹《てっ》するからこそ、諸天善神《しょてんぜんじん》も守ると大聖人は仰《おお》せなのです」（『勝利の経典「御書」に学ぶ』第17巻）と。

主君が〝法華経を捨《す》てよ〟と

そして、建治《けんじ》3年（1277年）6月、金吾《きんご》への圧迫《あっぱく》や迫害《はくがい》は最悪の事態《じたい》を迎《むか》えました。所領没収《しょりょうぼっしゅう》という、絶体絶命《ぜったいぜつめい》の苦境《くきょう》に陥《おちい》ったのです。

事《こと》の発端《ほったん》は、同月9日に行われた「桑ケ谷問答《くわがやつもんどう》」でした。当時、竜象房《りゅうぞうぼう》という天台宗《てんだいしゅう》の僧《そう》が、鎌倉《かまくら》の桑ケ谷《くわがやつ》（神奈川県鎌倉《かまくら》市長谷《はせ》）で法座《ほうざ》を開《ひら》き、人々から〝生《い》き仏〟のように尊敬《そんけい》を集めていました。ところが竜象房《りゅうぞうぼう》は、かつて比叡山《ひえいざん》にいた時に人肉を食べていることが露見《ろけん》し、追放された僧《そう》でした。その後、鎌倉《かまくら》に逃《に》げて、極楽寺良観《ごくらくじりょうかん》の庇護《ひご》のもとで説法《せっぽう》を重《かさ》ねていたのです。

「仏法について不審《ふしん》のある人は、法座《ほうざ》に来て問答《もんどう》をされるがよい」と竜象房《りゅうぞうぼう》は豪語《ごうご》していたため、大聖人の弟子の三位房《さんみぼう》は、この日、法座《ほうざ》に出かけ、竜象房《りゅうぞうぼう》を

「鎌倉能舞台」がある神奈川県鎌倉市長谷地域。この周辺で、桑ケ谷問答が起きたとされている

完膚《かんぷ》なきまでに破折《はしゃく》しました。金《きん》吾《ご》も同席はしましたが、問答《もんどう》を見守っただけで、一切、発言はしていません。

それなのに、問答《もんどう》から約半月後の同月25日、二人の使者が主君・江間《えま》氏からの下文《くだしぶみ》（命令書）を金吾《きんご》のもとに持参してきたのです。そこには、金吾《きんご》が竜象房《りゅうぞうぼう》の説法《せっぽう》の場へ、徒党《ととう》を組み、刀《かたな》を帯して乱入《らんにゅう》した、と事実と異《こと》なることが書かれていました。その上、法華経の信仰《しんこう》を捨《す》てるという起請文《きしょうもん》（誓約書《せいやくしょ》）を書くように金吾《きんご》に命じ、〝もし起請文《きしょうもん》を提《てい》出《しゅつ》しなければ、所領《しょりょう》を没収《ぼっしゅう》し、家臣《かしん》からも追放する〟と記《しる》されていたのです。

江間《えま》氏は良観《りょうかん》を信奉《しんぽう》していました。鎌倉中《かまくらじゅう》から評判《ひょうばん》を得ていた竜象房《りゅうぞうぼう》が問答《もんどう》で面目《めんぼく》を失ったことは、彼を庇護《ひご》する良観《りょうかん》にとっても権威《けんい》の失墜《しっつい》を意味します。そうした背景《はいけい》があったことから、江間《えま》氏に、金吾《きんご》が法座《ほうざ》を乱《みだ》したとの讒言《ざんげん》が入ったのです。

信仰《しんこう》を貫《つらぬ》いて所領《しょりょう》を没収《ぼっしゅう》されるのか、法華経を捨《す》てて主君の命令を受け入れるか、その二者択一《にしゃたくいつ》を金吾《きんご》は迫《せま》られたのです。この最大の苦境《くきょう》に際《さい》し、金吾《きんご》は潔《いさぎよ》く信心を選ぶ決断《けつだん》をしました。事態《じたい》を大聖人に報告《ほうこく》し、〝法華経を捨《す》てるという起請文《きしょうもん》は書きません〟との旨《むね》の誓状《せいじょう》（誓《ちか》いを記《しる》した文書）を書き上げ、下文《くだしぶみ》と共《とも》に大聖人にお送りしたのです。誓状《せいじょう》が自発的な意思《いし》によって直《ただ》ちに書かれたものだったことからも、金吾《きんご》の決意の深さがうかがわれます。

主君への陳状《ちんじょう》を代筆

建治《けんじ》3年（1277年）6月27日に、金吾《きんご》の誓状《せいじょう》と江間《えま》氏からの下文《くだしぶみ》を受け取り、事件《じけん》の真相を把握《はあく》された大聖人は、即座《そくざ》に筆を執《と》られました。金吾《きんご》にかけられた嫌疑《けんぎ》を晴らすため、金吾《きんご》が江間《えま》氏へ申し上げる陳状《ちんじょう》（弁明書《べんめいしょ》）を、弟子に代わって認《したた》められたのです。これが「頼基陳状《よりもとちんじょう》」です。大聖人は、まさに電光石火《でんこうせっか》の勢《いきお》いで、反転攻勢《はんてんこうせい》の言論戦《げんろんせん》を展開《てんかい》されたのです。

この陳状《ちんじょう》では、金吾《きんご》が法座《ほうざ》を乱《みだ》したという話は、なんの根拠《こんきょ》もない、でまかせであり、金吾《きんご》を妬《ねた》む者の作り話である（新1568ページ・全1153ページ、新1574ページ・全1157ページ参照）と一蹴《いっしゅう》されています。その嘘《うそ》を具体的に暴《あば》くために、三位房《さんみぼう》と竜象房《りゅうぞうぼう》の議論《ぎろん》の応酬《おうしゅう》が克明《こくめい》に再現《さいげん》され、金吾《きんご》が法座《ほうざ》を乱《みだ》したと讒言《ざんげん》をした者に金《きん》吾《ご》を召《め》し合わせて、真相を糾明《きゅうめい》するよう、江間《えま》氏に求められています（新1573ページ・全1157ページ、趣意）。

また陳状《ちんじょう》では、竜象房《りゅうぞうぼう》と良観《りょうかん》がいかに非道《ひどう》であるかを示《しめ》されています。江間《えま》氏が良観《りょうかん》を信奉《しんぽう》するがゆえに、こうした圧迫《あっぱく》があったことを見抜《みぬ》かれた大聖人が、二人の悪事を徹底《てってい》して破折《はしゃく》されたのです。

例えば、良観《りょうかん》が大聖人と祈雨《きう》の勝負をした際《さい》、数百人も動員して祈《いの》らせたにもかかわらず、雨を降《ふ》らせられなかった顚末《てんまつ》を振《ふ》り返《かえ》られています。「『一丈《いちじょう》の堀《ほり》を越《こ》えられない者が、どうして二丈三丈《にじょうさんじょう》の堀《ほり》を越《こ》えることができようか。雨を降《ふ》らすことさえできないのに、どうして難《むずか》しい往生成仏《おうじょうじょうぶつ》をさせることができようか』と良観《りょうかん》を責《せ》めたら、涙《なみだ》を流して悔《くや》しがった。その腹《はら》いせから、良観《りょうかん》は多くの讒言《ざんげん》を加えて、大聖人を亡《な》き者にしようとした」（新1575ページ・全1158ページ、趣意）と。加えて、「竜象房《りゅうぞうぼう》は人肉を食べていたことが分かって追放された者である」（新1576ページ・全1159ページ、趣意）と悪僧《あくそう》の実態《じったい》を指摘《してき》されています。

しかしながら、悪僧《あくそう》の正体を暴《あば》いているのは、あくまで主君のためであることを強調し、主君に誤《あやま》りがあれば、これを諫《いさ》めることが、真の臣下の道であるとも主張《しゅちょう》されています。

さらに、江間《えま》氏への忠誠《ちゅうせい》も強く訴《うった》えられています。「これまで主君のために、親子二代にわたって命を捧《ささ》げてきた私（金吾《きんご》）が、今さらどうして主君を疎遠《そえん》に思うでしょうか。死んだ後も主君に従《したが》い、主従共々《しゅじゅうともども》の成仏《じょうぶつ》を願っています。それなのに、私が江間《えま》家を去ってしまえば、主君と共《とも》に成仏《じょうぶつ》したいとの願いを叶《かな》えることはできなくなってしまいます」（新1579ジ・全1161ジ、趣意）と。相手の心情《しんじょう》を揺《ゆ》さぶるような言葉を連《つら》ね、最後にきっぱりと起請文《きしょうもん》の提出《ていしゅつ》を拒《こば》んで陳《ちん》状《じょう》を結ばれています。

陳状《ちんじょう》を読む金吾《きんご》には、〝折伏《しゃくぶく》とは、かくあるべし〟と叱咤《しった》激励《げきれい》される大聖人の肉声が響《ひび》いたことでしょう。最大の苦境《くきょう》に陥《おちい》った弟子のために、自《みずか》ら陳状《ちんじょう》を書いてくださった師《し》の思いに、熱い涙《なみだ》を流し、報恩《ほうおん》の決意を胸《むね》に立ち上がったに違《ちが》いありません。

大きな騒《さわ》ぎが大いなる幸いと

大聖人は、陳状《ちんじょう》に添《そ》えて、金吾《きんご》宛《あ》てにお手紙（別名「不可惜所領《ふかしゃくしょりょう》の事《こと》」）を認《したた》められています。そこには、金吾《きんご》の毅然《きぜん》たる誓《ちか》いを称賛《しょうさん》されています。「あなたは、私のたびたびの難《なん》や2度の流罪《るざい》の折に、揺《ゆ》るがぬ信心をあらわした。そのことでさえ不思議であるのに、今回のように自身が主君から脅《おど》されても、『2カ所の所《しょ》領《りょう》を捨《す》てても法華経を信じ通します』という誓状《せいじょう》まで書かれた。言葉で言いようがないほど、立派《りっぱ》なことである」（新1582ジペー・全1163ジペー、趣意）と。

このお手紙の中で、敵《てき》はまず金吾《きんご》に法華経を捨《す》てさせ、そのことを鎌倉中《かまくらじゅう》に吹《ふい》聴《ちょう》し、多くの門下《もんか》を動揺《どうよう》させて、一人残らず退転《たいてん》させようとしていると、悪僧《あくそう》の企《たくら》みを明らかにされています（新1583ジペー・全1163ジペー参照）。ところが、その天魔《てんま》の所為《しょい》を、金吾《きんご》の深き覚悟《かくご》が打《う》ち破《やぶ》ったのです。

大聖人はさらに、「どのような乞食《こつじき》になっても法華経に傷《きず》をつけてはならない」「たとえ所領《しょりょう》を没収《ぼっしゅう》されて追い出されても、それこそ十羅刹女《じゅうらせつにょ》（諸天善神《しょてんぜんじん》）の御計《おんはか》らいであろうと、深く信じていきなさい」（新1583ジペー・全1163ジペー、通解）と、信心の究極の要諦《ようてい》を教えられています。

「法華経に傷《きず》をつける」とは、生活の基盤《きばん》が奪《うば》われることを恐《おそ》れて、最《もっと》も大切な信心を見失い、結果として「法」を下げてしまうことです。どのような境遇《きょうぐう》に置かれようが、苦難《くなん》に負けずに信心を貫《つらぬ》く大切さを訴《うった》えられているのです。また、〝十羅刹女《じゅうらせつにょ》の御計《おんはか》らいと信じていきなさい〟とは、信心の途上《とじょう》で直面する苦《く》難《なん》には、必ず意味があることを教えられているお言葉です。

加えて、陳状《ちんじょう》を出した後に予想される動きについても言及《げんきゅう》されています。陳状《ちんじょう》を差し出せば、良観《りょうかん》らの悪事が明瞭《めいりょう》となり、事件《じけん》の真相が鎌倉中《かまくらじゅう》に広がることで、執権《しっけん》・北条時宗《ほうじょうときむね》の耳に入る可能性《かのうせい》も高いと考えられます。そうなれば、「大きな騒《さわ》ぎが大いなる幸いとなっていくだろう」（新1584ジペー・全1164ジペー、通解）と仰《おお》せです。陳状《ちんじょう》が単なる金吾《きんご》一人の弁明書《べんめいしょ》にとどまるものではなく、これまで大聖人や門下《もんか》を迫害《はくがい》してきた悪僧《あくそう》の正体を広く世間に知らしめ、仏法の正邪《せいじゃ》を明らかにする契機《けいき》となることを示《しめ》されているのです。

そうした社会的影響力《えいきょうりょく》の大きさを考えられたのか、大聖人は陳状《ちんじょう》の提出《ていしゅつ》を万全の準備《じゅんび》をもって臨《のぞ》むように促《うなが》されています。このお手紙では、門下《もんか》（大学三郎《だいがくさぶろう》や富木常忍《ときじょうにん》ら）の名前を挙《あ》げ、彼らに陳状《ちんじょう》の提出前《ていしゅつまえ》に清書《せいしょ》してもらうように指示《しじ》されています（新1583ジペー・全1164ジペー参照）。

仏法と申すは勝負をさきとし

大聖人は「頼基陳状《よりもとちんじょう》」を認《したた》められて1、2カ月ほどたった頃、金吾《きんご》へお手紙を送られています。そこでは、「また今度、何か機会があれば、先頃認《したた》めて差し上げた陳状《ちんじょう》を主君に提出《ていしゅつ》しなさい」（新1591ページ・全1169ページ、通解）と仰《おお》せです。陳状提出《ちんじょうていしゅつ》の具体的な機会をうかがっている様子が伝わってきます。金吾《きんご》が他の門《もん》下《か》に依頼《いらい》した清書が完成し、陳状《ちんじょう》が提出《ていしゅつ》できる状態《じょうたい》になったことや、その後の状《じょう》況《きょう》の変化について、大聖人に報告《ほうこく》したことへの返書だと考えられます。

　このお手紙の冒頭《ぼうとう》では、「あなたからのお手紙をあらあら拝見《はいけん》し、長い夜が明け、遠い道のりを経《へ》て（家に）帰りついたように感じました」（新1585ページ・全1165ページ、通解）と綴《つづ》られています。金吾《きんご》の身に、何か安心できる変化があったことがうかがわれます。あるいは、大変な状況《じょうきょう》にあっても、金吾《きんご》に戦う決意がみなぎっているのを感じ取られた大聖人が、ひとまず安堵《あんど》されたのかもしれません。

　しかしながら、お手紙の後半では、主君が言葉柔《やわ》らかな態度《たいど》できても、言いくるめられないように注意を促《うなが》され、どんなことがあっても法華経を捨《す》てる誓約書《せいやくしょ》を書いてはいけない、と戒《いまし》められています（新1590㌻・全1168㌻参照）。こうした点から、硬軟《こうなん》両面にわたって金吾《きんご》に退転《たいてん》の働《はたら》きかけがあったと推測《すいそく》できます。

そこで大聖人は、いかなる事態《じたい》が起こっても金吾《きんご》を勝利に導《みちび》こうと、「仏法は勝負」の哲学《てつがく》を教えられています。「仏法と申すは勝負をさき《先》とし、王法《おうぼう》と申すは賞罰《しょうばつ》を本《もと》とせり」（新1585㌻・全1165㌻）、「仏法と申すは道理なり。道理と申すは主《しゅ》に勝つものなり」（新1590㌻・全1169㌻）とのお言葉です。

魔《ま》を打《う》ち破《やぶ》って成仏《じょうぶつ》を遂《と》げるのか、魔《ま》に負けて迷《まよ》いの人生を送るのか。仏法は、この根本的《こんぽんてき》な勝負に勝つための法です。一方、世法《せほう》（王法）では、地位や財産《ざいさん》などが根本《こんぽん》の基準《きじゅん》となります。仏法は、世法上《せほうじょう》の価値《かち》を否定《ひてい》するものではありませんが、世法上《せほうじょう》の価値《かち》に執着《しゅうちゃく》して、仏法を忘《わす》れてしまえば、真の幸福をつかむことはできません。仏法は、誰人《たれびと》も従《したが》わざるを得ない普遍《ふへん》の真理に基《もと》づくもので

古都・鎌倉の玄関口となっている鎌倉駅

す。それゆえに、仏法を根本《こんぽん》に生きていけば、現実《げんじつ》の生活でも必ず勝利することができます。大聖人は、賞《しょう》罰《ばっ》をもって家来《けらい》を支配《しはい》する力《ちから》を持った主君であっても、仏法の道理の力《ちから》によって必ず打ち勝っていけることを金吾《きんご》に教えられているのです。

事態《じたい》が急展開《きゅうてんかい》

所領没収《しょりょうぼっしゅう》という最大の危機《きき》にも、迷《まよ》うことなく信心を選び取り、強盛《ごうじょう》な信仰《しんこう》を貫《つらぬ》く金吾《きんご》に、事態《じたい》は大きく動いていきました。建治《けんじ》3年（1277年）9月のお手紙（「崇峻天皇御書《すしゅんてんのうごしょ》〈三種財宝御書《さんしゅざいほうごしょ》〉」）によると、主君が当時、鎌倉《かまくら》で流行していた疫病《えきびょう》にかかり、医術《いじゅつ》の心得《こころえ》のあった金吾《きんご》は、その看護《かんご》・治療《ちりょう》を命ぜられたのです。「桑ケ谷問答《くわがやつもんどう》」がもとで始まった危機《きき》から、3カ月もたたない間のことでした。

金吾《きんご》が主君から疎《うと》まれるようになってからも、大聖人は一貫《いっかん》して、主君から大恩《だいおん》を受けたのだから恨《うら》んではいけない、と戒《いまし》められてきました。この大聖人の仰《おお》せのままに、金吾《きんご》は誠意《せいい》を尽《つ》くして主君に接《せっ》してきたからこそ、江間《えま》氏は自分が病《やまい》になった時に金吾《きんご》を頼《たよ》りとしたのです。

江間《えま》氏はもともと、金吾《きんご》に厚《あつ》い信頼《しんらい》を寄《よ》せていました。ひとたびは、讒言《ざんげん》に惑《まど》わされて金吾《きんご》を冷遇《れいぐう》しましたが、治療《ちりょう》・看護《かんご》を受けながらの語らいを通して、讒言《ざんげん》による誤解《ごかい》が解《と》けたに違《ちが》いありません。「小牛《こうし》が母を慕《した》うように、老人が杖《つえ》を頼《たの》みにするように」（新1595ページ・全1172ページ、通解）、主君は、以前にも増《ま》して金吾《きんご》を信用するようになったのです。

正邪《せいじゃ》の決着は厳然《げんぜん》と

一方、魔《ま》の元凶《げんきょう》には明快《めいかい》な現証《げんしょう》が現《あらわ》れました。「崇峻天皇御書《すしゅんてんのうごしょ》（三種財宝御書《さんしゅざいほうごしょ》）」によると、金吾《きんご》のことを快《こころよ》く思わない人々が頼《たの》みとしていた竜象房《りゅうぞうぼう》は倒《たお》れ、金《きん》吾《ご》を讒言《ざんげん》した同僚《どうりょう》も同じ疫病《えきびょう》に侵《おか》されたことが記《しる》されています。さらに、裏《うら》で暗《あん》躍《やく》した良観《りょうかん》についても「重い大罪《だいざい》がある者なので、ただではすまないでしょう」（新1593ジペー・全1171ジペー、趣意）と仰《おお》せになっています。

事態《じたい》の急展開《きゅうてんかい》に、結局、陳状《ちんじょう》を提出《ていしゅつ》することにはならなかったようです。大聖人は金吾《きんご》に「何人もの人が、あなたを陥《おとしい》れようとしたのに陥《おとしい》れられず、すでに勝利した身である」（新1594ジペー・全1172ジペー、通解）と仰《おお》せになっています。

金吾《きんご》が勝利した翌年《よくねん》の弘安元年《こうあんがんねん》（1278年）、同じく良観《りょうかん》の策略《さくりゃく》で勘当事件《かんどうじけん》に苦しめられた池上《いけがみ》兄弟も勝利の実証《じっしょう》を示《しめ》しています。

陰謀《いんぼう》をめぐらして大聖人門下《もんか》を迫害《はくがい》した良観《りょうかん》らの悪事は、師《し》の御指導《ごしどう》のままに一歩も退《しりぞ》かずに信心を貫《つらぬ》いた弟子たちによって、散々な結果に終わったのです。

大聖人が身延《みのぶ》で妙法弘通《ぐつう》の指揮《しき》を執《と》られた時代、〝わが弟子こそ広宣流布の闘《とう》争《そう》の主役たれ〟との師《し》の呼《よ》び掛《か》けに立ち上がった門下《もんか》群像《ぐんぞう》の中心に、四条金吾《しじょうきんご》がいたことは疑《うたが》いありません。

慢心《まんしん》や油断《ゆだん》に注意せよ

主君の信頼《しんらい》が回復《かいふく》された後も、金吾《きんご》を取《と》り巻《ま》く状況《じょうきょう》は、まだまだ険《けわ》しいものがありました。金吾《きんご》が主君から重用《ちょうよう》される一方、金吾《きんご》を追い落とそうとする者たちは、表面では平静《へいせい》を装《よそお》っていても、内心は嫉妬《しっと》の炎《ほのお》を燃《も》やしていました（新1593ページ・全1171ページ参照）。金吾《きんご》の命が脅《おびや》かされる状況《じょうきょう》に変わりはなかったのです。

前述の「崇峻天皇御書《すしゅんてんのうごしょ》（三種財宝御書《さんしゅざいほうごしょ》）」では、金吾《きんご》の勝利を揺《ゆ》るぎないものとするため、主君からの信頼回復《しんらいかいふく》におごることなく、敵《てき》の襲撃《しゅうげき》には十分な用心をし、賢明《けんめい》な振《ふ》る舞《ま》いを心掛《こころが》けるように指導《しどう》されています。

「普段《ふだん》は（嫉妬《しっと》にかられた）彼らの目に付《つ》かないようにして、以前よりも江間《えま》家の一族を敬《うやま》い、ご子息たちが主君のもとに来られている時には、主君のお呼《よ》びがあったとしても、しばらくは慎《つつし》みなさい」（新1593ページ・全1171ページ、通解）

「もし子息たちや権力《けんりょく》のある方《かた》の妻たちが、『主君のご病気はいかがですか』と問われたならば、それがどのような方《かた》であったとしても、膝《ひざ》をかがめて手を合わせ、『私の力《ちから》の及《およ》ぶようなご病気ではありませんが、どのように辞退《じたい》申し上げても、ともかくとの仰《おお》せつけでありますので、主君にお仕《つか》えする身であるゆえ、このように治療《ちりょう》しております』と答えなさい。髪形《かみがた》も立派《りっぱ》にはせず、直垂《ひたたれ》[2]もぱりっとしたものではなくして、鮮《あざ》やかな小袖《こそで》や目立つようなものなどは着ないで、しばらく辛抱《しんぼう》していきなさい」（新1593ページ・全1171ページ、通解）

大聖人は、金吾《きんご》が置《お》かれている状況《じょうきょう》をまるで眼前《がんぜん》でご覧《らん》になっているかのように、微《び》に入《い》り細《さい》をうがって生活上の注意を促《うなが》されています。

同抄《どうしょう》では「教主釈尊《しゃくそん》の出世の本懐《ほんかい》は、人の振《ふ》る舞《ま》いを示《しめ》すことにあった」（新1597ページ・全1174ページ、通解）と記《しる》され、仏法の真髄《しんずい》が、一人一人を敬《うやま》う「人の振《ふ》る舞《ま》い」にあることを教えられています。

仏法がどれほど優《すぐ》れた教えであっても、「人の振《ふ》る舞《ま》い」を通してしか仏法は広がらないし、その正しさも証明《しょうめい》することはできません。金吾《きんご》の強盛《ごうじょう》な信心と誠《せい》実《じつ》な振《ふ》る舞《ま》いで主君の信頼《しんらい》を取《と》り戻《もど》したといっても、油断《ゆだん》や慢心《まんしん》から敵《てき》に付《つ》け入られてしまえば、仏法の正義《せいぎ》を人々に示《しめ》そうとしてきた行動が無駄《むだ》になってしま

四条金吾の領地があったと考えられる長野県飯田市の田園風景

いかねません。だからこそ、これまで金吾《きんご》に繰《く》り返《かえ》し教えてきた賢人《けんじん》としての振《ふ》る舞《ま》いを最後まで貫《つらぬ》くように指導《しどう》されているのです。

池田先生は、大聖人が金吾《きんご》に「人の振《ふ》る舞《ま》い」を教えられた意義《いぎ》について、こう綴《つづ》られています。

「皆《みな》、凡夫《ぼんぷ》であるから、愚痴《ぐち》をこぼす時もある。感情《かんじょう》に流されたり、

2　武家《ぶけ》の代表的衣服《いふく》。袴《はかま》と合わせて、武家《ぶけ》の正装《せいそう》として用《もち》いられた。

つい調子に乗って失敗《しっぱい》したりする場合もある。だからこそ、御本仏は何としても愛弟子《まなでし》を最後《さいご》まで勝ち切らせたいと、油断《ゆだん》や慢心《まんしん》を厳しく細やかに戒《いまし》めておられる。『人の振舞《ふるまい》』を大事にし、いやまして『心の財《たから》』を積《つ》むよう御指南《ごしなん》してくださっているのだ」（『随筆 「人間革命」光あれ』）

兄の離反《りはん》

大聖人が特《とく》に配慮《はいりょ》するように指導《しどう》されたのは、金吾《きんご》を取《と》り巻《ま》く人間関係に関《かん》するものでした。

金吾《きんご》には、4人ないし3人ともいわれる男兄弟と、複数《ふくすう》の妹がいたことが知られています。竜《たつ》の口《くち》の法難《ほうなん》の折《おり》には、金吾《きんご》だけでなく、兄弟たちも大聖人のもとに駆《か》けつけたことは有名です（新1231ジ㌻・全913ジ㌻参照）。

ところが、桑ケ谷問答《くわがやつもんどう》の頃には、「竜象房《りゅうぞうぼう》とあなたの兄とは、あなたにとって悪人でした」（新１５９５ジペー・全１１７２ジペー、通解）と仰《おお》せのように、兄は金吾《きんご》に敵《てき》対《たい》するようになっていたようです。また、弟たちとも必《かなら》ずしも行動を共《とも》にするような状況《じょうきょう》ではなかったと思われます。金吾《きんご》が主君から不興《ふきょう》をかい、兄弟たちは信《しん》仰《こう》に疑《うたが》いを持つようになったのかもしれません。

金吾《きんご》がいつ襲撃《しゅうげき》されてもおかしくない状況《じょうきょう》を踏《ふ》まえて、大聖人は、「車の輪《わ》は二つあれば、道で傾《かたむ》くことはない」という譬《たと》えなどを挙《あ》げ、身の危険《きけん》を避《さ》けるためにも、弟たちを味方に付《つ》け、行動を共《とも》にするように指導《しどう》されています（新１５９３ジペー・全１１７１ジペー参照）。

金吾《きんご》から離《はな》れていこうとする兄弟の動きは、大聖人の耳に入っていたのでしょう。妹たちや身内の女性の心が金吾《きんご》から離《はな》れることも危惧《きぐ》されたのかもしれません。

大聖人は、門下《もんか》の中心者である金吾《きんご》が、妙法の弘通《ぐつう》だけでなく、家族や一族でも勝利の実証《じっしょう》を示《しめ》してほしいと願《ねが》われたことでしょう。それまでにも折《おり》あるごとに、兄弟・妹や身内の女性に慈愛《じあい》をもって接《せっ》するよう、事細《ことこま》かく指導《しどう》されています。

夜廻《よめぐ》りの人

さらに、金吾《きんご》を取《と》り巻《ま》く人々には、「夜廻《よめぐ》りの殿原《とのばら》」と称《しょう》される4人の同志《どうし》もいました。彼らは、鎌倉《かまくら》・荏柄《えがら》（神奈川県鎌倉市二階堂《かまくらにかいどう》）を夜廻《よめぐ》りする警備《けいび》の役を持った人たちですが、大聖人に帰依《きえ》したために屋敷《やしき》を主君に取りあげられてしまったようです。大聖人は、金吾《きんご》に対して、彼らと仲良《なかよ》くして金吾《きんご》の屋敷《やしき》に出入りしてもらえれば、敵《てき》は人目《ひとめ》をはばかって襲撃《しゅうげき》できないだろうと助言されています（新1594ジ・全1172ジ参照）。

ところが、夜廻《よめぐ》りの殿原《とのばら》と金吾《きんご》は、どうも人間関係がうまくいっていなかったようです。この点についても大聖人は、「どんなに気にいらないことがあっても、仲良くしていきなさい」（新1594ページ・全1172ページ、通解）と仰《おお》せです。

金吾《きんご》は、正義感《せいぎかん》が強い半面、妥協《だきょう》が苦手《にがて》な上、短気で感情《かんじょう》が顔に出やすいところがありました。そのため、相手の至《いた》らない点を受け入れられずに衝突《しょうとつ》したり、根回しや配慮《はいりょ》が足《た》りずに軋轢《あつれき》が生じたりしたことがあったのでしょう。広宣流布を妨《さまた》げようとする魔《ま》は、そうした同志間《どうしかん》の摩擦《まさつ》や亀裂《きれつ》を付《つ》け狙《ねら》ってきます。だからこそ、一時の感情《かんじょう》に流されず、お互《たが》いに心を合わせ、団結《だんけつ》する意思が大切なのだと教えられているのです。

主君との信頼関係《しんらいかんけい》、同僚《どうりょう》からの中傷《ちゅうしょう》、襲撃《しゅうげき》の危機《きき》、兄弟の離反《りはん》、一部の同志間《どうしかん》の怨嫉《おんしつ》……。こうした一つ一つを大聖人は心配され、手を打たれたのです。金吾《きんご》は、大聖人の尊容《そんよう》を思《おも》い浮《う》かべながら、時には耳の痛《いた》い御指摘《ごしてき》にも真剣《しんけん》に向き合い、自身を律《りっ》していったことでしょう。

新たな領地《りょうち》を受ける

金吾《きんご》は、主君から重用《ちょうよう》されるようになっただけでなく、所領《しょりょう》の面でも目覚《めざ》ましい待遇《たいぐう》の変化《へんか》がありました。新たな領地《りょうち》を受けることになったことが弘安《こうあん》元年（1278年）10月のお手紙から分かるのです（新1604ページ・全1183ページ参照）。金吾《きんご》が江間《えま》家の人々から疎《うと》まれただけでなく、領地替《りょうちが》えの内命にも背《そむ》いたことがあったので、大聖人は、所領《しょりょう》の加増《かぞう》などかなわないだろうと思っていただけに、感慨《かんがい》はひとしおだったと金吾《きんご》に伝えられています。金吾《きんご》の報告《ほうこく》に対して、大聖人は「夢《ゆめ》かと本当に不思議《ふしぎ》に思い、御返事をどのように申し上げようかと思ったほどでした」（同、通解）と心から喜《よろこ》ばれたのです。

新たな所領《しょりょう》は、従来《じゅうらい》の領地《りょうち》であった殿岡《とのおか》（長野県飯田《いいだ》市）の3倍の広さにも当たる土地でした。新しい領地《りょうち》について、大聖人は佐渡《さど》から身延《みのぶ》に来ている人から聞いておられるので、新領地《しんりょうち》は佐渡《さど》や越後《えちご》（新潟県）方面にあったのではないかと推測《すいそく》されます。

　ところが、お手紙の文面から拝《はい》すると、金吾《きんご》は新たな領地《りょうち》に不満《ふまん》を抱《いだ》いていたようです。佐渡《さど》から来た人に尋《たず》ねるなどして、新領地《しんりょうち》の年貢高《ねんぐだか》などを把握《はあく》された大聖人は、必《かなら》ずしも悪い所ではないと諄々《じゅんじゅん》と金吾《きんご》を諭《さと》されています。そして、「どんなに良くない土地であっても、他人や主君に不満《ふまん》を漏《も》らさないように心《こころ》掛《が》けなさい。『良い所である。良い所である』

飯田文化会館（長野県飯田市）のかなたには、かつて四条金吾の所領があったとされている

と前向きに捉《とら》えていけば、さらなる所領《しょりょう》を賜《たまわ》ることができよう」（新1605ページ・全1183ページ、趣意）と励《はげ》まされたのです。

この翌年《よくねん》の弘安《こうあん》2年（1279年）4月に認《したた》められたとされているお手紙でも、金吾《きんご》が新たな所領《しょりょう》を受けたことは、「陰徳《いんとく》あれば陽報《ようほう》あり」とあるように、金吾《きんご》が正直な心で主君の後生《ごしょう》を救《すく》いたいという真心《まごころ》が強く、信心を貫《つらぬ》き通《とお》してきたからであると仰《おお》せになっています（新1613ページ・全1178ページ、趣意）。また、この所領加増《しょりょうかぞう》はまだまだ始まりであり、後になって大果報《だいかほう》が来ると思いなさいと励《はげ》まされています。

弘安《こうあん》2年（1279年）9月に記《しる》されたとされるお手紙（これまで弘安《こうあん》元年〈1278年〉9月の御述作《ごじゅっさく》とされてきた）によると、さらなる新しい領地《りょうち》が加増《かぞう》されたことが分かります（新1614ページ・全1180ページ参照）。

まさに、〝後になって大果報《だいかほう》が来《く》る〟と予言されたことが現実《げんじつ》となったのです。大聖人は、「これほど不思議《ふしぎ》なことはない。まったく陰徳《いんとく》あれば陽報《ようほう》ありとは、このことである」(同、通解)と仰《おお》せです。人が見ていようといまいと、主君の幸福を祈《いの》り、誠実《せいじつ》な振《ふ》る舞《ま》いを重《かさ》ねてきた金吾《きんご》の「陰徳《いんとく》」に、勝利の「陽報《ようほう》」が輝《かがや》いたことを最大《さいだい》に称《たた》えられているのです。

さらに弘安《こうあん》3年(1280年)には、金吾《きんご》は主君の前で法門《ほうもん》を語ることができたのです。金吾《きんご》と親交のあった椎地四郎《しいじのしろう》から報告《ほうこく》を聞かれた大聖人は、「あなたが語ったことを、非常にうれしく思います」と喜《よろこ》ばれています(新1626ジペー・全1195ジペー参照)。

振《ふ》り返《かえ》れば、主君との間に亀裂《きれつ》が生じたのは、金吾《きんご》が主君を折伏《しゃくぶく》したことがきっかけでした。それが、金吾《きんご》の重《かさ》ねてきた誠実《せいじつ》な振《ふ》る舞《ま》いが花開《ひら》き、江間《えま》氏は金吾《きんご》の話に真剣《しんけん》に耳を傾《かたむ》けるまでになり、強固《きょうこ》な信頼《しんらい》を確立《かくりつ》することができたのです。

世間の心《こころ》ね《根》も、よかりけり

不遇《ふぐう》をかこっていた金吾《きんご》が、主君に重用《ちょうよう》され、新たな所領《しょりょう》を受けるまでになったことを、大聖人は心から喜《よろこ》ばれました。しかし、そうした立身出世《りっしんしゅっせ》が、金吾《きんご》が目指すべき人生の最終的《さいしゅうてき》な勝利の姿《すがた》なのではありません。金吾《きんご》が主君の看病《かんびょう》で信《しん》頼《らい》を回復《かいふく》し、さまざまな問題で決着を付《つ》けなければならない時に、大聖人は金吾《きんご》に勝利への最大《さいだい》の指針《ししん》を贈《おく》られました。それが「蔵《くら》の財《たから》よりも身の財《たから》す《勝》ぐれたり、身の財《たから》より心の財《たから》第一なり」（新1596ページ・全1173ページ）の御金言《ごきんげん》です。「蔵《くら》の財《たから》」「身の財《たから》」にもまして、「心の財《たから》」を積《つ》むこと、つまり「信心」を磨《みが》き、「仏性《ぶっしょう》の輝《かがや》き」を積《つ》み重《かさ》ねることが一切の勝利の根本《こんぽん》であることを教えられたのです。

この「心の財《たから》」を積《つ》み重《かさ》ねて勝ち取る具体的《ぐたいてき》な勝利の姿《すがた》を金吾《きんご》に思《おも》い描《えが》かせ、目指すように呼《よ》び掛《か》けられたのが、「『中務三郎左衛門尉《なかつかさのさぶろうざえもんのじょう》』は、主《しゅ》の御《おん》ためにも、仏法の御ためにも、世間《せけん》の心《こころ》ね根も、よかりけり、よかりけり』と、鎌倉《かまくら》の人々の口《くち》にうたわれ給《たま》え」（同）の一節《いっせつ》です。

「心の財《たから》」を重《かさ》ねて「仏性《ぶっしょう》の輝《かがや》き」を放《はな》っていけば、主君との信頼関係《しんらいかんけい》においても、信仰者《しんこうしゃ》としての不退《ふたい》の実践《じっせん》においても、世間からの信用《しんよう》においても、すべてに打ち勝つことができます。根本的《こんぽんてき》な勝利の姿《すがた》として、大聖人は、人々が「あの人は、どこか違《ちが》う。輝《かがや》いているものを持っている」と称賛《しょうさん》せずにはいられない〝人間性の輝《かがや》き〟を示《しめ》されたのです。

凜々《りり》しき出仕《しゅっし》の姿《すがた》

鎌倉中《かまくらじゅう》の人々から「よかりけり」と称賛《しょうさん》されるようになりなさい、と大聖人が示《しめ》された根本的《こんぽんてき》な勝利の姿《すがた》を彷彿《ほうふつ》させる金吾《きんご》のエピソードがあります。建治《けんじ》4年（1278年）に執筆《しっぴつ》されたお手紙には、長い間、主君から不興《ふきょう》をかっていた金吾《きんご》が、主君の出仕《しゅっし》のお供《とも》の人数に加《くわ》えられ、しかも一日、二日だけではなく毎日が暇《ひま》もないほど充実《じゅうじつ》している姿《すがた》を記《しる》されています（新１５９９ジ・全１１７５ジ参照）。

大聖人の弟子の円教房《えんぎょうぼう》の報告《ほうこく》によると、お供《とも》の一行《いっこう》を見た鎌倉《かまくら》の子どもたちが、こう言い合っていたそうです。〝一行《いっこう》の中で、背丈《せたけ》といい、顔つきといい、乗っている馬や従《したが》えている従者《じゅうしゃ》までも、四条金吾《しじょうきんご》が第一である。ああ、彼こそ男だ、男だ〟（新１５９９ジ・全１１７５ジ参照）と。この凜々《りり》しき雄姿《ゆうし》こそ、苦難《くなん》の冬を乗り越《のこ》え、勝利の春をつかんだ金吾《きんご》の晴れやかな信心の実証《じっしょう》の姿《すがた》であったといえるでしょう。

金吾《きんご》にとって、主君や、同僚《どうりょう》、兄弟、同志《どうし》といった、自身を取《と》り巻《ま》く人間関係は、決して順調《じゅんちょう》とはいえませんでした。一本気な性格《せいかく》が災《わざわ》いしていた面もあったでしょう。しかし、そうした一つ一つの課題《かだい》から目を背《そむ》けることなく、信心で立ち向かったからこそ、大いなる人間革命の実証《じっしょう》を示《しめ》して、鎌倉門下《かまくらもんか》の中心者として模範《もはん》のリーダーに成長《せいちょう》することができたのです。

医術《いじゅつ》に長《た》けた金吾《きんご》

四条金吾《しじょうきんご》は武士《ぶし》であるとともに、医術《いじゅつ》に長《た》けた「くすし《医》（医者）」でもありました。特《とく》に、身延期《みのぶき》の日蓮大聖人を健康面《けんこうめん》でも支《ささ》えていたことが、数々のお手紙から分かっています。金吾《きんご》の医術《いじゅつ》の確《たし》かさや人間性を信頼《しんらい》して、大聖人は「日蓮の死生《しせい》を、あなた（金吾《きんご》）にお任《まか》せしています。他の医師は、まったく頼《たの》まないつもりでおります」（新1617ページ・全1182ページ、通解）と仰《おお》せです。また、病気になった門下《もんか》に対して、金吾《きんご》が名医であり、法華経の行者でもある、と紹介《しょうかい》されることもありました（新1308ページ・全985ページ参照）。

金吾《きんご》は他の門下《もんか》たちの健康《けんこう》にも細かく気を配っていたようです。例《たと》えば、富木《とき》尼御前《あまごぜん》の体調を気にかけていた金吾《きんご》が身延《みのぶ》に行った際《さい》に、「（富木尼御前《ときあまごぜん》自身は）今はたいしたこともないので、気付《きづ》いていないでしょうが、明年1月、2月頃には必《かなら》ず病《やまい》が起こるでしょう」と大聖人にお伝《つた》えしています。こうした振《ふ》る舞《ま》いからも、金吾《きんご》が信心の同志《どうし》のことを大切に思う人であることが分かります。

この時、大聖人は富木尼御前《ときあまごぜん》に対して、金吾《きんご》の治療《ちりょう》を受けるように勧《すす》められています。金吾《きんご》が心意気《こころいき》に感じて動く人柄《ひとがら》なのをご存《ぞん》じだった大聖人は、御自身が金吾《きんご》に、富木尼御前《ときあまごぜん》の治療《ちりょう》をするように取り計《はか》らうよりは、富木尼御前《ときあまごぜん》が直接《ちょくせつ》、金吾《きんご》に頼《たの》んだ方がよいと助言されています（新1308ページ・全986ページ参照）。

身延《みのぶ》での闘病《とうびょう》の日々

大聖人は佐渡流罪《さどるざい》で過酷《かこく》な生活環境《かんきょう》を強《し》いられた上、身延《みのぶ》の山中の生活も、寒さや栄養不足《えいようぶそく》などで決して安穏《あんのん》なものではありませんでした。

特《とく》に、建治《けんじ》3年（1277年）12月30日からは、「はら《腹》のけ《気》」（新1495ページ・全1

099ジペー）、「下痢《くだりばら》」（新1603ジペー・全1179ジペー）に悩《なや》まされるようになったと仰《おお》せです。これは、激《はげ》しい下痢《げり》をともなう胃腸《いちょう》の疾患《しっかん》だったのではないかと考えられます。

弘安《こうあん》元年（1278年）6月の金吾《きんご》へのお手紙では、病気が日に日に悪化し、死を覚悟《かくご》するほどの状況《じょうきょう》だったことを述《の》べられています。「今年《ことし》の6月3日、4日頃、下痢《げり》が日ごとに悪化し、これが定業《じょうごう》（ここでは定《さだ》まった寿命《じゅみょう》のこと）かと思われた」（同、趣意）と。

金吾《きんご》は病気の悪化を知るや、さっそく、自《みずか》ら調合《ちょうごう》した薬を大聖人にお届《とど》けしています。金吾《きんご》の投薬が功《こう》を奏《そう》したのでしょう。

6月26日には、金吾《きんご》の投薬に感謝《かんしゃ》するお手紙を書けるほどに、大聖人の体調は回復《かいふく》しました。「あなたの良薬《ろうやく》を服してから、日がたつにつれて下痢《げり》も減《へ》っていき、今では百分の一になりました。教主釈尊《きょうしゅしゃくそん》があなたの身に入り代わって、日蓮を助けられたのでしょうか」（新1603ページ・全1179ページ、趣意）と、金吾《きんご》を最大《さいだい》に称《たた》えられています。一時は重篤《じゅうとく》だった師《し》が快方《かいほう》に向かったことを知った金吾《きんご》は、安堵《あんど》の息をついたことでしょう。

師《し》の容体《ようだい》を案《あん》じ身延《みのぶ》へ

それから約半年後の弘安《こうあん》元年（1278年）閏《うるう》10月[3]のお手紙によると、大聖人のお体を心配した金吾《きんご》が、信濃国《しなののくに》（長野県）にある自分の領地《りょうち》から、銭《ぜに》や米俵《こめだわら》、餅《もち》、酒、串柿《くしがき》、柘榴《ざくろ》といった御供養《ごくよう》の品々を送り、小袖《こそで》やお薬もお届《とど》けしていたようです（新1607ページ・全1185ページ参照）。本格的《ほんかくてき》な冬の到来《とうらい》を前に、栄養不足《えいようぶそく》や身延《みのぶ》の厳《きび》しい寒さを案《あん》じての御供養《ごくよう》ではないかと思われます。

大聖人は手紙の冒頭《ぼうとう》で、御供養《ごくよう》の品目を一つ一つ挙《あ》げ、「飲食物や衣服《いふく》、医薬《いやく》に勝《まさ》る人間の宝《たから》はない」（同、通解）とお礼を伝《つた》えられています。さらに、「今で

天竜川に架かる天竜橋（長野県飯田市）の西側には、金吾ゆかりの地・殿岡があったとされている

は、病気《びょうき》も平癒《へいゆ》し、以前《いぜん》よりも元気になりました」（同、通解）と重《かさ》ねて感謝《かんしゃ》されています。

その上で大聖人は、師匠《ししょう》の身を案《あん》じて鎌倉《かまくら》から身延《みのぶ》を訪《おとず》れた金吾《きんご》に対して、帰りの安否《あんぴ》をとても心配されています。鎌倉《かまくら》への帰り道は、北条得宗《ほうじょうとくそう》家

3　旧暦《きゅうれき》（太陰《たいいん》太陽暦《れき》）で、月の運行による暦年《れきねん》と太陽の運行によって定《さだ》まる季節とのずれを調整するために、ずれが1カ月になると、同じ月を2度繰《く》り返《かえ》して1年を13カ月とした。この月を閏月《うるうづき》という。

（執権《しっけん》北条《ほうじょう》氏の家督《かとく》を継《つ》ぐ本家）の領地《りょうち》があり、大聖人の門下《もんか》には厳《きび》しい目が向けられていました。加《くわ》えて、金吾《きんご》は主君の信用《しんよう》を大きく勝ち取ったとはいえ、隙《すき》があれば命を狙《ねら》われる状況《じょうきょう》が続《つづ》いていたからです。

大聖人は、鎌倉《かまくら》方面から身延《みのぶ》の大聖人のもとに誰《だれ》かが到着《とうちゃく》するたびに、途中《とちゅう》で金吾《きんご》に会ったかどうかを尋《たず》ねられました。「箱根湯本（神奈川県箱根町）で会いました」「国府津《こうづ》（同小田原《おだわら》市）で会いました」と話を聞き、金吾《きんご》の足どりがだんだんと分かり、「鎌倉《かまくら》で会いました」という報告《ほうこく》で、ようやく無事《ぶじ》が確認《かくにん》でき、安《あん》堵《ど》された、とお手紙に記《しる》されています（新１６０８ページ・全１１８５ページ、趣意）。

大聖人の心配りは、それでは終わりません。今後はよほどの大事でなければ、身延《みのぶ》に来《く》るには及《およ》ばない、用件《ようけん》は使いを寄《よ》こしてもらえればよい、とおっしゃっています（同、趣意）。〝金吾《きんご》の身に、もしものことがあれば……〟――弟子を案《あん》じる師《し》の深い慈愛《じあい》が感じられてなりません。

熱原《あつはら》の法難《ほうなん》

大聖人が衰弱《すいじゃく》する体をおして、身延《みのぶ》で御化導《ごけどう》の総仕上《そうしあ》げの指揮《しき》を執《と》られている間、各地《かくち》の弟子は広布の闘争《とうそう》を果敢《かかん》に展開《てんかい》しました。その中から、大聖人と同じく、権力者《けんりょくしゃ》から命にも及《およ》ぶ弾圧《だんあつ》を受けながらも信仰《しんこう》を貫《つらぬ》く、偉大《いだい》な民衆《みんしゅう》の連帯《れんたい》が生まれました。「熱原《あつはら》の法難《ほうなん》」を戦《たたか》い抜《ぬ》いた農民門下《のうみんもんか》たちです。

当時、駿河国《するがのくに》（静岡県中央部）の富士《ふじ》方面では、日興上人《にっこうしょうにん》を中心に果敢《かかん》に弘教《ぐきょう》が進み、多くの農民《のうみん》も妙法に帰依《きえ》しました。危機感《ききかん》を抱《いだ》いた滝泉寺《りゅうせんじ》の院主代《いんじゅだい》・行智《ぎょうち》らは、熱原《あつはら》（同富士《ふじ》市厚原《あつはら》とその周辺）の門下《もんか》に対する弾圧《だんあつ》を企《くわだ》てました。その弾《だん》圧《あつ》の頂点《ちょうてん》ともいえる事件《じけん》が弘安《こうあん》2年（1279年）9月21日に起きました。熱原《あつはら》の農民門下《のうみんもんか》20人が無実《むじつ》の罪《つみ》で捕縛《ほばく》され、鎌倉《かまくら》に送られたのです。

彼らが逮捕後《たいほご》も不惜《ふしゃく》の信仰《しんこう》を貫《つらぬ》いていることを聞かれた大聖人は、10月1日に「聖人御難事《しょうにんごなんじ》」を執筆《しっぴつ》されました。お手紙の最後は「人々御中《おんちゅう》　さぶろうざえ《三郎左衛門》もん殿《どの》（四条金吾《しじょうきんご》）のもとにとどめ《留》らるべし」（新1621㌻・全1191㌻）と結《むす》ばれています。本抄《ほんしょう》は門下《もんか》一同に与《あた》えられたものでありますが、お手紙は金吾《きんご》のもとに留《とど》めるように命じられています。また、弾圧《だんあつ》は熱原《あつはら》だけでなく、鎌倉《かまくら》の門下《もんか》全体にも広がる恐《おそ》れがあり、門下《もんか》一人一人に決定《けつじょう》した信心を教えられたとも拝《はい》されます。

お手紙で、大聖人は御自身が数々の難《なん》に遭《あ》う中で、立宗宣言《りっしゅうせんげん》から「27年」目にして「出世《しゅっせ》の本懐《ほんかい》」を遂《と》げたと仰《おお》せです（新1618㌻・全1189㌻参照）。熱原《あつはら》の農民門下《のうみんもんか》は、社会的《しゃかいてき》には何の地位《ちい》もないにもかかわらず、いかなる権力《けんりょく》の迫害《はくがい》にも屈《くっ》せず信心に励《はげ》みました。大聖人は、自《みずか》らと同じく、不惜身命《ふしゃくしんみょう》の実践《じっせん》で人々を苦悩《くのう》から救《すく》わんとする弟子が出現《しゅつげん》したことに重大な意義《いぎ》を感じ、民衆《みんしゅう》仏法が確《かく》立《りつ》したとの意義《いぎ》を感じられて、今が出世の本懐《ほんかい》の時であると宣言《せんげん》されたのです。

竜《たつ》の口《くち》の法難《ほうなん》や佐渡流罪《さどるざい》に際《さい》しては、多くの門下《もんか》が退転《たいてん》しました。金吾《きんご》は胸《むね》が張《は》り裂《さ》けるような思いをしたに違《ちが》いありません。それが熱原《あつはら》の法難《ほうなん》では、入信《にゅうしん》から日も浅《あさ》く、大聖人にお会いしたこともない農民門下《のうみんもんか》たちが権力《けんりょく》からの迫害《はくがい》にも屈《くっ》せず信仰《しんこう》を貫《つらぬ》いたのです。

本抄《ほんしょう》では、熱原《あつはら》の門下《もんか》への激励《げきれい》に際《さい》して、覚悟《かくご》の信心を促《うなが》すように仰《おお》せです。「かの熱原《あつはら》の迫害《はくがい》に遭《あ》って動揺《どうよう》している者たちには、よく励《はげ》まして、退転《たいてん》させてはいけません。彼らには、『ただ一途《いちず》に覚悟《かくご》を決めなさい。善《よ》い結果《けっか》になるのが不思議《ふしぎ》であり、悪い結果《けっか》になるのが必然《ひつぜん》と思いなさい』と励《はげ》ましなさい」（新1620ジ゙ペー・全1190ジ゙ペー、通解）と。

その後、平左衛門尉頼綱《へいのさえもんのじょうよりつな》は、私邸《してい》で残忍《ざんにん》な取り調べを行い、熱原《あつはら》の門下《もんか》たちに退転《たいてん》を迫《せま》りました。しかし、彼らは迫害《はくがい》に屈《くっ》せず、題目を唱《とな》え続《つづ》け、不当《ふとう》な迫害《はくがい》と断固《だんこ》戦《たたか》ったのです。その結果《けっか》、熱原《あつはら》の門下《もんか》のリーダー格《かく》だった神四郎《じんしろう》・弥五郎《やごろう》・弥六郎《やろくろう》の3人は処刑《しょけい》され、残《のこ》り17人は追放となりましたが、捕《と》らえられた農《のう》民《みん》は信心を貫《つらぬ》き通《とお》しました。

池田先生は、熱原《あつはら》の門下《もんか》の戦《たたか》いについて語られています。「この20人の勇敢《ゆうかん》なる庶民《しょみん》の行動は、13世紀《せいき》の封建《ほうけん》時代の日本で起きた、永遠《えいえん》に輝《かがや》きわたる偉大《いだい》な先駆《せんく》の人権闘争《じんけんとうそう》です。苗字《みょうじ》もない農民《のうみん》が、厳然《げんぜん》と宗教的信念《しゅうきょうてきしんねん》を貫《つらぬ》き、権力者《けんりょくしゃ》の横暴《おうぼう》に対して断固《だんこ》として『ノー！』と叫《さけ》ぶ。人類《じんるい》の人権《じんけん》の教科書の一ページを飾《かざ》るべき出来事とも言えるのではないだろうか」（『御書の世界』、『池田大作全集』第33巻所収）と。

金吾《きんご》も、命を賭《と》して広布に戦《たたか》い抜《ぬ》いた熱原《あつはら》の門下《もんか》のことを、自身の信心の鑑《かがみ》として深く胸《むね》に刻《きざ》んだに違《ちが》いありません。

大聖人の御入滅《ごにゅうめつ》

弘安《こうあん》元年（1278年）には、金吾《きんご》の投薬で命を取《と》り留《と》めることができた大聖

大聖人が最後まで戦う御心を示された東京・大田の地に立つ大田池田文化会館

人ですが、その後も、「衰病《すいびょう》（体が衰弱《すいじゃく》する病気）」に悩《なや》まされ、弘安《こうあん》4年（1281年）正月からは症状《しょうじょう》がいっそう重くなりました（新1506ページ・全1105ページ参照）。同年11月末《まつ》からは、ほとんど食事が取れなくなるほど重篤《じゅうとく》になりました（新1926ページ・全1583ページ参照）。金吾《きんご》が身延《みのぶ》の大聖人のもとをたびたび訪《おとず》れている（新1625ページ・全1194ページ参照）ことから、金吾《きんご》は大聖人の晩年《ばんねん》のお体を気遣《きづか》い、師《し》の健康回復《けんこうかいふく》に尽力《じんりょく》していたと思われます。

金吾《きんご》は、病《やまい》に対する師《し》の悠然《ゆうぜん》たるお姿《すがた》

から、いかなる障魔《しょうま》とも戦《たたか》い抜《ぬ》く「師子王《ししおう》の心《こころ》」を学んだことでしょう。

弘安《こうあん》5年（1282年）9月8日、大聖人は弟子たちの勧《すす》めで、常陸国《ひたちのくに》（茨城県北部と福島県南東部）へ湯治《とうじ》に行くとして、身延《みのぶ》を出られました。同月18日に武蔵《むさしの》国《くに》の池上《いけがみ》（東京都大田区内）にある池上宗仲邸《いけがみむねなかてい》に到着《とうちゃく》されます。そこで大聖人は、弟子を集めて「立正安国論《りっしょうあんこくろん》」を講義《こうぎ》されたと伝《つた》えられるなど、最後《さいご》まで広宣流布の戦《たたか》いに一歩も引かない姿勢《しせい》を示《しめ》されました。そして、10月13日に大聖人は御入《ごにゅう》滅《めっ》され、61歳の偉大《いだい》な御生涯《ごしょうがい》を閉《と》じられたのです。

師《し》の御入滅《ごにゅうめつ》を弟子たちが悲しむ中にあって、門下《もんか》の中心だった金吾《きんご》は、涙《なみだ》をぬぐい、同志《どうし》を励《はげ》ましていかなければと誓《ちか》ったことでしょう。御入滅《ごにゅうめつ》の翌日《よくじつ》に行われた葬礼《そうれい》では、金吾《きんご》は池上宗仲《いけがみむねなか》とともに葬列《そうれつ》の先頭に立ち、幡《はた》を奉持《ほうじ》したと記録《きろく》に残《のこ》っています。

永遠《えいえん》に忘《わす》れない

御入滅《ごにゅうめつ》の2年前、弘安《こうあん》3年(1280年)10月に金吾《きんご》宛《あ》てのお手紙の中で、師弟共戦《していきょうせん》に生き切った金吾《きんご》の振《ふ》る舞《ま》いを振《ふ》り返《かえ》られ、最大《さいだい》に称賛《しょうさん》されています。「文永《ぶんえい》8年(1271年)のあの御勘気《ごかんき》の時、相模国《さがみのくに》の竜《たつ》の口《くち》で私の頸《くび》が切られようとした時に、あなたは馬の口《くち》にとりすがり、はだしで供《とも》をし、泣《な》き悲しまれました。そして、私が頸《くび》を切られることが現実《げんじつ》となってしまうならば、自分の腹《はら》を切ろうとの様子であったことを、いかなる世にも思い忘《わす》れることができましょうか。

そればかりではありません。佐渡《さど》の島に流され、北海の孤島《ことう》の雪の下に埋《う》もれ、北山の嶺《みね》の山颪《やまおろし》に命が助かるとも思いませんでした。かねてからの同朋《どうほう》にも捨《す》てられ、あたかも大海の底《そこ》にある千引《ちびき》の大石(千人で引きあげるような大きな石)が海面に浮《う》かばないように、とうてい故郷《こきょう》へ帰ることはできそうになく、さすがに凡夫《ぼんぷ》ですから、故郷《こきょう》の人々が恋《こい》しくてたまらない心境《しんきょう》でした。その時に、あなたは在家《ざいけ》であり、主君に仕《つか》えて暇《ひま》のない身です。しかも法華経を信《しん》じることはまれなことなのに、山河《さんが》の険難《けんなん》を凌《しの》ぎ、蒼《あお》き大海を越《こ》えて、はるばると訪《たず》ねてくださいました。その志《こころざし》は、（仏法のために）香城《こうじょう》でわが骨《ほね》を砕《くだ》いて供養《くよう》し、雪山《せっせん》で身を投げて法《ほう》を求《もと》めた人たちにも、どうして劣《おと》るでしょうか」（新1624ページ・全1193ページ、通解）

いつも変《か》わらぬ真心《まごころ》と揺《ゆ》るぎない信心で、大聖人と苦楽を共《とも》に生きた四条金吾《しじょうきんご》。〝苦闘《くとう》の時を支《ささ》えてくれた御恩《ごおん》は計《はか》り知れません〟〝苦楽を共《とも》にした真心《まごころ》は永遠《えいえん》に忘《わす》れません〟――金吾《きんご》に寄《よ》せる師《し》の甚深《じんじん》の御真情《ごしんじょう》が繰《く》り返し綴《つづ》られているのを拝《はい》した金吾《きんご》の目からは、涙《なみだ》があふれて止まらなかったに違《ちが》いありません。

一途《いちず》に師《し》のために、妙法のために生《い》き抜《ぬ》いた金吾《きんご》がいたからこそ、私たちは、師弟《してい》の絆《きずな》がどれほど尊《とうと》いのかを知ることができます。これからも、私たちは四条《しじょう》金吾《きんご》への御書を拝《はい》するたびに、師弟《してい》に生きる喜《よろこ》びと誇《ほこ》りを感じることができるでしょう。

【関連御書】

四条金吾宛て：「月満御前御書」（新１５１１㌻・全１１１０㌻）、「四条金吾殿御書」（新１５１３㌻・全１１１１㌻）、「四条金吾殿御消息」（新１５１６㌻・全１１１３㌻）、「同生同名御書」（新１５１８㌻・全１１１４㌻）、「四条金吾殿御返事（煩悩即菩提の事）」（新１５２０㌻・全１１１６㌻）、「四条金吾殿御返事（梵音声の事）」（新１５２３㌻・全１１１８㌻）、「主君耳入此法門免与同罪事（与同罪を免るるの事）」（新１５３９㌻・全１１３２㌻）、「四条金吾殿御返事（此経難持の事）」（新１５４４㌻・全１１３６㌻）、「王舎城事」（新１５４５㌻・全１１３７㌻）、「四条金吾殿御返事（衆生所遊楽御書）」（新１５５４㌻・全１１４３㌻）、「四条金吾釈迦仏供養事」（新１５５５㌻・全１１４４㌻）、「四条金吾殿御返事（智人弘法の事）」（新１５６１㌻・全１１４８㌻）、「四条金吾殿御返事（八風抄）」（新１５６４㌻・全１１５０㌻）、「四条金吾殿御返事（不可惜所領の事）」（新１５８２㌻・全１１６３㌻）、「四条金吾殿御返事（世雄御書）」（新１５８５㌻・全１１６５㌻）、「崇峻天皇御書（三種財宝御書）」（新１５９２㌻・全１１７０㌻）、「四条金吾御書」（新１５９８㌻・全１１７５㌻）、「中務左衛門尉殿御返事」（新１６０２㌻・全１１７８㌻）、「四条金吾殿御返事（所領加増の事）」（新１６０４㌻・全１１８３㌻）、「四条金吾殿御返事（石虎将軍御書）」（新１

607ページ・全1185ページ）、「陰徳陽報御書」（新1612ページ・全1178ページ）、「四条金吾殿御返事（源遠流長の事）」（新1614ページ・全1180ページ）、「四条金吾殿御返事（法華行者住処の事）」（新1624ページ・全1193ページ）、「四条金吾許御文」（新1626ページ・全1195ページ）

門下一同宛て：「聖人御難事」（新1618ページ・全1189ページ）

その他：「頼基陳状」（新1568ページ・全1153ページ）

【参考】

「世界を照らす太陽の仏法」（2015年9月号「大白蓮華」、「四条金吾殿御消息」講義）、『勝利の経典「御書」に学ぶ』第20巻（「四条金吾殿御返事〈煩悩即菩提御書〉」講義）、同第15巻（「四条金吾殿御返事〈梵音声御書〉」講義）、同第18巻（「四条金吾殿御返事〈此経難持御書〉」講義）、『永遠の経典「御書」に学ぶ』第3巻（「四条金吾殿御返事〈衆生所遊楽御書〉」講義）、『勝利の経典「御書」に学ぶ』第17巻（「四条金吾殿御返事〈八風抄〉」講義）、『希望の経典「御書」に学ぶ』第3巻（「四条金吾殿御返事〈不可惜所領事〉」講義）、『勝利の経典「御書」に学ぶ』第6巻（「四条金吾殿御返事〈世雄御書〉」講義）、同第4巻（「崇峻天皇御書」講義）、同第12巻（「四条金吾殿御返事〈石虎将軍御書〉」）、「世界を照らす太陽の仏法」（2015年10・11月号「大白蓮華」、「聖人御難事」講義）、『希望の経典「御書」に学ぶ』第2巻（「四条金吾殿御返事〈法華経兵法事〉」講義）

日眼女《にちげんにょ》

鎌倉《かまくら》

日眼女《にちげんにょ》は四条金吾《しじょうきんご》の妻であり、夫とともに純真《じゅんしん》に信心に励《はげ》んだ女性門下《じょせいもんか》の代表です。金吾《きんご》が、さまざまな苦難《くなん》に遭《あ》いながらも、日蓮大聖人をお守りし、鎌倉門下《かまくらもんか》の中心者として信心を貫《つらぬ》くことができた背景《はいけい》には、日眼女《にちげんにょ》の支《ささ》えがあったことが、大聖人のお手紙からうかがい知ることができます。

日眼女《にちげんにょ》は、大聖人のお手紙から、厄年《やくどし》だった年が分かっているので、寛元《かんげん》元年

（1243年）の生まれだったと考えられます。[1]
「日眼女《にちげんにょ》」の名前が確認《かくにん》できるのは、弘安《こうあん》2年（1279年）に認《したた》められた「日《にち》眼女造立釈迦仏供養事《げんにょぞうりゅうしゃかぶつくようじ》」です（弘安《こうあん》3年〈1280年〉の御執筆《ごしっぴつ》という説《せつ》もあります）。その頃には、金吾《きんご》の妻は大聖人から「日眼女《にちげんにょ》」と呼《よ》ばれていたと思われます。

「月満御前《つきまろごぜん》」と命名

日眼女《にちげんにょ》は、待《ま》ち望《のぞ》んでいた子どもを身ごもりました。文永《ぶんえい》8年（1271年）5月に、大聖人から日眼女《にちげんにょ》に激励《げきれい》の御返事が送られています。

大聖人は、「あなた方夫婦は、共《とも》に法華経を受持する者です。法華経が流布《るふ》していく種《たね》を継《つ》ぐ、玉のような子どもが生まれるでしょう。誠《まこと》にめでたいことです」（新1510ページ・全1109ページ、通解）とお祝《いわ》いの言葉を贈《おく》られ、「日蓮があなた方に妙法の種《たね》を授《さず》けて、お生まれになるので、わが子のように思われます」（新

1511ページ・全1109ページ、趣意）と、ことのほか喜《よろこ》ばれています。仏法の眼《まなこ》から見れば、すべての子どもが、偉大《いだい》な使命を持ってこの世に生まれると捉《とら》えます。法華弘通《ほっけぐつう》に励《はげ》む金吾《きんご》夫妻の子どもも、どれほど使命深き存在《そんざい》であることか。大聖人は、かけがえのない愛弟子《まなでし》の子どもの誕生《たんじょう》に際《さい》し、健《すこ》やかな成《せい》長《ちょう》をわが子のように願《ねが》われたに違《ちが》いありません。

同年〈文永8年（1271年）〉5月8日、金吾宛《きんごあ》てに送られた「月満御前御《つきまろごぜんご》書《しょ》」によれば、日眼女《にちげんにょ》は無事《ぶじ》に女児《じょじ》を出産《しゅっさん》し、大聖人は、さっそく、「月満御《つきまろご》

1　文永《ぶんえい》12年（1275年）1月に執筆《しっぴつ》されたとされる「四条金吾殿女房御返事《しじょうきんごどのにょうぼうごへんじ》」では、日眼女《にちげんにょ》は33歳の厄年《やくどし》を迎《むか》え、弘安《こうあん》2年（1279年）2月の御述作《ごじゅっさく》とされる「日眼女造立釈迦仏供養事《にちげんにょぞうりゅうしゃかぶつくようじ》」では、37歳の厄年《やくどし》であったことから、日眼女《にちげんにょ》は寛元《かんげん》元年（1243年）の生まれだったと考えられる。ただし、「日眼女造立釈迦仏供養事《にちげんにょぞうりゅうしゃかぶつくようじ》」の御執筆《ごしっぴつ》年は弘安《こうあん》3年（1280年）説《せつ》もあるので、その場合には寛元《かんげん》2年（1244年）の生まれとなる。

前《ぜん》」と命名されました（新1511ジペー・全1110ジペー参照）。

お手紙では、「願《ねが》いが叶《かな》っていく様子は、潮《しお》が満《み》ちてくるようであり、春の野に花が開《ひら》くようです」（同、趣意）、「あなたのお子さんは、釈尊《しゃくそん》の生まれ変《か》わりです」「あまりにおめでたいことなので、今日は詳《くわ》しくは申し上げませんが、また重《かさ》ねて後に申しましょう」（新1512ジペー・全1110ジペー、趣意）と仰《おお》せです。

金吾《きんご》夫妻が、わが子の誕生《たんじょう》を長い間、祈《いの》り続《つづ》けてきたことを、感じ取ることができます。日眼女《にちげんにょ》は、大聖人が言葉を尽《つ》くして励《はげ》まされたお手紙を繰《く》り返《かえ》し読み、感動で胸《むね》がいっぱいになったことでしょう。

竜《たつ》の口《くち》の法難《ほうなん》

新たな命を授《さず》かり、喜《よろこ》びに包《つつ》まれていた金吾《きんご》夫妻を揺《ゆ》るがす一大事が起きました。文永《ぶんえい》8年（1271年）9月12日、平左衛門尉頼綱《へいのさえもんのじょうよりつな》が武装《ぶそう》した兵士《へいし》を率《ひき》いて大聖人を捕縛《ほばく》したのです。しかも、その深夜、大聖人は、密《ひそ》かに勾留《こうりゅう》されていた北条宣時邸《ほうじょうのぶときてい》から連《つ》れ出され、鎌倉《かまくら》近郊《きんこう》で処刑《しょけい》されようとしました。

金吾邸《きんごてい》の近くを通った時、大聖人は使いの者を金吾《きんご》に送られます。急の知らせに、金吾《きんご》は大聖人のもとに向かって裸足《はだし》で駆《か》け出《だ》していきました。金吾《きんご》は、大聖人の馬の口《くち》に取り付き、大聖人が処刑《しょけい》されたなら、自分も一緒《いっしょ》に死ぬという覚悟《かくご》でお供《とも》をしたのです。

日頃《ひごろ》の大聖人への圧迫《あっぱく》や、不穏《ふおん》な状《じょう》

「竜の口」ゆかりの地に立つ鎌倉国際教学会館（神奈川県鎌倉市）

況《きょう》の鎌倉《かまくら》の中にあって、かねてから覚悟《かくご》のあった日眼女《にちげんにょ》でしょうが、その驚《おどろ》きと不安《ふあん》はいかばかりだったことでしょう。夫を送り出した日眼女《にちげんにょ》は、大聖人と夫の身の上を心から案《あん》じて題目を唱《とな》え、眠《ねむ》れぬ一夜を過《す》ごしたに違《ちが》いありません。

大聖人一行が竜《たつ》の口《くち》に到着《とうちゃく》し、処刑《しょけい》が行われようとした、まさにその時でした。江《え》の島《しま》の方から「光り物」が現《あらわ》れたため、刑《けい》の執行《しっこう》はできなくなりました（竜《たつ》の口《くち》の法難《ほうなん》）。金吾《きんご》は依智《えち》（神奈川県厚木《あつぎ》市北部）まで大聖人にお供《とも》した後、帰宅《きたく》しました。

竜《たつ》の口《くち》での出来事を夫から聞いた日眼女《にちげんにょ》は、究極《きゅうきょく》の大難《だいなん》にあっても、悠然《ゆうぜん》と乗《の》り越《こ》えた師匠《ししょう》の偉大《いだい》なお姿《すがた》を命に刻《きざ》んだことでしょう。

夫を佐渡《さど》に送り出す

大聖人が佐渡《さど》に流罪《るざい》されると、多くの門下《もんか》が弾圧《だんあつ》に遭《あ》って退転《たいてん》しました。しかし、金吾《きんご》夫妻は、御供養《ごくよう》の品々を送ったり、金吾《きんご》自身が佐渡《さど》を訪《おとず》れたりして、大聖人をお守りしました。

文永《ぶんえい》9年（1272年）4月に日眼女《にちげんにょ》に送られた「同生同名御書《どうしょうどうみょうごしょ》」では、夫を鎌倉《かまくら》から佐渡《さど》へはるばる送り出した日眼女《にちげんにょ》を最大《さいだい》に称賛《しょうさん》されています。

「あなた方は、鎌倉《かまくら》にいながら、人目をはばからず、命を惜《お》しまず、法華経の信心をされていることは、ただごとども思われません」（新1518ジペー・全1115ジペー、趣意）

「このような乱《みだ》れた世に、この殿《との》（金吾《きんご》）を佐渡《さど》の地まで遣《つか》わされた、あなたの真心《まごころ》は大地よりも厚《あつ》いのです。必《かなら》ず地神も知っていることでしょう。また、その真心《まごころ》は虚空《こくう》よりも高いのです。きっと梵天《ぼんてん》・帝釈《たいしゃく》も知られていることでしょう」（新1519ジペー・全1115ジペー、通解）

当時、鎌倉《かまくら》では、良観《りょうかん》ら諸宗《しょしゅう》の悪僧《あくそう》に唆《そそのか》された幕府《ばくふ》要人《ようじん》らが、大聖人の門下《もんか》を激《はげ》しく迫害《はくがい》していました。二月騒動《そうどう》（北条《ほうじょう》一門の内乱《ないらん》）による混乱《こんらん》もあったと考えられます。そんな逆境《ぎゃっきょう》にもかかわらず、金吾《きんご》夫妻は法華経の信仰《しんこう》に一途《いちず》に励《はげ》み、日眼女《にちげんにょ》は夫を佐渡《さど》に送り出し、留守《るす》を守ったのです。陰《かげ》の労苦《ろうく》をいとわず、誰《だれ》が見ていなくても広宣流布を支《ささ》え抜《ぬ》く福徳《ふくとく》は計《はか》り知れないことを、大聖人は教えられているのです。

鳥の二つの翼《つばさ》のように

さらに、佐渡《さど》に流罪《るざい》された時期の金吾宛《きんごあ》てのお手紙には、金吾《きんご》夫妻が力《ちから》を合わせて信仰《しんこう》に生《い》き抜《ぬ》くべきであることを教えられています。

大聖人は、「太陽と月」「二つの眼《まなこ》」「鳥の二つの翼《つばさ》」のように、夫婦でぴたりと呼吸《こきゅう》を合わせて、信心に励《はげ》むように指導《しどう》されています。「夫婦の固《かた》い信心の絆《きずな》があれば、死後に暗い道などあるでしょうか。霊山浄土《りょうぜんじょうど》の仏たちの顔を拝見《はいけん》できることは疑《うたが》いありません。久遠《くおん》の仏の住む世界に瞬時《しゅんじ》に飛《と》んでいけるのです」（新1522ジペー・全1118ジペー、趣意）と。

文永《ぶんえい》11年（1274年）、大聖人は佐渡流罪《さどるざい》を赦免《しゃめん》されて身延《みのぶ》に入り、民衆救済《みんしゅうきゅうさい》の大闘争《だいとうそう》を門下《もんか》に呼《よ》び掛《か》けられます。金吾《きんご》は師《し》の戦《たたか》いに呼応《こおう》して主君を折伏《しゃくぶく》しました。そのため、金吾《きんご》は主君から不興《ふきょう》をかって遠ざけられてしまい、同僚《どうりょう》たちからもさまざまな圧迫《あっぱく》を受けます。それでも金吾《きんご》夫妻は、共《とも》に助け合って信心に励《はげ》み、身延《みのぶ》の大聖人を支《ささ》えました。日眼女《にちげんにょ》には、夫婦がいかなる苦難《くなん》に遭《あ》っても、二人が力《ちから》を合わせて信心に励《はげ》めば、必《かなら》ず諸天《しょてん》に守られ、悠々《ゆうゆう》たる境涯《きょうがい》を開《ひら》いていくことができるとの大聖人の指針《ししん》が、いつも胸《むね》に響《ひび》いて離《はな》れなかったことでしょう。

厄年《やくどし》の不安《ふあん》

文永《ぶんえい》12年（1275年）の1月に認《したた》められた「四条金吾殿女房御返事《しじょうきんごどののにょうぼうごへんじ》」によると、日眼女《にちげんにょ》はこの年に33歳の厄年《やくどし》に当たることを大聖人に報告《ほうこく》し、御供養《ごくよう》をしています。また「日眼女造立釈迦仏供養事《にちげんにょぞうりゅうしゃかぶつくようじ》」でも、37歳の厄年《やくどし》に当たって、御供養《ごくよう》を届《とど》けています。37歳の厄年《やくどし》の折《おり》には、日眼女《にちげんにょ》は大聖人から「御守り《おんまもり》」御本尊を授与《じゅよ》されています（新1609ページ・全1187ページ参照）。

厄年《やくどし》の考え方は、古代中国の思想である陰陽道《おんみょうどう》に基《もと》づいたもので、中国医学の流入に伴《ともな》って日本にもたらされたといわれています。当時、人々は厄年《やくどし》を忌避《きひ》し、災厄《さいやく》を逃《のが》れるために儀礼《ぎれい》や祈禱《きとう》を依頼《いらい》する人もいました。日眼女《にちげんにょ》もそうした当時の慣習《かんしゅう》に従《したが》っていたと思われます。

もちろん、仏法には厄年《やくどし》のような考え方はありません。しかし、大聖人は、御《ご》供養《くよう》への返礼として記《しる》された「四条金吾殿女房御返事《しじょうきんごどののにょうぼうごへんじ》」で、33歳という女性にとって最《もっと》も重い厄年《やくどし》とされていた年齢《ねんれい》を迎《むか》え、不安《ふあん》を抱《いだ》いていたであろう日眼女《にちげんにょ》を、慈愛《じあい》を込《こ》めて励《はげ》まされています。「強盛《ごうじょう》な信心を貫《つらぬ》けば、33の厄《やく》は転じて33の幸《さいわ》いとなるでしょう。年は若返《わかがえ》り、福は重《かさ》なるでしょう」（新1543ページ・全1135ページ、趣意）と。これは、法華経の正しい信仰《しんこう》の眼《まなこ》から、厄年《やくどし》の考え方を捉《とら》え直《なお》し、生かして用《もち》いることで、日眼女《にちげんにょ》を励《はげ》まされたものと拝《はい》されます。

日本第一の女人《にょにん》

大聖人が「四条金吾殿女房御返事《しじょうきんごどののにょうぼうごへんじ》」を認《したた》められた頃、夫の金吾《きんご》は、主君から遠ざけられ、同僚《どうりょう》たちからも激《はげ》しい圧迫《あっぱく》を受けていました。金吾《きんご》の命をつけ狙《ねら》う者もいて、大聖人は金吾《きんご》に対して、命を守る生活上の注意を繰《く》り返《かえ》し御指導《ごしどう》されています。別《べつ》のお手紙を拝《はい》すると、昼の宴席《えんせき》も油断《ゆだん》できないものとされ、金吾《きんご》が安らげるひとときがなかったことがうかがえます（新1540ページ・全1133ページ参照）。

日眼女《にちげんにょ》の周《まわ》りにも、法華経の信仰《しんこう》に対する理解《りかい》が不十分《ふじゅうぶん》で、日眼女《にちげんにょ》に距離《きょり》を置《お》くようになった者がいたのかもしれません。八方ふさがりの状況《じょうきょう》に、日眼女《にちげんにょ》はどれほどつらく、悔《くや》しい思いを重《かさ》ねていたことでしょう。

そんな彼女《かのじょ》に対して、「四条金吾殿女房御返事《しじょうきんごどののにょうぼうごへんじ》」では「すべての人が憎《にく》むならば憎《にく》めばよい。釈迦仏《しゃかぶつ》・多宝仏《たほうぶつ》・宇宙《うちゅう》のあらゆる仏をはじめ、梵天《ぼんてん》・帝釈《たいしゃく》・日天《にってん》・月天《がってん》らにさえ、大切に思っていただけるならば、何がつらいことがあるでしょうか。法華経にさえ、褒《ほ》めていただけるならば、何もつらいことはないのです」（新1542ジペー・全1135ジペー、通解）と仰《おお》せです。

正法《しょうほう》に無知《むち》な多くの人々にどんなに憎《にく》まれようとも、毅然《きぜん》たる信心を貫《つらぬ》いて、諸仏《しょぶつ》・諸天《しょてん》に大切な人だと思われるならば、むしろ大いなる喜《よろこ》びではないか、法華経の賛嘆《さんたん》を受けたなら、何の苦しいことがあろうか、と渾身《こんしん》の激励《げきれい》をされているのです。

大聖人は同抄で「妙法を持《たも》つ女性は、他の一切の女性に優《すぐ》れているだけでなく、一切の男性にも超《こ》えている」（新1542ページ・全1134ページ、通解）と強く訴《うった》えられています。また、けなげに信心に励《はげ》み、夫を支《ささ》え続《つづ》ける日眼女《にちげんにょ》を「日本第一の女人《にょにん》なり」（新1543ページ・全1135ページ）と最大《さいだい》に称《たた》えられています。日眼女《にちげんにょ》にとって、大聖人のお言葉がどれほど心の励《はげ》みになったことでしょうか。

後に金吾《きんご》は、病気になった主君の看病《かんびょう》・治療《ちりょう》を通して、以前《いぜん》にも増《ま》して主君からの信頼《しんらい》を取《と》り戻《もど》し、所領《しょりょう》も増《ふ》えました。建治《けんじ》4年（1278年）に執筆《しっぴつ》されたお手紙には、金吾《きんご》が主君の出仕《しゅっし》のお供《とも》をした折《おり》、鎌倉《かまくら》の子どもたちから〝一行の中で四条金吾《しじょうきんご》こそ第一である〟と褒《ほ》め称《たた》えられたことが記《しる》されています（新1599ページ・全1175ページ参照）。

長い間の苦しみを乗《の》り越《こ》えた日眼女《にちげんにょ》にも、「日本第一の女人《にょにん》なり」と大聖人から贈《おく》られたお言葉のような称賛《しょうさん》が、身の周《まわ》りから寄《よ》せられたことでしょう。

【関連御書】

日眼女宛て：「四条金吾女房御書」（新１５１０ページ・全１１０９ページ）、「四条金吾殿女房御返事」（新１５４１ページ・全１１３４ページ）、「日眼女造立釈迦仏供養事」（新１６０９ページ・全１１８７ページ）

四条金吾宛て：「月満御前御書」（新１５１１ページ・全１１１０ページ）、「同生同名御書」（新１５１８ページ・全１１１４ページ）、「四条金吾殿御返事（煩悩即菩提の事）」（新１５２０ページ・全１１１６ページ）、「主君耳入此法門免与同罪事（与同罪を免るるの事）」（新１５３９ページ・全１１３２ページ）、「四条金吾御書」（新１５９８ページ・全１１７５ページ）

池上《いけがみ》兄弟

武蔵《むさし》

広宣流布とは、魔《ま》との戦いです。日蓮大聖人が池上《いけがみ》兄弟に〝競《きそ》い起こる三障四《さんしょうし》魔《ま》を乗《の》り越《こ》えなさい〟と呼《よ》びかけられたお手紙（「兄弟抄」）を、戸田先生と池田先生は、「信心の姿勢《しせい》」を学ぶ重書とされました。三障四魔《さんしょうしま》を乗《の》り越《こ》え、一家の宿命転換《てんかん》を成《な》し遂《と》げた池上《いけがみ》兄弟について学びます。

池上《いけがみ》家について

池上《いけがみ》兄弟は、兄は宗仲《むねなか》といい、弟は宗長《むねなが》と伝えられています。池上《いけがみ》とは、武蔵《むさしの》国《くに》の千束郷池上《せんぞくごういけがみ》（東京都大田区池上《いけがみ》とその周辺）のことで、千束《せんぞく》の大池（洗足池《せんぞくいけ》）の上手《かみて》にあたることが地名の由来《ゆらい》であるとする説や、池上《いけがみ》家が住んでいたことから、池上《いけがみ》という地名になったという説があります。日興上人《にっこうしょうにん》が筆録《ひつろく》した文書によれば、兄・宗仲《むねなか》は池上《いけがみ》の地頭《じとう》だったようです。

兄は右衛門大夫志《えもんのたいふのさかん》、弟は兵衛志《ひょうえのさかん》という官職《かんしょく》を持っており、日蓮大聖人はそれぞれの官職《かんしょく》名で二人を呼《よ》ばれていました。「志《さかん》」は、左右衛門府《さゆうえもんふ》・左右兵衛府《さゆうひょうえふ》の第四等の官職《かんしょく》です。「大夫《たいふ》」は、本来五位相当ではない官職《かんしょく》にある人が五位に昇《のぼ》ったことを示《しめ》しています。五位は、位階の5番目で、五位から昇殿《しょうでん》が許《ゆる》されます。

父親は康光《やすみつ》と伝承《でんしょう》されています（宗親《むねちか》とする説もあります）。大聖人が「さえもん《左衛門》の大夫《たいふ》」（新1487ページ・全1091ページ）と呼《よ》ばれていることから、左衛門尉《さえもんのじょう》（六位相当）で五位に昇《のぼ》っていたことが分かります。官位が実質的《じっしつてき》なものではなくなっていたとはいえ、五位に叙《じょ》されることは社会的に名誉《めいよ》なことであり、池上《いけがみ》親子は

春の陽光に照らされる洗足池（東京都大田区）。「池上」の名の由来となったとも伝えられている

武士《ぶし》としては高い身分にあったといえるでしょう。

父・康光《やすみつ》も兄・宗仲《むねなか》も、鎌倉幕府《かまくらばくふ》に仕《つか》え、殿舎《でんしゃ》の造営《ぞうえい》や修理《しゅうり》などの建築《けんちく》、土木にたずさわる、大工《だいく》（工匠《こうしょう》）の棟梁《とうりょう》に当たる立場にあったと考えられています。

二人の入信

兄弟が日蓮大聖人に帰依《きえ》した時期は定《さだ》かではありませんが、大聖人が立宗宣言されてから3年後の康元《こうげん》元年（１２５６年）頃、四条金吾《しじょうきんご》らと同時期といわれています。兄弟は、最《もっと》も早く大聖人の弟子になっていた日昭《にっしょう》の甥《おい》に当たるという説があり、その関係で入信したとも伝えられています。

兄・宗仲《むねなか》が勘当《かんどう》される

入信してから約20年後の建治《けんじ》2年（1276年）、兄弟に大きな難《なん》が降《ふ》りかかりました。真言律宗《しんごんりっしゅう》（西大寺《さいだいじ》流律宗）の僧《そう》・極楽寺良観《ごくらくじりょうかん》（忍性《にんしょう》）の熱心な信者だった父・康光《やすみつ》が、兄弟に法華経の信仰《しんこう》を捨《す》てるように迫《せま》り、兄・宗仲《むねなか》を勘当《かんどう》したのです。[1]

当時、親から勘当《かんどう》された子は、家督相続権《かとくそうぞくけん》や遺産相続権《いさんそうぞくけん》を失いました。一族内での地位を失うことは、社会的な身分を剝奪《はくだつ》されるということでもありました。つまり、兄・宗仲《むねなか》にとっての勘当《かんどう》は、経済的保証《けいざいてきほしょう》を奪《うば》われ、社会的に破滅《はめつ》することを意味したのです。

一方、弟・宗長《むねなが》にとっては、父の意向に従《したが》って妙法の信仰《しんこう》をやめれば、家督《かとく》を継《つ》ぐことができるということを意味します。宗長《むねなが》にとっては、信仰《しんこう》を選ぶか、それとも家督《かとく》を継《つ》いで親に孝養《こうよう》を尽《つ》くすか、悩《なや》ましい事態《じたい》になりました。このように、兄・宗仲《むねなか》の勘当《かんどう》は、兄弟の信心を破《やぶ》ろうとするものであり、二人の仲を引《ひ》き裂《さ》こうとする陰湿《いんしつ》なものだったのです。

1　池上《いけがみ》兄弟の父・康光《やすみつ》が熱心に信奉《しんぽう》していた極楽寺良観《ごくらくじりょうかん》は、文永《ぶんえい》8年（1271年）の祈《き》雨《う》の勝負で大聖人に敗北して以来、その恨《うら》みに燃《も》えて幕府《ばくふ》の有力者を動かし、大聖人を亡《な》き者にしようとした。やがて大聖人は、竜《たつ》の口《くち》での頸《くび》の座《ざ》、次いで佐渡《さど》に配流《はいる》という大難《だいなん》を受けられた。文永《ぶんえい》11年（1274年）2月、執権《しっけん》・北条時宗《ほうじょうときむね》の決断《けつだん》で赦免《しゃめん》となり、同年3月、大聖人は鎌倉《かまくら》へ帰ってこられた。そして、第3回の諌暁《かんぎょう》の後、身延《みのぶ》へ入山される。その後、良観《りょうかん》は、今度は大聖人御自身ではなく、大聖人を支《ささ》える門下《もんか》を切《き》り崩《くず》そうと画策《かくさく》した。

「兄弟抄《きょうだいしょう》」を送られる

この時、兄弟は、すぐさま身延《みのぶ》におられた大聖人に事情《じじょう》を報告《ほうこく》したようです。大聖人は兄弟に、長文のお手紙「兄弟抄《きょうだいしょう》」を認《したた》め、渾身《こんしん》の激励《げきれい》をされています。[2]

大聖人はその中で、兄弟が直面している難《なん》は、法華経を信仰《しんこう》したがゆえの、いわば必然的なものであるとされ、法華経に説かれるとおりに、仏道修行《ぶつどうしゅぎょう》を妨《さまた》げようとする魔性《ましょう》と戦うことが成仏《じょうぶつ》への道であることを教えられています。

そのため、大聖人は、兄弟が信じている法華経がいかに勝《すぐ》れた教えであるかを強調されます。法華経を「一字一点でも捨《す》てる心を起こしてはならない」（新1470ジ゙・全1080ジ゙、趣意）との仰《おお》せに、兄弟は、〝信心の正念場にある門下《もんか》を、断《だん》じて退転《たいてん》させまい〟とする大聖人の強い思いを感じたことでしょう。

また、大聖人は真実の師匠《ししょう》に出会うことが、どれほど難《むずか》しいかを教えられるとともに、第六天の魔王《まおう》が智者《ちしゃ》の身に入って悪知識《あくちしき》となり、法華経を信じる人を悪《あく》道《どう》に落とそうとすることを示《しめ》されます。

苦難《くなん》は生命を鍛《きた》える

さらに、過去世《かこせ》において、正法を行ずる人を迫害《はくがい》した罪《つみ》によって、未来に大地

2 「兄弟抄《きょうだいしょう》」は、これまで文永《ぶんえい》12年（1275年）4月の御執筆《ごしっぴつ》とされてきたが、最近の研究では翌年《よくねん》の建治《けんじ》2年（1276年）と考えられている。本文中、「当時もかのうってに向かいたる人々のなげき、老いたるおや、おさなき子、わかき妻、めずらしかりしすみかうちすてて、よしなき海をまぼり、雲のみうればはたかと疑い、つりぶねのみゆれば兵船《ひょうせん》かと肝心《きもごころ》をけす……」（新1474ページ・全1084ページ）――現在《げんざい》も、蒙古《もうこ》の討伐《とうばつ》に向かっていった人々の嘆《なげ》きはどれほどでしょうか。年老いた親、幼《おさな》い子、若《わか》い妻、そして大切な住み家を捨《す》てて、縁《えん》もゆかりもない海を守り、雲が見えれば敵《てき》の旗かと疑《うたが》い、釣《つ》り船《ぶね》が見えれば兵船《ひょうせん》ではないかと肝《きも》をつぶしています……――とあり、緊迫《きんぱく》した様子から、「かのうってに向かいたる人々」とは、建治《けんじ》元年（1275年）12月に戦《いくさ》のために西国に派《は》遣《けん》された人々を指していると考えることができる。したがって、「兄弟抄」の御執筆《ごしっぴつ》は、建治《けんじ》元年（1275年）12月以降《いこう》の建治《けんじ》2年（1276年）4月ということになる。

獄《ごく》に堕《お》ちるほどの報《むく》いがあるところを、今世《こんぜ》において正法を行ずる功徳《くどく》によって、現世《げんぜ》で少苦《しょうく》として受けるのであり、今の難《なん》は「転重軽受《てんじゅうきょうじゅ》」[3]の功徳《くどく》であると励《はげ》まされます。

鉄を十分に鍛《きた》え打てば内部の傷《きず》が表面に現《あらわ》れるように、兄弟が懸命《けんめい》に法華経を信じることで、過去世《かこせ》の重罪《じゅうざい》を責《せ》め出しているのであり、このたびの難《なん》においてこそ、二人の本当の信心が現《あらわ》れて、法華経の行者を護《まも》ることを誓《ちか》った十羅刹女《じゅうらせつにょ》が、必ず守護《しゅご》するに違《ちが》いないことを示《しめ》されます。そして、十羅刹女《じゅうらせつにょ》が親の身に入って、兄弟の信心を試《ため》しているのだから、何としても信心を貫《つらぬ》いて、後悔《こうかい》するようなことがあってはいけないと励《はげ》まされます。

池田先生は、苦難《くなん》は「生命の鍛錬《たんれん》」の意義《いぎ》を持つとされ、「悩《なや》みや苦しみという〝業火《ごうか》〟に焼かれた時、人間の真価《しんか》は発揮《はっき》されます」「わが生命を鍛《きた》え抜《ぬ》き、強く磨《みが》き上《あ》げることが、仏法の大目的です」（『勝利の経典「御書」に学ぶ』第2巻）

と講義《こうぎ》されています。

苦難《くなん》を不幸なことと受け身で捉《とら》えるのではなく、宿命を転換《てんかん》するために自《みずか》ら責《せ》め出したものと捉《とら》える――環境《かんきょう》や状況《じょうきょう》に負けない生命を鍛《きた》える仏法の力《ちから》を知り、窮地《きゅうち》に陥《おちい》っていた兄弟は希望と勇気を得たに違《ちが》いありません。

真の孝養《こうよう》の在《あ》り方《かた》

兄弟が親の意向に背《そむ》いて法華経を信仰《しんこう》することについて、大聖人は、さまざまな故事《こじ》を紹介《しょうかい》して激励《げきれい》を重《かさ》ねられます。それも、「あまりにおぼつ《覚束》かなく候《そうら》えば」（新1475ページ・全1084ページ）、「おぼつかなし、おぼつかなし」（新1476ページ・

3　「重《おも》きを転《てん》じて軽《かる》く受《う》く」と読み下す。正法を護持《ごじ》する功徳《くどく》の力《ちから》によって、過去世《かこせ》の重罪《じゅうざい》を転じて、現世《げんぜ》でその報《むく》いを軽く受け、消滅《しょうめつ》させるという意味。

全1085ページ）と仰《おお》せのように、まるで親が子を思うように、兄弟のことを心配されていたことが分かります。

ここで大聖人は、親への孝養《こうよう》について、一般《いっぱん》には親の意にすべて従《したが》うことが孝《こう》養《よう》であると思われているけれども、仏になる道は、親がそれを妨《さまた》げる時には従《したが》わず、仏道《ぶつどう》を成就《じょうじゅ》するのが真実の孝養《こうよう》である、と教えられています。それは、自分自身が成仏《じょうぶつ》することによって、ひるがえって親を救っていくことができるからです。「信仰《しんこう》」と「孝養《こうよう》」は、どちらか一方を選び取るようなものではありません。むしろ、信仰《しんこう》を全《まっと》うすることこそが、真の孝養《こうよう》となるのです。

弟・宗長《むねなが》を心配される

大聖人は、特に弟・宗長《むねなが》の信心を心配されていました。宗長《むねなが》について、「いくらなんでも兄の側には付かないだろう。そうなるとますます大夫志殿《たいふのさかんどの》（兄・宗《むね》仲《なか》）に対する父上のご不審《ふしん》は強くなり、並大抵《なみたいてい》のことでは許《ゆる》されないだろう」と思われていました。しかし、使いの者から、兵衛志殿《ひょうえのさかんどの》（弟・宗長《むねなが》）も兄と同じ心であると聞き、あまりに不思議なことであり、未来まで語《かた》り継《つ》がれるべき物語であると、驚《おどろ》きと称賛《しょうさん》を述《の》べられています（新1477ページ・全1086ページ参照）。お手紙の最後でも、「特に兵衛志殿《ひょうえのさかんどの》に宛《あ》てたものです」（新1481ページ・全1089ページ、趣意）と、わざわざ仰《おお》せになっていることからも、勘当《かんどう》された宗仲《むねなか》よりも、信仰《しんこう》か家督《かとく》かという選択《せんたく》を迫《せま》られた宗長《むねなが》を強く励《はげ》まそうとされた大聖人のお心が伝わります。

兄弟・夫婦が一体で

天台大師《てんだいだいし》の『摩訶止観《まかしかん》』を通し、三障四魔《さんしょうしま》に従《したが》ってはならないと戒《いまし》められた大聖人は、〝兄弟二人のうち、一人が欠けては仏道《ぶつどう》を成就《じょうじゅ》することはできないでしよう〃と団結《だんけつ》を呼《よ》びかけられます。さらに兄弟の夫人たちに対しても、もし仮《かり》に夫が信心をやめようとした時には夫人同士で結束して諫《いさ》めていくよう指導《しどう》されています。

「二人のご夫人方は、あなた方兄弟の大事な支《ささ》えなのです。女性《じょせい》とは、ものに従《したが》ってものを従《したが》える身です」（新１４８０ページ・全１０８８ページ、趣意）と、その働《はたら》きに期待を寄《よ》せられています。ここで仰《おお》せの「もの」とは人の意味で、ここでは夫である宗仲《むねなか》、宗長《むねなが》のことを言われています。妻は夫に随《したが》いながらも、主体性《しゅたいせい》をもってリードしていく力《ちから》をもっているものであると、当時の社会通念の上から述《の》べられます。

また、「比翼《ひよく》という鳥[4]は、体は一つで頭《あたま》が二つあります。二つの口《くち》から入った食物が、一つの体を養います。比目《ひもく》という魚[5]は、雌雄《しゆう》に一つずつ目があるために、一生の間、離《はな》れることはありません。夫と妻とはこのようなものです」（同、趣意）などの譬《たと》えを用《もち》いられて、夫婦が一体となり、どこまでも力《ちから》を合わせて難《なん》を乗《の》り越《こ》えていくように励《はげ》まされています。

さらに、もし夫が難《なん》に負けて退転《たいてん》してしまうようなことがあったとしても、夫人たちが力《ちから》を合わせて夫の信心を諫《いさ》めるならば、女人成仏《にょにんじょうぶつ》の範《はん》を示《しめ》した竜女《りゅうにょ》の跡《あと》を継《つ》ぎ、末代悪世《まつだいあくせ》の女人成仏《にょにんじょうぶつ》の手本となるでしょうと、夫人たちに強き信心に立つことを促《うなが》されています。

こうした大聖人の厳《きび》しくも温かな励《はげ》ましを受けて、池上《いけがみ》兄弟は夫婦ともども心

4　比翼《ひよく》の鳥は、雌雄《しゆう》がそれぞれ一目一翼《いちよく》で常《つね》に一体になって飛ぶという中国の伝説上の鳥のこと。男女の愛情《あいじょう》の深いことの譬《たと》え。

5　比目魚《ひもくぎょ》は、一つの目の魚で、2匹《ひき》が並《なら》んで初めて泳ぐことができる中国の伝説上の魚のこと。仲の良い夫婦の譬《たと》え。ヒラメやカレイの異名《いみょう》でもある。

を合わせて信心に励《はげ》み、翌年《よくねん》までには、宗仲《むねなか》の勘当《かんどう》が解《と》かれたのです。

このことは、建治《けんじ》2年（1276年）もしくは同3年（1277年）に、鎌倉《かまくら》の門下《もんか》・四条金吾《しじょうきんご》に送られたお手紙で、「池上右衛門大夫殿《いけがみえもんのたいふどの》のことは日蓮の言った通りにされたので、祈《いの》りが叶《かな》ったようです」（新1565ジペー・全1151ジペー、通解）との仰《おお》せから、うかがうことができます。

大聖人は、建治《けんじ》3年（1277年）8月に弟・宗長《むねなが》へ送られたお手紙（「兵衛志殿《ひょうえのさかんどの》御返事《ごへんじ》〈鎌足造仏《かまたりぞうぶつ》の事《こと》〉」[6]）の中で、兄弟に対し、「世間の人たちは兄弟二人が、すでに信心を捨《す》てたと見ていたのに、このように立派《りっぱ》に信心を全《まっと》うしてこられたのは、ひとえに釈迦仏《しゃかぶつ》・法華経の御力《おんちから》であると思っていることでしょう。私もそう思っています。後生《ごしょう》の頼《たの》もしさは申すまでもありません」（新1484ジペー・全1089ジペー、通解）と褒《ほ》め称《たた》えられています。

このお手紙の冒頭《ぼうとう》には、御供養《ごくよう》に対するお礼が認《したた》められています。また、同年

11月には宗長《むねなが》の妻が、大聖人に銅《どう》の器《うつわ》を御供養《ごくよう》しています（新1485ページ・全1097ページ参照）。これらのことから、兄の勘当《かんどう》で信心が揺《ゆ》らぐことが心配された宗長《むねなが》でしたが、その後も夫婦して信心に励《はげ》んだことがうかがえます。

良観《りょうかん》が父をそそのかす

ところが、この年（建治《けんじ》3年〈1277年〉）、兄・宗仲《むねなか》は、再《ふた》び勘当《かんどう》されてしまったのです。その裏《うら》には、父・康光《やすみつ》が信奉《しんぽう》する極楽寺《ごくらくじ》良観《りょうかん》の卑劣《ひれつ》な謀略《ぼうりゃく》がありました。

建治《けんじ》3年（1277年）6月に、極楽寺《ごくらくじ》良観《りょうかん》と密接《みっせつ》な関係があった竜象房《りゅうぞうぼう》とい

6　「兵衛志殿御返事《ひょうえのさかんどのごへんじ》（鎌足造仏の事《かまたりぞうぶつのこと》）」は、これまで建治《けんじ》元年（1275年）8月の御執筆《ごしっぴつ》とされてきたが、最近の研究では、「兄弟抄《きょうだいしょう》」が建治《けんじ》2年（1276年）4月と推定《すいてい》されていることなどから、建治《けんじ》3年（1277年）と考えられている。

う僧が、鎌倉《かまくら》の桑ケ谷《くわがやつ》（神奈川県鎌倉《かまくら》市長谷《はせ》）で行われた法論「桑ケ谷問答《くわがやつもんどう》」で大聖人の弟子の三位房《さんみぼう》に敗れます。

そもそも良観《りょうかん》は、この6年前、文永《ぶんえい》8年（1271年）の祈雨《きう》の勝負で大聖人に敗北して以来、その恨《うら》みを募《つの》らせていました。文永《ぶんえい》11年（1274年）3月に配流《はいる》されていた佐渡《さど》の地から大聖人が戻《もど》ってきた時、良観《りょうかん》は、怒《いか》りと悔《くや》しさのあまり、地団駄《じだんだ》を踏《ふ》んでいたに違《ちが》いありません。

そしてその3年後、桑ケ谷問答《くわがやつもんどう》によって、すっかり面目《めんぼく》をつぶされた格好《かっこう》となった良観《りょうかん》は、大聖人と門下《もんか》に対する激《はげ》しい憎《にく》しみの心を燃《も》え上《あ》がらせたのでしょう。今度は、大聖人御自身ではなく、門下《もんか》を狙《ねら》って弾圧《だんあつ》を企《くわだ》てます。

良観《りょうかん》は、自身の信奉者《しんぽうしゃ》である父・康光《やすみつ》をあおり立て、池上《いけがみ》兄弟を追《お》い詰《つ》めようとしたのです。大聖人は、そうした良観《りょうかん》の策謀《さくぼう》を見抜《みぬ》かれ、「良観《りょうかん》等の天魔《てんま》の法《ほっ》師《し》らが、親父《しんぷ》・左衛門大夫殿《さえもんのたいふどの》をすかし《嗛》、わどのばら《和殿原》二人を失わんとせし」（新14

92ページ・全1095ページ）と、良観《りょうかん》ら天魔《てんま》の法師《ほっし》が、康光《やすみつ》を唆《そそのか》したと糾弾《きゅうだん》されています。

同じ頃、桑ケ谷問答《くわがやつもんどう》に同席していただけの四条金吾《しじょうきんご》もまた、良観《りょうかん》を信奉《しんぽう》していた主君の江間《えま》氏から、法華経の信《しん》仰《こう》を捨《す》てるよう迫《せま》られています。

2度目の勘当《かんどう》を予見

実は大聖人は、2度目の勘当《かんどう》以前に、弟・宗長《むねなが》の夫人が身延《みのぶ》を訪《おとず》れた際《さい》、兄・宗仲《むねなか》が必ずもう一度勘当《かんどう》され

洗足池を源とする洗足流れ。池上用水、洗足用水とも呼ばれ、整備された遊歩道には桜が並ぶ（東京都大田区）

ると予見《よけん》した上で、そうなった時の、宗長《むねなが》の信心が気掛《きが》かりなので、夫人がくれぐれもしっかりするようにと、激励《げきれい》されていました（新1487ページ・全1090ページ参照）。夫の信心を揺《ゆ》るがすような事態《じたい》があった時には、夫人の信心が大事であることを改《あらた》めて教えられます。

建治《けんじ》3年（1277年）3月に宗長《むねなが》の妻に送られたお手紙（「兵衛志殿女房《ひょうえのさかんどののにょうぼう》御書《ごしょ》」）では、尼御前《あまごぜん》を乗せて大事な馬を遣《つか》わしたことなどについて、「兵衛志殿《ひょうえのさかんどの》のお志《こころざし》はいうまでもありませんが、むしろ女房殿《にょうぼうどの》のお心遣《こころづか》いでありましょう」（新1482ページ・全1094ページ、通解）と述《の》べられています。夫を支《ささ》えゆく夫人の真心《まごころ》に思いをはせて励《はげ》ましを送られる大聖人の慈愛《じあい》を感じる一節です。宗長《むねなが》の信心が試《ため》される時に、宗長《むねなが》の妻に対して、特に心を砕《くだ》かれていたことが拝察《はいさつ》されます。

大聖人はまた、宗長《むねなが》にお手紙（鎌足造仏《かまたりぞうぶつ》の事《こと》）を送り、「これより後《のち》も、いかなることありとも、すこしもたゆむ《弛》ことなかれ。いよいよはり《張》あげ《上》てせむ《責》べし。たとい命に及《およ》ぶとも、すこしもひる《怯》むことなかれ」（新1484ページ・全1090ページ）と、兄弟がこれから先も大きな難《なん》に遭《あ》うことを想定され、たとえ命に及《およ》ぶようなことがあったとしても、ひるんではいけないと、兄弟を強く励《はげ》まされました。

「第一《だいいち》の大事《だいじ》」

兄・宗仲《むねなか》の2度目の勘当《かんどう》の報《ほう》を受けられた大聖人は、建治《けんじ》3年（1277年）11月20日、弟・宗長《むねなが》にお手紙を認《したた》められます（「兵衛志殿御返事《ひょうえのさかんどのごへんじ》〈三障四魔《さんしょうしま》の事《こと》〉」）[7]。このお手紙は、「何よりも、あなたのために、第一の大事なことを申しましょう」（新1486ページ・全1090ページ、通解）との仰《おお》せから始まります。それは、1回

7　「兵衛志殿御返事《ひょうえのさかんどのごへんじ》（三障四魔《さんしょうしま》の事《こと》）」は、これまで建治《けんじ》元年（1275年）11月の御執筆《ごしっぴつ》とされてきたが、同抄《どうしょう》の内容《ないよう》に建治《けんじ》3年（1277年）の出来事についてと思われる記述《きじゅつ》があることなどから、建治《けんじ》3年（1277年）と考えられている。

目の勘当《かんどう》の時と同様、宗仲《むねなか》ではなく宗長《むねなが》の信心を気に掛《か》けておられたからです。兄が勘当《かんどう》されれば、弟が家督《かとく》を継《つ》ぐのが道理といえます。ところが、兄弟そろって勘当《かんどう》されることになれば、池上《いけがみ》家は養子を迎《むか》えるなどしなければ、家を存続《そんぞく》させることができなくなります。宗長《むねなが》は、実子《じっし》に家督《かとく》を継《つ》がせたいであろう親の気持ちを思いやったことでしょう。信仰《しんこう》か親孝行《おやこうこう》か——宗長《むねなが》は、再《ふたた》び選択《せんたく》を迫《せま》られているように感じたかもしれません。

不退転《ふたいてん》の決意を促《うなが》す

そのような親を思う宗長《むねなが》の心を分かっておられたからこそ、大聖人は、宗長《むねなが》の迷《まよ》いを振《ふ》り払《はら》うため、あえて厳《きび》しく戒《いまし》められます。

まず、「師《し》と主《しゅ》と親《おや》とに随《したが》っては悪いときに、これを諌《いさ》めるならば、かえって孝養《こうよう》となる」（新1486ジペー・全1090ジペー、通解）ことを確認《かくにん》されます。このことは、1回目の勘当《かんどう》の際《さい》に送られた「兄弟抄《きょうだいしょう》」でも仰《おお》せです。「三障四魔《さんしょうしま》の事《こと》」の後半でも、「あい難《がた》い法華経の友から離《はな》れなかったならば、わが身が仏になるだけでなく、背《そむ》いた親をも導《みちび》くことができるでしょう」（新1489ページ・全1092ページ、通解）と重《かさ》ねて示《しめ》されています。この仰《おお》せは、信心を貫《つらぬ》くために、常《つね》に立ち返るべき重要な原理といえます。

大聖人は兄の宗仲《むねなか》について、「今度、法華経の行者になるでしょう」（新1487ページ・全1091ページ、通解）と仰《おお》せになる一方、弟の宗長《むねなが》については、「あなたは目先のことばかりを思って、親に従《したが》ってしまうでしょう。そして、物事の道理のわからない人々は、これを褒《ほ》めるでしょう」（同、通解）と心配されています。さらには、「今度は、あなたは必ず退転《たいてん》してしまうと思われます」（同、通解）等と繰《く》り返《かえ》し仰《おお》せです。

そして、「百に一つ、千に一つでも日蓮の教えを信じようと思うならば、親に向かって言い切りなさい」(新1487ジペ・全1091ジペ、趣意)と、毅然《きぜん》とした態度《たいど》で、父に不退転《ふたいてん》の決意を示《しめ》すべきであると、指導《しどう》されます。

「一筋《ひとすじ》に思い切って兄と同じように仏道《ぶつどう》を成《じょう》じなさい」(同、通解)、「『私は親を捨《す》てて兄につきます。兄を勘当《かんどう》されるのならば、私も兄と同じと思ってください』と言い切りなさい」(新1488ジペ・全1091ジペ、通解)――。まるで、肩《かた》を抱《かか》えて力強《ちからづよ》く揺《ゆ》さぶるかのように、大聖人は何度も何度も、宗長《むねなが》の勇気と覚悟《かくご》の信心を奮《ふる》い起《お》こそうとされます。

曖昧《あいまい》な態度《たいど》ではなく、兄と行動を同じくすることを、決然と言い切ることができるかどうか――ここが、宗長《むねなが》の信心の分岐点《ぶんきてん》でした。

〝幸福への道を断《だん》じて踏《ふ》み外《はず》させまい〟。門下《もんか》を思う慈愛《じあい》に満《み》ちた大聖人の激励《げきれい》に呼応《こおう》するように、宗長《むねなが》の胸中《きょうちゅう》には、兄と共《とも》に信心を貫《つらぬ》く決意が固まっていったことでしょう。

賢者《けんじゃ》は喜び、愚者《ぐしゃ》は退《しりぞ》く

大聖人は、続けられます。

「潮《しお》の満《み》ち引《ひ》き、月の出入り、また季節の境目《さかいめ》には、大きな変化があるのは自然の道理です。同じように、仏道修行《ぶつどうしゅぎょう》が進んできて、凡夫《ぼんぷ》がいよいよ仏になろうとするその境目《さかいめ》には、必ずそれを妨《さまた》げようとする大きな障害《しょうがい》（三障四魔《さんしょうしま》）が立ちはだかるのです」（新1488ジ・全1091ジ、趣意）

そして、「必ず三障四魔《さんしょうしま》と申《もう》す障《さわ》りいできたれば、賢者《けんじゃ》はよろこび愚者《ぐしゃ》は退《しりぞ》く」（同）と、〝苦難《くなん》に遭《あ》ったことは、いよいよ大きく境涯《きょうがい》を開《ひら》くチャンスだ〟と、喜んで立ち向かう「賢者《けんじゃ》」であれと、信心の姿勢《しせい》を教えてくださっています。

〝あなたは今、まさに仏になろうとしているのです！〟との確信《かくしん》の大激励《だいげきれい》です。

信心根本《こんぽん》に難《なん》と戦えば、仏界《ぶっかい》の生命が涌現《ゆげん》します。この「難即悟達《なんそくごだつ》」こそ、大聖人御自身が、数々の大難《だいなん》を勝ち越《こ》えて示《しめ》してくださった大境涯《だいきょうがい》です。

また、三障四魔《さんしょうしま》は、紛《まぎ》らわしい姿《すがた》で法華経の行者の信心を破壊《はかい》しようと迫《せま》ります。あたかも信心を捨《す》てることが正しいかのように思わせるのです。だからこそ大聖人は、魔《ま》を競《きそ》い起こさせるほどの純真《じゅんしん》な信心を貫《つらぬ》いてきた兄弟、なかんずく宗長《むねなが》を、退転《たいてん》させてなるものかと心を砕《くだ》かれたと拝《はい》せます。

池田先生は、「多くの人が仏に成《な》れないのも、遠い過去《かこ》から今に至《いた》るまで、せっかく法華経を信じながらも障魔《しょうま》に敗《やぶ》れてしまったからだと仰《おお》せです。障魔《しょうま》が起こった『今、この時』が肝要《かんよう》であると教えられています。三障四魔《さんしょうしま》は成仏《じょうぶつ》への関《かん》門《もん》です。ここを乗《の》り越《こ》えれば必ず仏に成《な》れる。だからこそ『賢者《けんじゃ》はよろこび愚者《ぐしゃ》は退《しりぞ》くこれなり』なのです」（『勝利の経典「御書」に学ぶ』第13巻）と講義《こうぎ》されています。

大聖人は、宗長《むねなが》が兄の勘当《かんどう》を報告《ほうこく》する使いを送ったことから、「あなたが退転《たいてん》してしまうものならば、まさかこのお使いがあるわけがないと思いますので、もしかしたらあなたも信心を全《まっと》うできるかもしれない」（新1488ページ・全1091ページ、通解）と、宗長《むねなが》の思いを汲《く》み取《と》り、温かな励《はげ》ましも送られています。

現証《げんしょう》を示《しめ》して諭《さと》される

「三障四魔《さんしょうしま》の事《こと》」の最後では、念仏《ねんぶつ》の強信者で、執権《しっけん》・北条時頼《ほうじょうときより》の連署《れんしょ》（執権《しっけん》を補佐《ほさ》し、公文書《こうぶんしょ》に執権《しっけん》と並《なら》んで署名《しょめい》する重職《じゅうしょく》）を務《つと》めた北条重時《ほうじょうしげとき》が、大聖人の伊豆流罪《いずるざい》（弘長《こうちょう》元年〈1261年〉）の1カ月後に病《やまい》に倒《たお》れ、一度は回復するも半年後に亡《な》くなり、将来を期待した子息《しそく》が、越後守《えちごのかみ》の業時《なりとき》を除《のぞ》いて死去や遁世《とんせい》してしまうなど、正法を誹謗《ひぼう》した一族に現《あらわ》れた苦しみを示《しめ》されています。たとえ弟・宗長《むねなが》が家督《かとく》を継《つ》いだとしても、法華経の信心を捨《す》ててしまえば、結局は池上《いけがみ》家も滅《ほろ》びてしまうかもしれないと、現証《げんしょう》の上から厳《きび》しく諭《さと》されているのです。

このお手紙は、「このように言っても、むだな手紙になるであろうと思うと、書くのも気が進まないけれども、後々《のちのち》に思い出すために記《しる》しておきます」（新1490ページ・全1093ページ、趣意）との言葉で結《むす》ばれています。これほどまでに一貫《いっかん》した、〝宗長《むねなが》は退転《たいてん》するに違《ちが》いない〟との仰《おお》せは、弟子の奮起《ふんき》を願い、信じる慈《じ》悲《ひ》の言葉にほかなりません。あえて厳《きび》しく叱咤《しった》される師匠《ししょう》の深い信頼《しんらい》を感じ、宗《むね》長《なが》は胸《むね》を熱くしながら、試練《しれん》に打ち勝つ勇気を漲《みなぎ》らせたに違《ちが》いありません。

兄弟二人は前回の勘当《かんどう》の時にも増《ま》して心を合わせて信心に励《はげ》み、父親に極楽寺《ごくらくじ》良観《りょうかん》の誤《あやま》りを粘《ねば》り強《づよ》く指摘《してき》し続けたことでしょう。その陰《かげ》に、妻たちの揺《ゆ》るぎない信心による励《はげ》ましがあったことは間違《まちが》いありません。

こうして、大聖人の御指導《ごしどう》のままに兄弟ならびに妻が団結《だんけつ》して信心を貫《つらぬ》いたことで、2度にわたって兄弟を襲《おそ》った魔《ま》も、ついに退散《たいさん》する時がくるのです。

2度におよぶ兄の勘当《かんどう》という、大きな苦難《くなん》に屈《くっ》することなく信仰《しんこう》を貫《つらぬ》いた池上《いけがみ》兄弟。その先には、「一家和楽《いっかわらく》の信心」の模範《もはん》たる境涯《きょうがい》の姿《すがた》がありました。

父・康光《やすみつ》が帰依《きえ》

池上《いけがみ》兄弟とその妻たちが、団結《だんけつ》して信心を貫《つらぬ》いた結果《けっか》、父・康光《やすみつ》が法華経の信《しん》仰《こう》に帰依《きえ》する時がきたのです。弘安《こうあん》元年（1278年）のことでした。

その報告《ほうこく》を聞かれた日蓮大聖人は心から喜《よろこ》ばれ、「車の二つの輪《わ》のように、人の二つの足のように、鳥の二つの羽《はね》のように、太陽と月が輝《かがや》いて一切衆生《いっさいしゅじょう》を助けるように、宗仲《むねなか》・宗長《むねなが》の二人が団結《だんけつ》した結果《けっか》です」（新1492ジペー・全1095ジペー、趣意）と称賛《しょうさん》されます。[8]

8　この「兵衛志殿御書《ひょうえのさかんどのごしょ》」は、これまで建治《けんじ》3年（1277年）9月の御執筆《ごしっぴつ》とされてきたが、最近では、「兵衛志殿御返事《ひょうえのさかんどのごへんじ》（三障四魔《さんしょうしま》の事《こと》）」が建治《けんじ》3年（1277年）11月と推定《すいてい》されていることなどから、弘安《こうあん》元年（1278年）と考えられている。

特《とく》に弟・宗長《むねなが》にとっては、法華経の信仰《しんこう》をやめれば家督相続権《かとくそうぞくけん》が自分のものになるという誘惑《ゆうわく》もありました。その中で、兄弟が団結《だんけつ》して大難《だいなん》に打ち勝ったことに対して「このように親を入信《にゅうしん》させたのはあなたがた兄弟の信心の力《ちから》です」（新１４９２ページ・全１０９５ページ、趣意）と、大いに二人を激励《げきれい》されています。

兄弟の入信《にゅうしん》からおよそ20年。兄・宗仲《むねなか》に対する２度の勘当《かんどう》を乗《の》り越《こ》え、晴れて父親を入信《にゅうしん》に導《みちび》くことができたのでした。

大聖人は、弘安《こうあん》元年（１２７８年）に弟・宗長《むねなが》に宛《あ》てられたお手紙の中で、「（宗《むね》長《なが》は）賢《かしこ》い上、欲《よく》のない身に生まれて、（父、兄、自身の）３人とも仏になり、父方・母方の親類《しんるい》をも救《すく》う人になったのです。また、あなたのご子息《しそく》等も、末代《まつだい》まで永《なが》く栄《さか》えるであろうと思いなさい。このことは、一代聖教《いちだいしょうぎょう》（釈尊が一生の間に説いた聖なる教え）を引用して、百千枚《まい》にわたって書いても書き尽《つ》くせることとは思いません」（新１４９８ページ※新規収録、通解）と、祝福《しゅくふく》を贈《おく》られています。

弟子の勝利を褒《ほ》め称《たた》え、心から喜《よろこ》んでくださる師《し》の真心《まごころ》に、池上《いけがみ》兄弟はさらに報恩《ほうおん》の決意を深めたことでしょう。

見事に「一家和楽」の実証《じっしょう》を

障魔《しょうま》と戦《たたか》い抜《ぬ》き、見事に「一家和楽の信心」を実証《じっしょう》として示《しめ》した二人の喜《よろこ》びは、計《はか》り知れません。

この翌年《よくねん》、弘安《こうあん》2年（1279年）に、父・康光《やすみつ》は安らかに息をひきとりました。

それを伝《つた》え聞《き》かれた大聖人はこう激励《げきれい》されています。

「あなた（弟・宗長《むねなが》）と大夫志殿《たいふのさかんどの》（兄・宗仲《むねなか》）は、末法《まっぽう》の悪世《あくせ》に法華経の大法《だいほう》を信《しん》じてきたので、必《かなら》ずや悪鬼《あっき》が国主と父母等に入ってそれを妨《さまた》げようとするであろうと思っていましたが、予想通り、2度にわたる勘当《かんどう》という難《なん》が競《きそ》いました。しかし、勘当《かんどう》を許《ゆる》されて父を信心させたあなた方は真実の親孝行《おやこうこう》の子ではないでしょうか」（新1499ページ・全1100ページ、趣意）

そして、「あなた方兄弟の仲《なか》は、決して不和《ふわ》であってはなりません。兄大夫志《たいふのさかん》殿《どの》への手紙に詳《くわ》しく書いておいたので、よくお聞きなさい」（同、通解）と再《ふた》び団《だん》結《けつ》を呼《よ》びかけられ、翌年《よくねん》にも宗長《むねなが》に対して「不和《ふわ》になってはなりません」（新1503ページ・全1108ページ、通解）と仰《おお》せです。[9] 父亡《な》き後、自分にどこまでも寄《よ》り添《そ》おうとされる大聖人のぬくもりを感じ、宗長《むねなが》は、胸《むね》を熱《あつ》くしたことでしょう。兄弟は、大聖人の仰《おお》せ通《どお》りに語り合い、いっそう団結《だんけつ》を強くしていったに違《ちが》いありません。

弘安《こうあん》2年（1279年）といえば、駿河国《するがのくに》（静岡県中央部）で起こった熱原《あつはら》の法《ほう》難《なん》がピークを迎えていました。大聖人は、熱原《あつはら》の法難《ほうなん》に臨《のぞ》んで厳然《げんぜん》と指揮《しき》を執《と》られる一方で、こうして、難《なん》と戦《たたか》い勝利した門下《もんか》を称《たた》え、さらに不退転《ふたいてん》の人生を歩めるよう、細やかな激励《げきれい》を重《かさ》ねられていたのです。

家督《かとく》を継《つ》いだ兄・宗仲《むねなか》

兄・宗仲《むねなか》が家督《かとく》を継《つ》いで、大工（工匠《こうしょう》）の棟梁《とうりょう》に当たる立場となりました。以《い》前《ぜん》にも増《ま》して信心に励《はげ》み、仕事にも懸命《けんめい》に取り組んだことでしょう。

家督《かとく》を継《つ》いでから約《やく》1年――弘安《こうあん》3年（1280年）10月28日に鎌倉《かまくら》の鶴岡八《つるがおかはち》幡宮《まんぐう》の神宮寺《じんぐうじ》等が、11月14日には宝殿《ほうでん》（上・下宮）をはじめ多くの施設《しせつ》が焼失《しょうしつ》するという事件《じけん》が起こりました。

11月の火事の原因《げんいん》について大聖人は、四条金吾《しじょうきんご》に宛《あ》てられたお手紙（「四条金吾《しじょうきんご》

9　「兵衛志殿御返事《ひょうえのさかんどのごへんじ》（兄弟同心《きょうだいどうしん》の事《こと》）」は、これまで御執筆《ごしっぴつ》年が定《さだ》かではなかったが、弘安《こうあん》3年（1280年）に行われた鶴岡八幡宮《つるがおかはちまんぐう》の再建《さいけん》に言及《げんきゅう》されていることなどから、弘安《こうあん》3年（同）と考えられている。

許御文《もとおんふみ》」）で、「八幡大菩薩《はちまんだいぼさつ》は正直の人の頭に宿《やど》ると誓《ちか》ったけれども、日本の人々は法華経に背《そむ》いていて正直の人の頭がないために、すみかがなく、炎上《えんじょう》して天にのぼられたのです」（新1628ページ・全1196ページ、趣意）と示《しめ》し、八幡大菩薩《はちまんだいぼさつ》は法華経の行者を守護《しゅご》することを教えられています。

大火事からの鶴岡八幡宮《つるがおかはちまんぐう》の再建《さいけん》に当たって、池上《いけがみ》兄弟は、悪意の中傷《ちゅうしょう》によって、その任《にん》に就《つ》くことはありませんでした。

殿舎《でんしゃ》の造営《ぞうえい》や修理《しゅうり》など、建築《けんちく》、土木にたずさわる池上《いけがみ》家にとって、鶴岡八幡宮《つるがおかはちまんぐう》の再建《さいけん》の仕事に就《つ》けなかったことは、大変残念《たいへんざんねん》なことでした。

このことを聞かれた大聖人は池上《いけがみ》兄弟の気持ちを察《さっ》して、まず世法《せほう》の上から、懇切《こんせつ》に指導《しどう》されています。

「池上《いけがみ》家は、二代にわたって主君から恩《おん》を受けてきた身です。たとえ、一度くらいうまくいかなかったからといって、どうして主君をいい加減《かげん》に思ってよいでしょうか。また、賢人《けんじん》であるならば、こういうものは、一度は辞退《じたい》申し上げるものです」(新1507ジペー・全1106ジペー、趣意)

さらに、仏法の上からも次のように仰《おお》せです。

免《まぬか》れがたいと考えられていた蒙古《もうこ》(モンゴル帝国)の襲来《しゅうらい》を念頭《ねんとう》に、「日本が敗《やぶ》れるならば、日本国中の人々が悪口を言うでしょう。世間の人々が、〝八幡大菩《はちまんだいぼ》薩《さつ》の本地《ほんじ》は阿弥陀仏《あみだぶつ》である。10 念仏《ねんぶつ》を無間地獄《むけんじごく》の邪法《じゃほう》であると破折《はしゃく》している日蓮の門下《もんか》である右衛門大夫《えもんのたいふ》(宗仲《むねなか》)が八幡宮《はちまんぐう》を造営《ぞうえい》しても、八幡大菩薩《はちまんだいぼさつ》が用《もち》いよう

10 八幡大菩薩《はちまんだいぼさつ》(八幡神《はちまんじん》)は、鎌倉《かまくら》時代には、源《げん》氏の氏神《うじがみ》として厚《あつ》く尊崇《そんすう》され、また武士《ぶし》全体の守護《しゅご》神《しん》とされた。八幡大菩薩《はちまんだいぼさつ》の本地《ほんじ》(本来の境地《きょうち》)は釈尊《しゃくそん》とされるようになった一方で阿弥陀《あみだ》仏《ぶつ》とする説《せつ》も広まった。大聖人は、その本地《ほんじ》は釈尊《しゃくそん》であると示《しめ》されている。さらに、世間の人々が、八幡大菩薩《はちまんだいぼさつ》の本地《ほんじ》とする阿弥陀仏《あみだぶつ》を尊《とうと》び、釈尊《しゃくそん》をないがしろにする誤《あやま》りを正されている(新1626ジペー・全1195ジペー、新1714ジペー・全1286ジペー参照)。

とされないので日本は他国から攻《せ》められるのだ〟と言ったらどうするのですか。この造営《ぞうえい》を外されたのはむしろ諸天善神《しょてんぜんじん》の御計《おんはか》らいでしょう」（新１５０８ページ・全１１０６ページ、趣意）と、世間的《せけんてき》な利害《りがい》に一喜一憂《いっきいちゆう》するのではなく、起こったことの意味を仏法の眼《まなこ》で見定《みさだ》めることの重要性《じゅうようせい》を教えられています。

最後《さいご》に、「敵対《てきたい》したり恨《うら》んだりする様子をみせず、質素《しっそ》で目立たない身なりで、下人《げにん》も連《つ》れず、良《よ》い馬にも乗らず、鋸《のこぎり》と金鎚《かなづち》を手にもち腰《こし》に付《つ》けて、常《つね》に微笑《ほほえ》んでいる姿《すがた》でいなさい」（新１５０８ページ・全１１０７ページ、通解）と、具体的《ぐたいてき》な振《ふ》る舞《ま》いについて事細《ことこま》かに指導《しどう》され、「このことは一つ残《のこ》らず守りなさい。……繰《く》り返《かえ》し申し上げますが、法華経（の信仰《しんこう》）を恨《うら》んではなりません」（同、趣意）と念《ねん》を押《お》されています。

大聖人がこのお手紙（「八幡宮造営事《はちまんぐうぞうえいじ》」）を認《したた》められた弘安《こうあん》４年（１２８１年）５月は御入滅《ごにゅうめつ》の１年半前であり、「すでに一生も終わりになったように思われます」

東京・大田池田文化会館から望む大田区

（新1506ページ・全1105ページ、通解）と仰《おお》せになるほど重い御病気を患《わずら》われていました。当時は、〝誰《だれ》から手紙を受け取っても、気が進まず、手も疲《つか》れているため〟、御返事をお認《したた》めになることもありませんでした（新1507ページ・全1105ページ参照）。

そうした中にあって、どこまでも門《もん》下《か》の幸福と成仏《じょうぶつ》のために命《いのち》懸《が》けで指導《しどう》してくださる大聖人の慈悲《じひ》に、兄弟は深く胸打たれたことでしょう。

大聖人の命を削《けず》るような渾身《こんしん》の激《げき》

励《れい》・御指導《ごしどう》を受けた兄弟は、その後も仲良《なかよ》く、夫人《ふじん》ともども、信心根本《こんぽん》に前進していったのです。

大聖人が池上邸《いけがみてい》へ

弘安《こうあん》5年（1282年）9月18日、大聖人が武蔵国《むさしのくに》の池上《いけがみ》にある宗仲《むねなか》の屋敷《やしき》にお寄《よ》りになります。弟子たちの勧《すす》めで、常陸国《ひたちのくに》（茨城県北部と福島県南東部）へ湯《とう》治《じ》に行かれることになり、9月8日に身延《みのぶ》を発《た》ち、その途中《とちゅう》に立《た》ち寄《よ》られたのでした。

池上《いけがみ》兄弟をはじめ一族の者たちは、大聖人の御一行を心から喜《よろこ》んでお迎《むか》え申し上げました。兄弟を中心に、大聖人に精《せい》いっぱいお仕《つか》えしたに違《ちが》いありません。

他の多くの門下《もんか》も、大聖人にお目にかかりたいと、池上邸《いけがみてい》に参集《さんしゅう》したと考えられます。大聖人は、広宣流布の御闘争《ごとうそう》を最後《さいご》まで続《つづ》けられ、「立正安国論《りっしょうあんこくろん》」を講《こう》義《ぎ》されたと伝《つた》えられています。そして弟子たちに後事を託《たく》し、10月13日辰時《たつのとき》（午前8時頃）、池上邸《いけがみてい》で御入滅《ごにゅうめつ》になりました。全民衆《ぜんみんしゅう》の救済《きゅうさい》に投じた61歳の尊《とうと》い御生涯《ごしょうがい》を閉《と》じられたのです。

翌《よく》14日に営《いとな》まれた御葬送《ごそうそう》の際《さい》、宗仲《むねなか》は葬列《そうれつ》の前で四条金吾《しじょうきんご》と共《とも》に幡《はた》を、宗長《むねなが》は後方で太刀《たち》を奉持《ほうじ》しました。

未来《みらい》までの物語

現在伝《げんざいつた》わる池上家《いけがみ》宛《あ》てのお手紙は、弟の宗長《むねなが》あるいは宗長《むねなが》の妻に宛《あ》てられたものが大半を占《し》めます。大聖人が、宗長《むねなが》の信心を特《とく》に気にかけていらっしゃったことがうかがえるとともに、宗長《むねなが》夫妻が大聖人への御供養《ごくよう》を続《つづ》けていたことが分かり、夫妻の求道《きゅうどう》の姿勢《しせい》を知ることもできます。

一方、強盛《ごうじょう》な信心を貫《つらぬ》いた兄・宗仲《むねなか》宛《あ》てのお手紙は、宗長《むねなが》と比《くら》べると数は少ないですが、御自身が上行菩薩《じょうぎょうぼさつ》の働きをしていることを示《しめ》される（新１５０２ページ・全１１０２ページ参照）など、重要《じゅうよう》な法門《ほうもん》を残《のこ》されています。

大聖人から厚《あつ》い信頼《しんらい》を寄《よ》せられた宗仲《むねなか》、度重《たびかさ》なる激励《げきれい》を受けた宗長《むねなが》――池上《いけがみ》兄弟と妻たちの難《なん》を乗《の》り越《こ》える信心の戦《たたか》いは、大聖人が仰《おお》せになった通り、「未来までのものがたり《物語》」（新１４７７ページ・全１０８６ページ）として、７００年以上《いじょう》を経《へ》た今も、私たちの信仰《しんこう》の鑑《かがみ》として不滅《ふめつ》の輝《かがや》きを放《はな》っています。

【関連御書】

池上宗仲・宗長宛て：「兄弟抄」（新１４６８ページ・全１０７９ページ）、「八幡宮造営事」（新１５０６ページ・全１１０５ページ）

池上宗仲宛て：「右衛門大夫殿御返事」（新１５０２ページ・全１１０２ページ）

池上宗長宛て：「兵衛志殿御返事（鎌足造仏の事）」（新１４８３ページ・全１０８９ページ）、「兵衛志殿御返事（三障四魔の事）」（新１４８６ページ・全１０９０ページ）、「兵衛志殿御書（親父入信の事）」（新１４９２ページ・全１０９５ページ）、「孝子御書」（新１４９９ページ・全１１００ページ）、「兵衛志殿御返事（兄弟同心の事）」（新１５０３ページ・全１１０８ページ）

池上宗長の妻宛て：「兵衛志殿女房御書」（新１４８２ページ・全１０９４ページ）、「兵衛志殿女房御返事（牧牛女の事）」

（新1485㌻・全1097㌻）

【参考】

『勝利の経典「御書」に学ぶ』第2巻（「兄弟抄」講義）、『創価学会永遠の五指針』（「一家和楽の信心」の章、「兄弟抄」を講義）、『人間革命の宗教』（「希望」の章、「兄弟抄」を講義）、『勝利の経典「御書」に学ぶ』第13巻（「兵衛志殿御返事〈三障四魔事〉」講義）、『勝利の経典「御書」に学ぶ』第8巻（「兵衛志殿御書〈親父入信御書〉」講義）

習い伝える「魔《ま》と戦う信心」

——池田先生の講義から

三障四魔《さんしょうしま》と戦うことで信心が磨《みが》かれるのです。（中略）
法華経へのこの強盛《ごうじょう》な信心こそ、変毒為薬《へんどくいやく》の妙用《みょうゆう》をもたらします。「災《わざわ》い」を変じて「幸《さいわ》い」へと変えるのです。（中略）
大聖人は、この「難即成仏《なんそくじょうぶつ》」の軌道《きどう》を示《しめ》して、池上《いけがみ》兄弟に最後まで戦う覚悟《かくご》を促《うなが》されていると拝《はい》されます。
ありがたいことに、三障四魔《さんしょうしま》と戦い、勝ち切っていく軌道《きどう》は、師匠《ししょう》であられる御本仏《ごほんぶつ》・日蓮大聖人御自身が歩まれてきた道です。まさに「日蓮が身《み》に当《あた》る」（全1087ページ・新1479ページ）実践《じっせん》です。
そして、師《し》に続いて同じ栄光の大道《だいどう》を歩めと、池上《いけがみ》兄弟に呼《よ》びかけられているのです。

（中略）

また、池上兄弟《いけがみ》が実践《じっせん》し、勝利した姿《すがた》が、後に続く門下《もんか》たちの未来永遠《えいえん》の手本となります。ゆえに「謹《つつし》んで習い伝えて未来《みらい》の資糧《しりょう》とせよ」（同）と仰《おお》せられているのです。

私たちもまた、牧口先生、戸田先生に教わった「魔《ま》と戦う信心」を、謹《つつし》んで習い伝えて、創価学会万代の発展《はってん》の因《いん》を今こそ築《きず》いていこうではありませんか。

（『勝利の経典「御書」に学ぶ』第2巻、「兄弟抄」）

兄弟、夫婦の団結で勝利

――池田先生の講義から

魔《ま》が分断《ぶんだん》を狙《ねら》う以上《いじょう》、兄弟二人が団結《だんけつ》している限《かぎ》りは、魔《ま》の入る隙《すき》はありません。逆《ぎゃく》に兄弟の心に隙《すき》があれば、魔《ま》はいくらでも侵入可能《しんにゅうかのう》だったといえます。

大聖人は、兄弟に対しては、団結《だんけつ》の重要性《じゅうようせい》を繰《く》り返《かえ》し指導《しどう》されています。（中略）

また兄弟だけでなく、それぞれの夫人《ふじん》たちにも団結《だんけつ》を呼《よ》びかけられたことは有名です。夫《ふ》人《じん》たちには「一同《いちどう》して夫の心《こころ》をいさ《諫》めば竜女《りゅうにょ》が跡《あと》をつぎ末代悪世《まつだいあくせ》の女人《にょにん》の成仏《じょうぶつ》の手本《てほん》と成《な》り給《たも》うべし」（全1088ページ・新1480ページ）とも仰《おお》せです。この大聖人のお心にお応《こた》えして、夫《ふ》人《じん》たちは立ち上がりました。義父《ぎふ》にも誠実《せいじつ》に尽《つ》くしたことでしょう。

大聖人は、特《とく》に弟の宗長《むねなが》については、夫人《ふじん》の兵衛志殿女房《ひょうえのさかんどのにょうぼう》をこまやかに激励《げきれい》されました。

広布に生きる夫婦は、「妙法の同志《どうし》」であり、「共戦《きょうせん》の友」です。この原理は、大聖人の御在《ござい》世《せ》も今も変《か》わりません。池上《いけがみ》兄弟の勝利は、夫人《ふじん》たちの勝利でもあったのです。

（『勝利の経典「御書」に学ぶ』第8巻、「兵衛志殿御書〈親父入信御書〉」）

松野六郎左衛門入道《まつののろくろうざえもんのにゅうどう》

駿河《するが》

異体同心《いたいどうしん》の信心——これは一生成仏《いっしょうじょうぶつ》を果たしていく上で、決して欠かすことのできない信心の要諦《ようてい》です。日蓮大聖人は、駿河国《するがのくに》（静岡県中央部）の門下《もんか》である松野六郎左衛門入道《まつののろくろうざえもんのにゅうどう》に、立場の違《ちが》いを超《こ》えて同志《どうし》と仲良く信心に励《はげ》むべきことを強調されました。そのことは、とりもなおさず正しい信心の在《あ》り方を浮《う》き彫《ぼ》りにします。六郎左衛門入道《ろくろうざえもんのにゅうどう》に宛《あ》てられた御消息《ごしょうそく》から、一人の門下《もんか》の三世《さんぜ》にわたる幸福をどこまでも願われた大聖人のお心が伝わってきます。

◇

駿河国《するがのくに》に「松野六郎《まつののろくろう》左《ざ》衛《え》門入道《もんのにゅうどう》」（新1913ページ・全1580ページ）と呼《よ》ばれた門下《もんか》がいましたが、その子息《しそく》や妻について、詳細《しょうさい》は定《さだ》かではありません。御書に「松《まつ》野殿女房《のどののにょうぼう》」「松野尼《まつののあま》御前《ごぜん》」「松《まつ》野《の》殿《どのの》後《ご》家《け》尼《あま》御前《ごぜん》」とある人物も、松野六郎《まつののろくろう》左《ざ》衛《え》門入《もんのにゅう》道《どう》の妻なのか、あるいは、その子息《しそく》の妻なのか明らかではありません。

また、従来《じゅうらい》、入道《にゅうどう》の子息《しそく》とされてきた人物（「松野六郎《まつののろくろう》左《ざ》衛《え》門尉《もんのじょう》」「松野六郎《まつののろくろう》左《ざ》衛《え》門《もん》」）については、江戸時代以降《えどじだいいこう》に名前が示《しめ》されたものであり、根拠《こんきょ》は不明です。

そのことを踏《ふ》まえて、ここでは、松野《まつの》家などに宛《あ》てられた松野編《まつのへん》の御抄《ごしょう》の内、松《まつ》野六郎《ののろくろう》左《ざ》衛《え》門入道《もんのにゅうどう》宛《あ》ての5編《へん》[1]を通して、その人物像《じんぶつぞう》を探《さぐ》ります。

南条時光《なんじょうときみつ》の母方の祖父《そふ》

松野六郎《まつののろくろう》左《ざ》衛《え》門入道《もんのにゅうどう》（以下、「六郎《ろくろう》左《ざ》衛《え》門《もん》」と表記）は駿河国《するがのくに》庵《い》原郡《はらぐん》松野《まつの》（静岡県富《ふ》士《じ》市北松野《きたまつの》・南松野《みなみまつの》あたり）の人で、子息《しそく》は多くいたようです（新1913ページ・全1

580ページ参照)。その中に、南条家《なんじょう》に嫁《とつ》いだ娘《むすめ》(上野尼御前《うえののあまごぜん》=南条時光《なんじょうときみつ》の母)がいました。

社会的立場については、松野《まつの》氏が武士《ぶし》であり、左衛門府《さえもんふ》の官職《かんしょく》を持っていたことがうかがえます。入信の時期は明らかではありませんが、日興上人《にっこうしょうにん》によって折伏《しゃくぶく》されたか、あるいは南条家《なんじょう》との関係で折伏《しゃくぶく》されたのではないかと推測《すいそく》されます。

六郎左衛門《ろくろうざえもん》をはじめ、一族に頂《いただ》いている御抄《ごしょう》の内容《ないよう》から、松野《まつの》家が駿河《するが》の一地《いち》

1　この5編《へん》は次の通り。( )の中に御執筆《ごしっぴつ》の年月を示《しめ》した。「松野殿御消息《まつのどのごしょうそく》(一劫《いっこう》の事《こと》)」(新1982ページ・全1378ページ、建治《けんじ》2年2月)、「松野殿御返事《まつのどのごへんじ》(十四誹謗《じゅうしひぼう》の事《こと》)」(新1986ページ・全1381ページ、建治《けんじ》2年12月)、「松野殿御消息《まつのどのごしょうそく》(宝海梵志《ほうかいぼんじ》の事《こと》)」(新1995ページ・全1387ページ、建治《けんじ》2年)、「松野殿御返事《まつのどのごへんじ》(臨終妙覚《りんじゅうみょうかく》の事《こと》)」(新1996ページ・全1388ページ、建治《けんじ》3年9月)、「松野殿御返事《まつのどのごへんじ》(三界無安《さんがいむあん》の事《こと》)」(新1997ページ・全1388ページ、建治《けんじ》4年2月)。

域における重要な門下《もんか》であったことは確《たし》かです。日興上人《にっこうしょうにん》の著述《ちょじゅつ》の中にも、一族と思われる人物の名が複数《ふくすう》、挙《あ》げられています。

大聖人は、上野尼御前《うえののあまごぜん》に与《あた》えられた「上野尼御前御返事《うえののあまごぜんごへんじ》（烏竜遺竜《おりょういりょう》の事《こと》）」で、「そもそも、お手紙を拝見《はいけん》すれば、尼御前《あまごぜん》の慈父《じぶ》・故松野六郎左衛門入道《こまつのろくろうざえもんにゅうどう》の忌日《きにち》とありました」（新１９１３㌻・全１５８０㌻、通解）と述《の》べられています。この御《ご》消息《しょうそく》は弘安《こうあん》３年（１２８０年）11月15日の御執筆《ごしっぴつ》とされることから、この時、松《まつ》野六郎左衛門《ののろくろうざえもん》が亡《な》くなってから少なくとも1年以上が経過《けいか》していたと考えられます。[2]

純粋《じゅんすい》な信心を貫《つらぬ》く

大聖人は、六郎左衛門宛《ろくろうざえもんあ》ての、初めてになると思われるお手紙（「松野殿御消息《まつのどのごしょうそく》〈一劫《いっこう》の事《こと》〉」）で次のように仰《おお》せです。

中央の町並みが静岡県富士市の北松野・南松野。手前を流れるのは富士川。この地で信心に励んだ松野六郎左衛門入道は、程遠くない身延の大聖人のもとへ、果物などの品々を御供養した

「人々が皆《みな》、日蓮を憎《にく》んでいるのに、しかも、いまだ一度もお目にかかったこともないのに、なぜこのようにご信用になるのであろう。これは、ひとえに過去《かこ》に妙法という仏種《ぶっしゅ》を植えられた因縁《いんねん》によるものであろう。来世《らいせ》に必ず仏になられる時が来たので、このよう

2　六郎左衛門《ろくろうざえもん》宛《あ》ての現存《げんそん》する御抄《ごしょう》の内、最後の御消息《ごしょうそく》が建治《けんじ》4年（1278年）2月13日の御執《ごしっ》筆《ぴつ》であることから、六郎左衛門《ろくろうざえもん》は、これ以後の弘安《こうあん》元年（1278年）あるいは同2年（1279年）の11月に亡《な》くなったと推測《すいそく》できる（建治《けんじ》4年は2月29日に弘安《こうあん》元年に改元）。

に仏法を求める心が起きたのであろう」（新1984ジペー・全1379ジペー、通解）。

六郎左衛門《ろくろうざえもん》が大聖人からお手紙を頂《いただ》いた建治《けんじ》年間は、駿河《するが》では日興上人《にっこうしょうにん》を中心に弘教《ぐきょう》が進んだ一方で、大聖人の門下《もんか》への圧迫《あっぱく》も次第に増《ま》しつつあった時期です。その中にあって、お目にかからないうちから大聖人に帰依《きえ》し、身延《みのぶ》の山中の大聖人へ品々を御供養《ごくよう》した六郎左衛門《ろくろうざえもん》の信心の純粋《じゅんすい》さは、特筆に値《あたい》するものでした。おそらく、六郎左衛門《ろくろうざえもん》は、大聖人ならびに門下《もんか》に対する世間の悪評《あくひょう》も耳にしていたに違《ちが》いありません。六郎左衛門《ろくろうざえもん》が、そういった風評《ふうひょう》に惑《まど》わされずに、ひたすら信心に励《はげ》んでいった姿勢《しせい》は、まさに後世《こうせい》の鑑《かがみ》と言うべきものです。

大聖人は、この御抄《ごしょう》で「水に月の影《かげ》が映《うつ》れば、水が清らかに澄《す》むように、あなたの心の水に教主釈尊《きょうしゅしゃくそん》という月の影《かげ》が入《はい》られたのであろうかと、たのもしく思える」（同、通解）と仰《おお》せです。〝六郎左衛門《ろくろうざえもん》の胸中《きょうちゅう》に仏の生命が涌現《ゆげん》したのでしょう〟との言葉から、六郎左衛門《ろくろうざえもん》が純粋《じゅんすい》な信心を貫《つらぬ》いていたことがうかがえます。

果物《くだもの》などを御供養《ごくよう》

ちなみに、松野《まつの》編《へん》の御抄《ごしょう》を拝《はい》すると、六郎左衛門《ろくろうざえもん》が大聖人に供養《くよう》した品々の中には、銭《ぜに》をはじめ白米や油、さらに筆もあり、松野一族《まつのいちぞく》が経済的《けいざいてき》に比較的恵《ひかくてきめぐ》まれていたことが想像《そうぞう》されます。また、果物《くだもの》など食物《しょくもつ》の供養《くよう》が多いのは、居住地《きょじゅうち》が身《み》延《のぶ》に近かったからと考えることができます。

六郎左衛門《ろくろうざえもん》宛《あ》てとされる5編《へん》の中の最後の御抄《ごしょう》(「松野殿御返事《まつのどのごへんじ》〈三界無安《さんがいむあん》の事《こと》〉」)の末尾《まつび》に「委細《いさい》は見参《げんざん》の時申すべし」(新1999ページ・全1390ページ)とあることから、大聖人が本抄《ほんしょう》を認《したた》められた建治《けんじ》4年(1278年)2月頃には、六郎《ろくろう》左衛門《ざえもん》自身が身延《みのぶ》の大聖人のもとを訪《おとず》れ、直接《ちょくせつ》、御指導《ごしどう》を受けていたか、あるいは身延《みのぶ》を訪《おとず》れる予定があったか、いずれかの可能性《かのうせい》が考えられます。

同志誹謗《どうしひぼう》を戒《いまし》める

六郎左衛門《ろくろうざえもん》宛《あ》てとされる5編《へん》の中で最《もっと》も長編《ちょうへん》の御消息《ごしょうそく》が「松野殿御返事《まつのどのごへんじ》（十四《じゅうし》誹謗《ひぼう》の事《こと》）」です。建治《けんじ》2年（1276年）に御執筆《ごしっぴつ》のこの御抄《ごしょう》から、六郎左衛門《ろくろうざえもん》が大聖人に次のように質問《しつもん》していたことが分かります。

「聖人《しょうにん》が唱《とな》えられる題目の功徳《くどく》と、われわれ（凡夫《ぼんぷ》）の唱《とな》える題目の功徳《くどく》とでは、どれほどの相違《そうい》があるのでしょうか」（新1987ページ・全1381ページ、通解）

大聖人は、この質問《しつもん》に対して、「さらに勝劣《しょうれつ》あるべからず」（同）――功徳《くどく》は全《まった》く同じであると断言《だんげん》されています。

その上で、「ただし、法華経の心に背《そむ》いて題目を唱《とな》えた場合には、差別はある」（新1987ページ・全1382ページ、通解）と示《しめ》されます。その際《さい》、謗法《ほうぼう》の具体例として14種の法華経誹謗《ひぼう》を意味する十四誹謗《じゅうしひぼう》[3]を挙《あ》げられています。そして、より分かりやすく、法華経を持《たも》つ者を互《たが》いに誹《そし》ってはならないと教えられています。

あらゆる人が成仏《じょうぶつ》できることを説き明かした唯一《ゆいいつ》の経典《きょうてん》が法華経です。そして、法華経に込《こ》められた仏の願いは、万人《ばんにん》の成仏《じょうぶつ》にほかなりません。あらゆる人に仏性《ぶっしょう》が具《そな》わると説き、その仏の生命の涌現《ゆげん》を願う「法華経の心」からすれば、妙法を持《たも》つ同志《どうし》を誹謗《ひぼう》することがあってはならないのです。

3　14種の法華経誹謗《ひぼう》のこと。法華経譬喩品第《ひゆほんだい》３に基《もと》づく説《せつ》で、『法華文句記《ほっけもんぐき》』巻６下で引かれている。「松野殿御返事《まつのどのごへんじ》（十四誹謗《じゅうしひぼう》の事《こと》）」（新１９８６ページ・全１３８１ページ）で挙《あ》げられている。①憍慢《きょうまん》（おごりたかぶって仏法をあなどること）②懈怠《けたい》（仏道修行《ぶつどうしゅぎょう》を怠《おこた》ること）③計我《けが》（自分の考えで教義《きょうぎ》を判断《はんだん》すること）④浅識《せんしき》（浅い知識《ちしき》に執着《しゅうちゃく》して正法を批判《ひはん》し、求めようとしないこと）⑤著欲《じゃくよく》（欲望《よくぼう》に執着《しゅうちゃく》して仏法《ぶっぽう》を求めないこと）⑥不解《ふげ》（正法の教えを理解《りかい》しようとしないこと）⑦不信《ふしん》（正法を信じないこと）⑧顰蹙《ひんしゅく》（顔をしかめて正法を非難《ひなん》すること）⑨疑惑《ぎわく》（教えを疑《うたが》い惑《まど》うこと）⑩誹謗《ひぼう》（正法を誹《そし》り悪口を言うこと）⑪軽善《きょうぜん》（正法を行ずる人を軽蔑《けいべつ》すること）⑫憎善《ぞうぜん》（正法を行ずる人を憎《にく》むこと）⑬嫉善《しつぜん》（正法を行ずる人を妬《ねた》むこと）⑭恨善《こんぜん》（正法を行ずる人を恨《うら》むこと）。同抄《どうしょう》では「この十四誹謗《ひぼう》は在家《ざいけ》・出家《しゅっけ》に亘《わた》るべし。恐《おそ》るべし、恐るべし」（新１９８７ページ・全１３８２ページ）と述《の》べられている。また、「念仏無間地獄抄《ねんぶつむけんじごくしょう》」で「譬喩品《ひゆほん》の十四誹謗《ひぼう》も不信をもって体《たい》となせり」（新７４８ページ・全97ページ）と仰《おお》せのように、十四誹謗《じゅうしひぼう》の本質《ほんしつ》は妙法を信受《しんじゅ》しないことにある。

この時、六郎左衛門《ろくろうざえもん》が既《すで》に大聖人にお会いしていたかどうか定《さだ》かではありません。しかし、大聖人は、先ほどの六郎左衛門《ろくろうざえもん》の質問《しつもん》や、また駿河地域《するがちいき》に派遣《はけん》されて六郎左衛門《ろくろうざえもん》らと共《とも》に妙法弘通《ぐつう》に励《はげ》んでいた弟子の報告《ほうこく》から、どこまでも同志《どうし》が仲良く団結《だんけつ》して進んでいくことを教えられたと拝《はい》されます。

万人成仏《ばんにんじょうぶつ》を説く法華経の心のままに、自他共《じたとも》の幸福を願って同志《どうし》と仲良く広布に進んでいくことこそ、信心の要諦《ようてい》であり、一生成仏《いっしょうじょうぶつ》を果たす正しい信心の在《あ》り方なのです。

「仏のごとく互《たが》いに敬《うやま》うべし」

大聖人は、この御抄《ごしょう》で、六郎左衛門《ろくろうざえもん》が大聖人に法門を尋《たず》ねたことは後世《ごせ》を心から願うからであろうと、その求道《きゅうどう》の心を称《たた》えられています。その上で一歩、踏《ふ》み込《こ》み、法を求めるためには、社会的立場や世間の風評《ふうひょう》などにとらわれてはいけないと教えられています。

先ほどの同志《どうし》を敬《うやま》う大切さと趣旨《しゅし》は同じになりますが、次のように具体的に示《しめ》されます。それが、「いかに社会的に身分の賤《いや》しい者であっても、仏法のことについて、すこしでも自分より勝《すぐ》れて智慧《ちえ》のある人に対しては、この経《きょう》のいわれを問い尋《たず》ねていきなさい」（新1988ジ・全1382ジ、通解）との仰《おお》せです。

大聖人は、このことをさらに「この三位房《さんみぼう》は、位《くらい》の低い者であるが、少しでも法華経の法門について説《と》く者であるから、仏のように敬《うやま》って、法門《ほうもん》を尋《たず》ねなさい」（新1989ジ・全1383ジ、通解）と教えられています。三位房《さんみぼう》は大聖人一門の中の出家《しゅっけ》の弟子であり、この時、弘教《ぐきょう》の進む駿河《するが》地域《ちいき》に派遣《はけん》されていたと思われます。

また大聖人は、同志《どうし》を敬《うやま》っていくべきことを法華経普賢菩薩勧発品第28《ふげんぼさつかんぼっぽんだい》の「まさに、心から礼《れい》を尽《つ》くして遠くより出迎《でむか》え、まさに仏を敬《うやま》うようにしなさい」との趣旨《しゅし》の経文《きょうもん》（法華経677ページ）を引いて、「仏のごとく互《たが》いに敬《うやま》うべし」と教えられています（新1989ページ・全1383ページ）。これは、仏法を持《たも》った者は、仏に仕《つか》えるごとく、互《たが》いに尊敬《そんけい》しあうべきことを示《しめ》しています。ここで大聖人《だいしょうにん》は重《かさ》ねて、「たとえば、法華経宝塔品《ほうとうほん》の儀式《ぎしき》のとき、多宝如来《たほうにょらい》が半座《はんざ》を分けて釈迦仏《しゃかぶつ》を迎《むか》え、二仏《にぶつ》が並坐《びょうざ》したように、互《たが》いに尊敬《そんけい》しあわなければならない」（同、趣意）と戒《いまし》められています。

雪山童子《せっせんどうじ》の故事《こじ》を通し

大聖人は、この「松野殿御返事《まつのどのごへんじ》（十四誹謗《じゅうしひぼう》の事《こと》）」でさらに、雪山童子《せっせんどうじ》の故事《こじ》[4]について詳《くわ》しく叙述《じょじゅつ》されています。

雪山童子《せっせんどうじ》の故事《こじ》を引かれた大聖人の意図《いと》について、大きく二つの観点から拝《はい》することができます。

一つは、雪山童子《せっせんどうじ》が、ただただ仏の教えを求め、鬼神《きじん》に自《みずか》らの身を差し出したように、成仏《じょうぶつ》のためには、不惜身命《ふしゃくしんみょう》の姿勢《しせい》こそ信心修行《しゅぎょう》の根幹《こんかん》でなくてはならないことを示《しめ》すためです。大聖人は、「もし、わが身が貧《まず》しくて布施《ふせ》する宝《たから》がないならば、そしてわが身命を捨《す》てて仏法を得られる機会があるならば、身命を捨《す》てて仏法を学ぶべきである」（新1993ジペー・全1386ジペー、趣意）と仰《おお》せです。

4　雪山童子《せっせんどうじ》とは釈尊《しゃくそん》が過去世《かこせ》で修行《しゅぎょう》していた時の名。涅槃経《ねはんぎょう》巻14に次のようにある。釈尊《しゃくそん》が過去世《かこせ》に雪山《せっせん》で菩薩《ぼさつ》の修行《しゅぎょう》をしていた時、帝釈天《たいしゃくてん》が羅刹《らせつ》（鬼《おに》）に化身《けしん》して現《あらわ》れ、過去仏《かこぶつ》の説《と》いた偈《げ》を「諸行《しょぎょう》無常《むじょう》・是生滅法《ぜしょうめっぽう》（諸行《しょぎょう》は無常《むじょう》にして、是《こ》れ生滅《しょうめつ》の法《ほう》たり）」と童子《どうじ》に向かって半分だけ述《の》べた。これを聞いた童子《どうじ》は喜んで、残りの半偈《はんげ》を聞きたいと願い、その身を捨《す》て羅刹《らせつ》に食べさせることを約束して半偈《はんげ》の「生滅滅已《しょうめつめっち》・寂滅為楽《じゃくめついらく》（生滅《しょうめつ》の滅《めっ》し已《お》われば、寂滅《じゃくめつ》を楽《らく》と為《な》す）」を聞き終え、その偈《げ》を所々に書き付けてから、高い木に登り身を投げた。羅刹《らせつ》は帝釈天《たいしゃくてん》の姿《すがた》に戻《もど》り童子《どうじ》の体を受け止め、その不《ふ》惜身命《しゃくしんみょう》の姿勢《しせい》を褒《ほ》めて未来に必ず成仏《じょうぶつ》すると説いて姿《すがた》を消したという。

三世《さんぜ》にわたる幸福の大道を

もう一つは、雪山童子《せっせんどうじ》が死後に実報寂光《じっぽうじゃっこう》の仏土《ぶつど》[5]に至《いた》ることを求めて修行《しゅぎょう》していたと述《の》べられ、「霊山浄土《りょうぜんじょうど》の悦《よろこ》びこそが、まことの悦《よろこ》びであると思い合わせて、また南無妙法蓮華経と唱《とな》えなさい」（新1994㌻・全1386㌻、通解）と示《しめ》されている点です。霊山浄土《りょうぜんじょうど》とは、ここでは死後の仏界《ぶっかい》の境涯《きょうがい》のことと拝《はい》することができます。あるいは、唱題に励《はげ》み、妙法を受持し抜《ぬ》いた人が臨終《りんじゅう》の時に味わう、歓喜《かんき》と安心立命《あんしんりつめい》の境地《きょうち》を「霊山浄土《りょうぜんじょうど》」として象徴的《しょうちょうてき》に教えられたとも拝《はい》することができます。

本抄《ほんしょう》を頂《いただ》いた時、六郎左衛門《ろくろうざえもん》はすでに高齢《こうれい》であったと考えられます。高齢《こうれい》ゆえに、自《みずか》らの死後を強く意識《いしき》し、大聖人に後生《ごしょう》について尋《たず》ねたと想像《そうぞう》されます。

三世永遠《さんぜえいえん》にわたる仏界《ぶっかい》の境涯《きょうがい》を開《ひら》くために肝要《かんよう》となるのが、今世《こんぜ》における信心であることは言うまでもありません。自分が今いる場所で仏道修行《ぶつどうしゅぎょう》を重《かさ》ね、今世《こんぜ》でわが生命に仏の境涯《きょうがい》を開《ひら》くのです。そして、今世《こんぜ》で仏の境涯《きょうがい》を築《きず》くことで、死後も大宇宙《だいうちゅう》の生命と一体となり、安心立命《あんしんりつめい》の境地《きょうち》を得《え》ることができます。

要は、大聖人は六郎左衛門《ろくろうざえもん》に、今世《こんぜ》で信心に励《はげ》み、一生成仏《いっしょうじょうぶつ》を果たせば、悠々《ゆうゆう》たる仏の境涯《きょうがい》で三世《さんぜ》の旅路《たびじ》を進んでいくことができると教えられているのです。

大聖人は、死後の仏界《ぶっかい》の生命について、本抄《ほんしょう》でこのように示《しめ》されています。

「退転《たいてん》することなく修行《しゅぎょう》して、最後臨終《りんじゅう》の時を待ってごらんなさい。妙覚《みょうかく》の山に走り登って、四方《しほう》をきっと見るならば、なんと素晴《すば》らしいことであろうか、法《ほう》界《かい》は皆《みな》、寂光土《じゃっこうど》[5]で、瑠璃《るり》をもって地面とし、金《こがね》の縄《なわ》をもって八つの道の境界《きょうかい》をつくり、天より四種の花が降《ふ》ってきて、空に音楽が聞こえてくる。諸仏菩薩《しょぶつぼさつ》は常楽《じょうらく》

5 「実報寂光《じっぽうじゃっこう》の仏土《ぶつど》」「寂光土《じゃっこうど》」は、ともに同じ意味。法華経に説《と》かれる、久遠《くおん》の仏が常住《じょうじゅう》する永遠《えいえん》に安穏《あんのん》な国土のことを指す。これを踏《ふ》まえて、万人《ばんにん》の幸福が実現《じつげん》できる目指すべき理想的世界のことも意味する。

我浄《がじょう》の風にそよめき、心から楽しんでおられる。われらもその数の中につらなって、遊戯《ゆげ》し楽しむべきことは、もう間近である」（新1994ジ・全1386ジ、通解）

宇宙《うちゅう》はそのまま寂光土《じゃっこうど》であり、大地には宝石《ほうせき》が敷《し》き詰《つ》められ、天の花が舞《ま》い、妙《たえ》なる音楽が響《ひび》き、諸《もろもろ》の仏・菩薩《ぼさつ》と共《とも》に遊ぶ遊楽《ゆうらく》の世界の楽しさを満喫《まんきつ》する時は目前であるとの意味です。ここには、死は決して厭《いと》うべきものではないとする仏法の臨終観《りんじゅうかん》が明確《めいかく》に示《しめ》され、妙法に生き切った人の死が、荘厳無比《そうごんむひ》の大歓喜《だいかんき》に包《つつ》まれての来世《らいせ》への出発となることが強調されています。

〝ますます広布のために〟

本抄《ほんしょう》からは、六郎左衛門《ろくろうざえもん》がわが子に先立たれている可能性《かのうせい》も浮《う》かび上《あ》がってきます。大聖人は本抄《ほんしょう》で「人は皆《みな》、無常《むじょう》を逃《のが》れることはできない」「老人の方がとどまり、若者《わかもの》が先立つこともある」として、「これ以上ない恨《うら》みは、幼《おさな》くして親に先立つ子であり、これ以上ない嘆《なげ》きは、老いて子に先立たれた親である」と述《の》べられています（新1989ジペー・全1383ジペー、趣意）。

この仰《おお》せも考え合わせると、本抄《ほんしょう》を通しての大聖人の励《はげ》ましは、六郎左衛門《ろくろうざえもん》にとって、〝亡《な》くなった子の分までも、ますます広布のために〟との心をさらに強くするものであったのかもしれません。大聖人の真心《まごころ》こもる御消息《ごしょうそく》を拝《はい》して、三世《さんぜ》にわたる仏法の生命観《せいめいかん》を胸中《きょうちゅう》に刻《きざ》んだ六郎左衛門《ろくろうざえもん》は、求道《きゅうどう》の一念をさらに強盛《ごうじょう》にして信心に励《はげ》んでいったに違《ちが》いありません。

6　仏にそなわる徳目《とくもく》で、四徳波羅蜜《しとくはらみつ》ともいう。単に四徳《しとく》とも。涅槃経《ねはんぎょう》などでは、苦《く》・空《くう》・無常《むじょう》・無《む》我《が》は人々の迷《まよ》いを破《やぶ》るための教えであり、仏の境地《きょうち》は常《じょう》・楽《らく》・我《が》・浄《じょう》であると説《と》く。①常《じょう》とは仏の境《きょう》地《ち》が永遠不変《えいえんふへん》であること。②楽《らく》とは無上《むじょう》の安楽《あんらく》のこと。③我《が》とは自立していて他から何の束縛《そくばく》も受けないこと。④浄《じょう》とは煩悩《ぼんのう》のけがれのない清浄《しょうじょう》な境地《きょうち》をいう。

【関連御書】

松野六郎左衛門宛て：「松野殿御消息（一劫の事）」（新1982ページ・全1378ページ）、「松野殿御返事（十四誹謗の事）」（新1986ページ・全1381ページ）、「松野殿御消息（宝海梵志の事）」（新1995ページ・全1387ページ）、「松野殿御返事（臨終妙覚の事）」（新1996ページ・全1388ページ）、「松野殿御返事（三界無安の事）」（新1997ページ・全1388ページ）

団結は自身の境涯革命《きょうがいかくめい》から

――池田先生の指針《ししん》から

「同志《どうし》が互《たが》いに怨嫉《おんしつ》し、憎《にく》み合ったり、足を引《ひ》っ張《ぱ》り合ったりすれば、いくら口《くち》では正法《しょうほう》正義《しょうぎ》を叫《さけ》んだとしても、自分の心は大聖人の御心《おこころ》に弓《ゆみ》を引いてしまうことになるんです。その罪《つみ》は重い。この一点だけは、絶対《ぜったい》に忘《わす》れないでいただきたい。

人間は感情《かんじょう》の動物だから、〝いやだな。自分とは合わないな〟と思う人と、一緒《いっしょ》に活動しなければならない場合もあるでしょう。その時は、〝あの人と団結《だんけつ》できる自分にしてください〟と祈《いの》り抜《ぬ》い。仲良くなれる自分にしてください。あの人を尊敬《そんけい》できる自分にしてくださいていくんです。そうすれば、自分の境涯《きょうがい》が革命《かくめい》できます。自分が変われば、どんな人とも団結《だんけつ》していくことができるんです。

大切なのは、仲が良いことです。そこに友情《ゆうじょう》があり、同志愛《どうしあい》が生まれます。そこに信心の喜びがあり、勝利があるんです」

（小説『新・人間革命』第26巻「法旗」の章）

西山殿《にしやまどの》

駿河《するが》

西山殿は、駿河国《するがのくに》（静岡県中央部）富士《ふじ》上方《かみかた》西山郷《にしやまごう》に住む武士《ぶし》の門下《もんか》です。居住《きょじゅう》する地名から「西山殿」と呼《よ》ばれていましたが、実名《じつみょう》（通称などではない本当の名前）など詳細《しょうさい》は明らかではありません。

西山殿の一族は、御家人《ごけにん》（将軍と主従関係を結《むす》んだ武士）の大宅《おおや》氏に連《つら》なる一族とされています。大宅《おおや》氏の家系図《かけいず》によると、大宅光延《おおやみつのぶ》は、源頼朝《みなもとのよりとも》から駿河国《するがのくに》の高橋、由比《ゆい》、西山の領地《りょうち》を与《あた》えられています。その光延《みつのぶ》の息子《むすこ》の代から、高橋氏、由比氏《ゆいし》、西山氏の3氏に分かれ、西山殿は、この3氏の一つである西山氏の一族とされているのです。

駿河国《するがのくに》の有力門下《ゆうりょくもんか》には、西山殿以外にも南条氏《なんじょう》がいました。また、西山氏と近い一族である高橋氏や由比《ゆい》氏にも多くの門下《もんか》がいたことから、駿河《するが》方面で日興上人《にっこうしょうにん》の教化《きょうけ》が盛《さか》んに行われ、駿河国《するがのくに》で互《たが》いにつながりがある武家《ぶけ》の間にも、妙法が広がっていたのではないかと考えられます。

数々のお手紙によって、西山殿は、青豆《あおまめ》や筍《たけのこ》などの食物や金銭《きんせん》を身延《みのぶ》にお届《とど》けし、日蓮大聖人の御化導《ごけどう》を支《ささ》えていたことが分かります。駿河国《するがのくに》の一宮《いちのみや》であった浅間神社《せんげんじんじゃ》の造営《ぞうえい》という大掛《おおが》かりな工事と農繁期《のうはんき》が重《かさ》なり、多忙《たぼう》だった時期でも、大聖人への御供養《ごくよう》を欠かさなかった西山殿の〝志《こころざし》〟を、大聖人はとても称《しょう》賛《さん》されています（新1950ページ・全1476ページ参照）。

師《し》を求め駿河《するが》から身延《みのぶ》へ

文永《ぶんえい》11年（1274年）5月、大聖人は、佐渡流罪《さどるざい》の赦免後《しゃめんご》ほどなく、鎌倉《かまくら》から身延《みのぶ》に移《うつ》られます。しかし、幕府《ばくふ》の目が厳《きび》しく、駿河《するが》に足を延《の》ばして主立《おもだ》った門下《もんか》のところを訪《おとず》れることもできませんでした。

西山殿へ送られたお手紙では、「あなたの所に親しく行《い》ってさしあげたい。しかし、私が行《い》ったために、世間の人があれこれと言うようなことがあってはいけませんので、見合わせることにしました」（新1948ページ・全1473ページ、趣意）と仰《おお》せです。

さらに別のお手紙では、西山殿が駿河《するが》から身延《みのぶ》の大聖人のもとを訪《おとず》れたことを「過去世《かこせ》に、どのような善根《ぜんこん》を積まれた功徳《くどく》で、今、日蓮を訪《たず》ねてくださっているのであろうか」（新1945ページ・全1472ページ、通解）と称《たた》えられています。

これらのことを踏《ふ》まえると、西山殿は駿河国《するがのくに》の主要な門下《もんか》であり、駿河《するが》から身《み》

西山の地から雄大な富士を望む（静岡県富士宮市）

延《のぶ》の大聖人のもとを訪《おとず》れる求道心のある弟子でしたが、大聖人は西山殿の社会的な立場を考慮《こうりょ》され、御自身から訪《たず》ねることに慎重《しんちょう》を期されていたのではないかと思われます。

「善知識《ぜんちしき》」の大切さ

西山殿は、建治《けんじ》元年（1275年）6月の御述作《ごじゅっさく》とされる「三三蔵祈雨《さんさんぞうきうの》事《こと》」を頂《いただ》いています。その冒頭《ぼうとう》で大聖人は、樹木《じゅもく》と大風などの譬《たと》えを用《もち》いて「善知識《ぜんちしき》」の大切さを教えられています。
「そもそも、木を植える場合、大風が吹《ふ》いたとしても、強い支《ささ》えがあれば倒《たお》れません。もともと生《は》えていた木であっても、根の弱いものは倒《たお》れてしまいます。弱く不甲斐《ふがい》ない者であっても、助ける者が強ければ倒《たお》れません。少し壮健《そうけん》な者でも、独《ひと》りであれば悪い道では倒《たお》れてしまいます。……仏になる道は善知識《ぜんちしき》に勝《まさ》るものはありません。わが智慧《ちえ》は何の役に立つでしょう。ただ暑さ寒さを知るだけの智慧《ちえ》でもあるならば、善知識《ぜんちしき》が大切なのです」（新1940ページ・全1468ページ、通解）
「善知識《ぜんちしき》」とは、正しい仏法に導《みちび》いてくれる人、すなわち、「善き師匠《しょう》」であり、「善き同志《どうし》」であり、「善き友《よ》」のことを指します。仏になる道以外に、「生《しょう》死《じ》」という人生の根源的《こんげんてき》な苦悩《くのう》を乗《の》り越《こ》える方途《ほうと》はありません。だからこそ、「善知識《ぜんちしき》」を求めることが、何よりも大切であることを強調されているのです。

当時、民衆救済《みんしゅうきゅうさい》の大闘争《だいとうそう》を門下《もんか》に強く呼《よ》びかけられた大聖人に呼応《こおう》し、各地の門下《もんか》が妙法弘通《ぐつう》に立ち上がっていました。それにともない、大聖人一門を敵視《てきし》する高僧《こうそう》や幕府権力者《ばくふけんりょくしゃ》の働《はたら》きかけを背景《はいけい》に、四条金吾《しじょうきんご》、池上《いけがみ》兄弟ら大聖人の門下《もんか》には、主君や同僚《どうりょう》、父親などからさまざまな圧迫《あっぱく》が加えられていました。

特に、西山殿が住む駿河国《するがのくに》の富士《ふじ》方面は、幕府権力者《ばくふけんりょくしゃ》の領地《りょうち》が多い地域《ちいき》です。また、西山殿の一家は、日興上人《にっこうしょうにん》とゆかりの深い一族であるとも推測《すいそく》されています。おそらく、西山殿にも種々の圧力《あつりょく》が加えられたことでしょう。そのような逆境《ぎゃっきょう》の中、西山殿は大聖人にたびたび御供養《ごくよう》をお届《とど》けしていたのです。

そうした弟子の状況《じょうきょう》を踏《ふ》まえて、大聖人は西山殿に対し、どこまでも大聖人を根本《こんぽん》の師《し》と定《さだ》めて信心の正道《せいどう》を進み、同じ志《こころざし》を持つ同志《どうし》と学び励《はげ》まし合うよう教えられたものと拝《はい》されます。

他にも、師《し》に連《つら》なる同志《どうし》と信心を学ぶ大切さを、西山殿に教えられています。

建治《けんじ》・弘安期《こうあんき》の御執筆《ごしっぴつ》とされるお手紙の一部（断簡《だんかん》）では、「あなたは普段《ふだん》から求道心が厚《あつ》いので、ここでは法門の名称《めいしょう》だけを記《しる》しました。法門の内容については、同行の者から聞きなさい」（新1952㌻・全1477㌻、趣意）と仰《おお》せになっています。

「三三蔵祈雨事《さんさんぞうきうのこと》」では、「善知識《ぜんちしき》」を求めていくように訴《うった》えられるとともに、悪世末法で人々を悪道に陥《おとしい》れる「悪知識《あくちしき》」、すなわち「悪師《あくし》」を鋭《するど》く見破《みやぶ》るように戒《いまし》められています。当時、幕府《ばくふ》は蒙古《もうこ》（モンゴル帝国）再来《さいらい》に危機感《ききかん》を覚え、諸宗《しょしゅう》に蒙古調伏《もうこじょうぶく》の祈禱《きとう》を行わせていました。西山殿にも、さまざまな悪縁《あくえん》が身に迫《せま》っていたのかもしれません。

だからこそ、大聖人は西山殿の求道心あふれる信心を称《たた》えられる一方で、須利《しゅり》槃特《はんどく》（釈尊《しゃくそん》の弟子で、愚鈍《ぐどん》といわれたが仏の教えをひたむきに修行《しゅぎょう》し、覚《さと》りを得た）のように、よりいっそう純真《じゅんしん》な信心を貫《つらぬ》くように教えられたのです（新1945㌻・全

1472ジペー参照)。

嘆《なげ》きの中でも

この「三三蔵祈雨事《さんさんぞうきうのこと》」から3カ月ほど後に送られた御消息《ごしょうそく》に、「蒙古使御書《もうこのつかいごしょ》」があります。当時、西山殿は鎌倉《かまくら》での役務《えきむ》を終えて駿河《するが》に帰国。さっそく、大聖人へ使者を遣《つか》わして無事帰国を報告《ほうこく》し、御供養《ごくよう》の品々を届《とど》けました。これに対して、大聖人も直《ただ》ちに御返事を認《したた》められたのです。

この返書の冒頭《ぼうとう》で、「(西山殿が無事に帰国された)うれしさは、申し上げようもないほどである」(新1946ジペー・全1472ジペー、通解)と仰《おお》せです。

改めて確認すれば、当時は第1次蒙古襲来《もうこしゅうらい》(文永《ぶんえい》の役《えき》)の翌年《よくねん》にあたり、蒙古《もうこ》の再襲来《さいしゅうらい》への不安から、人心は荒《あ》れ、不穏《ふおん》な世相でした。

大聖人は、門下《もんか》の行き来《き》や安全に深く心を配られていました。西山殿が、そうした師《し》の心に応《こた》え、素早《すばや》く〝無事帰国〟をお伝えしたことで、大聖人も心から安心され、喜ばれたのです。まさに、うるわしい師弟《してい》の心の交流といえましょう。

西山殿は、この報告《ほうこく》の際《さい》、幕府《ばくふ》が蒙古《もうこ》からの使者を竜《たつ》の口《くち》で斬首《ざんしゅ》したことをお知らせしたようです（斬首《ざんしゅ》は9月7日）。それに対し、大聖人は、何の罪《つみ》もない蒙《もう》古《こ》の使いに対する幕府《ばくふ》の非人道的《ひじんどうてき》な暴挙《ぼうきょ》を嘆《なげ》き憤《いきどお》り、「不便《ふびん》に候《そうら》え」（新1946ページ・全1472ページ）と真情《しんじょう》を綴《つづ》られています。

さらに、このお手紙では、日本中が蒙古《もうこ》再来《さいらい》に大きな不安を抱《いだ》いており、日蓮門下《もんか》も例外ではないが、成仏《じょうぶつ》の大法を受持する日蓮門下《もんか》は、いかなる苦難《くなん》に遭《あ》ったとしても、必ず守られることを教えられているのです。

その具体例として、大聖人は「あなたは、すでに蒙古国《もうここく》から恩《おん》を受けているのですよ」（新1947ページ・全1473ページ、趣意）と仰《おお》せです。この年は、北条時頼《ほうじょうときより》の十三回忌《かいき》の行事として、西山殿の所領《しょりょう》で「御《おん》かり《狩》（祭礼行事として行われる狩猟《しゅりょう》）」

が予定されていましたが、蒙古襲来《もうこしゅうらい》の動きのために取りやめになりました。その結果、西山殿は、煩《わずら》わしい気遣《きづか》いや出費を免《まぬか》れることができたのだ、といわれているのです。

また、西山殿は本来、蒙古襲来《もうこしゅうらい》に備《そな》えて筑紫《つくし》（九州）の警護《けいご》へ派遣《はけん》されることになっていました。それが、どのような経緯《けいい》かは分かりませんが、警護《けいご》に就《つ》かずに済《す》んだのです。

「筑紫《つくし》へ行かないのは、あなたとして不本意でありましょうが、法華経によって守られたのでしょう。大変喜ばしいことであり、あなたに直接《ちょくせつ》お会いして、お祝いを申し上げたいぐらいです」（新1947ページ・全1473ページ、趣意）と仰《おお》せです。

池田先生は、この時の西山殿への励《はげ》ましについて、こう語られています。

「蒙古《もうこ》の問題で世情《せじょう》が騒然《そうぜん》とし、皆《みな》、苦悩《くのう》と不安におののいているなかで、大聖人は『あなたにとっては良いことでした』と、すべて積極的にとらえ、法華経に感謝《かんしゃ》していくよう教えられているのである。同じ現象《げんしょう》でも、どうとらえるかによって、その意味はまったく違《ちが》ってくる。その意味で、信心は、すべてを前向きに受け止めていく心の〝バネ〟とも言えまいか。とともに、どんなに変化に満ちた道程《みちのり》も、一念の〝ハンドル〟によって、正しき方向へ、歓喜《かんき》と満足の方向へ、そして幸福の方向へと、力強《ちからづよ》く回転させていく。これが妙法なのである」(『池田大作全集』第75巻)と。

純白《じゅんぱく》な雪のように

大聖人は、建治《けんじ》2年(1276年)のお手紙でも、悪縁《あくえん》に紛動《ふんどう》されることなく、確固《かっこ》たる信心を貫《つらぬ》き、成仏《じょうぶつ》を遂《と》げるように西山殿を励《はげ》まされています。

「雪は極《きわ》めて白いものであるから、染《そ》めようにも染《そ》めることはできません。漆《うるし》は極《きわ》めて黒いものであるから、白くなることはありません。雪や漆《うるし》と違《ちが》って、人の心は移《うつ》ろいやすく、善《ぜん》にも悪《あく》にも染《そ》められるのです。法華経に染《そ》められれば、必ず仏になることができます。あなたは、純白《じゅんぱく》な雪のように、混《ま》じりけのない黒《くろ》漆《うるし》のように、純真《じゅんしん》な信心を貫《つらぬ》いていきなさい」（新1951ジペー・全1474ジペー、趣意）

〝師《し》から繰《く》り返《かえ》し教えられた純真《じゅんしん》な信心の道を、ただ、ひたむきに真《ま》っ直《す》ぐ進もう〟――深く決意した西山殿は、悪縁《あくえん》に紛動《ふんどう》されることなく、障魔《しょうま》をはね返し、駿河《するが》の門下《もんか》の模範《もはん》となっていったことでしょう。

【関連御書】

西山殿宛て：「三三蔵祈雨事」（新1940ジペー・全1468ジペー）、「蒙古使御書」（新1946ジペー・全1472ジペー）、「宝軽法重事」（新1948ジペー・全1474ジペー）、「西山殿御返事（雪漆御書）」（新1951ジペー・全1474ジペー）、「西山殿御返事（名ばかり申し候の事）」（新1952ジペー・全1477ジペー）

【参考】

『勝利の経典「御書」に学ぶ』第15巻（「三三蔵祈雨事」講義）

どこまでも寄《よ》り添《そ》ってくれる師匠《ししょう》がいて、どんな時にも励《はげ》まし合《あ》える同志《どうし》がいる。これほど幸せなことはありません。日蓮大聖人の一門《いちもん》を幾度《いくど》も襲《おそ》った大難《だいなん》の中で、同志《どうし》と心を合わせて師匠《ししょう》を支《ささ》え抜《ぬ》いた門下《もんか》の一人に、曽谷教信《そやきょうしん》がいます。

曽谷教信《そやきょうしん》

下総《しもうさ》

社会的な立場

曽谷教信《そやきょうしん》は、下総国葛飾郡八幡荘曽谷《しもうさのくにかつしかぐんやわたのしょうそや》（蘇谷《そや》）郷《ごう》（千葉県市川市曽谷《そや》）に住んでいた門下《もんか》です。日蓮大聖人から「曽谷《そや》（二郎《じろう》）入道《にゅうどう》」や「教信御房《きょうしんごぼう》」、「法蓮上《ほうれんしょう》人《にん》」とも呼《よ》ばれています。入道《にゅうどう》とは、出家《しゅっけ》して僧《そう》や尼《あま》になることのほか、在家《ざいけ》のままで髪《かみ》を剃《そ》るなど出家《しゅっけ》者の姿《すがた》をして仏道修行《ぶつどうしゅぎょう》をすることも意味します。御房《ごぼう》は僧《そう》の敬称《けいしょう》です。

教信《きょうしん》の社会的な立場については、曽谷《そや》に所領《しょりょう》を持っていたこと以外、定《さだ》かではありません。それでも、富木常忍《ときじょうにん》と同様に、下総国《しもうさのくに》（千葉県北部とその周辺）の守《しゅ》護《ご》（国ごとに置かれ、軍事・行政を統括《とうかつ》する職）を務《つと》める千葉氏の家臣《かしん》であったと推《すい》測《そく》できます。また、幕府《ばくふ》に仕《つか》える役人、中でも訴訟審理《そしょうしんり》などを司《つかさど》る問注所《もんちゅうじょ》の役人であった可能性《かのうせい》なども指摘《してき》されています。越中国《えっちゅうのくに》（富山県）にも領地《りょうち》を持っており、経済的《けいざいてき》に恵《めぐ》まれていたようです。

教信《きょうしん》は、大聖人から漢文体《かんぶんたい》のお手紙を送られた門下《もんか》の一人で、教養と学識《がくしき》も豊《ゆた》かであったことがうかがえます。

入信の時期

入信した時期も明らかではありませんが、大聖人が「立正安国論《りっしょうあんこくろん》」を提出《ていしゅつ》された文応《ぶんおう》元年（1260年）頃と考えられます。教信《きょうしん》は、大聖人より2歳《さい》年下の元仁《げんにん》元年（1224年）生まれという説がありますので、この通りであれば37歳《さい》頃に入信したことになります。

いずれにしても、教信《きょうしん》は日頃《ひごろ》から富木常忍《ときじょうにん》と交流があったと考えられることから、大田乗明《おおたじょうみょう》らと共《とも》に入信したと推測《すいそく》されています。というのも、富木常忍《ときじょうにん》は下《しも》総国葛飾郡八幡荘若宮《うさのくにかつしかぐんやわたのしょうわかみや》（千葉県市川市若宮）に住んでおり、教信《きょうしん》の住む曽谷《そや》とは非《ひ》常《じょう》に近い距離《きょり》であったからです。また、大田乗明《おおたじょうみょう》も八幡荘中山《やわたのしょうなかやま》（同中山）に住んでおり、やはり教信《きょうしん》と近い関係にありました。

戦国時代のものとされる曽谷城の跡地には土塁と堀がわずかに残る。かつて、この一帯に曽谷一族が居住した（千葉県市川市）

入道した時期

現在伝わっているお手紙の中で、教信《きょうしん》が大聖人から頂《いただ》いた最初のものは、文永《ぶんえい》8年（1271年）10月の「転重軽受法門《てんじゅうきょうじゅほうもん》」です。宛名《あてな》が「蘇《そ》谷《や》入道殿」になっていますので、教信はこの時すでに入道していたことになります。一方、同年1月に秋元《あきもと》殿《どの》に送られたお手紙（「秋元殿御返《あきもとどのごへん》事《じ》」）では「曽谷殿《そやどの》」（新1455ページ・全1070ページ）と呼ばれています。

このことから教信は、同年1月から

10月までの間に入道した可能性が考えられます。

大田乗明《おおたじょうみょう》らと団結《だんけつ》

曽谷教信《そやきょうしん》は、富木常忍《ときじょうにん》を中心に、大田乗明《おおたじょうみょう》ら下総国《しもうさのくに》の門下《もんか》と連携《れんけい》を密《みつ》にしながら信心に励《はげ》んでいきました。

文永《ぶんえい》8年（1271年）の竜《たつ》の口《くち》の法難《ほうなん》の直後、相模国《さがみのくに》の依智《えち》（神奈川県厚木《あつぎ》市北部）に滞在《たいざい》されていた大聖人のもとに、下総国《しもうさのくに》の門下《もんか》が馳《は》せ参《さん》じました。その真《ま》心《ごころ》の行動に応《こた》えて認《したた》められたお手紙が「転重軽受法門《てんじゅうきょうじゅほうもん》」です。宛先《あてさき》は、大田乗明《おおたじょうみょう》、曽谷教信《そやきょうしん》、金原法橋《かなばらほっきょう》の3人の連名になっています。

その冒頭《ぼうとう》で大聖人は、修利般特《しゅりはんどく》[1]という釈尊《しゃくそん》の門下《もんか》の名前が、兄弟二人を指す場合もあれば、兄弟のどちらか一人を指す場合もあるということを述《の》べられます。そして、「あなた方3人（大田乗明《おおたじょうみょう》、曽谷教信《そやきょうしん》、金原法橋《かなばらほっきょう》）もまた、これと同じです。一人来られたならば、３人一緒《いっしょ》に来られたと思っています」（新１３５６ページ・全１０００ページ、通解）と仰《おお》せです。

この時期は、一門を弾圧《だんあつ》しようとする勢力《せいりょく》によって、鎌倉《かまくら》を中心に放火や殺人の冤罪《えんざい》が門下《もんか》に被《かぶ》せられるなど、さまざまな弾圧《だんあつ》が画策《かくさく》され、多くの門下《もんか》が退転《たいてん》しました。実際《じっさい》に大聖人のもとを訪《おとず》れたのが３人を代表した一人なのか、あるいは３人全員なのかは定《さだ》かではありません。いずれにしても、緊迫《きんぱく》する状況《じょうきょう》にあって、３人が心を合わせて信心に励《はげ》んでいくよう指導《しどう》されたと拝《はい》されます。

また、大聖人が文永《ぶんえい》10年（１２７３年）４月に流罪《るざい》の地・佐渡《さど》から富木常忍《ときじょうにん》に送られた「観心本尊抄送状《かんじんのほんぞんしょうおくりじょう》」には、「観心《かんじん》の法門を少々注釈《ちゅうしゃく》して、大田乗明《おおたじょうみょう》殿・

1　須利槃特《しゅりはんどく》。「すりはんどく」とも読む。愚鈍《ぐどん》といわれたが、釈尊《しゃくそん》から受けたわずかな教えをひたむきに修行《しゅぎょう》し、学ぶべきものも断《だん》ずべき煩悩《ぼんのう》もないとされる阿羅漢果《あらかんか》を得たという。

曽谷《そや》教信《きょうしん》御房《ごぼう》らに差し上げる」（新147ページ・全255ページ、通解）とあり、教信《きょうしん》の名が大田《おおた》乗明《じょうみょう》と並《なら》んで記《しる》されています。

さらに、身延入山《みのぶにゅうざん》の翌年《よくねん》の文永《ぶんえい》12年（1275年）3月にも、教信《きょうしん》・乗明《じょうみょう》の両人は、大聖人からお手紙を頂《いただ》いています（「曽谷入道殿許御書《そやにゅうどうどのもとごしょ》」、文永《ぶんえい》12年以前の御執《ごしっ》筆《ぴつ》の可能性《かのうせい》もあります）。

その中で大聖人は、度重《たびかさ》なる法難《ほうなん》の中で、所持していた経典類《きょうてんるい》を失《うしな》うなどしてしまったため、二人が持つ越中国《えっちゅうのくに》の領地内《りょうちない》やその周辺の寺々《てらでら》に所蔵《しょぞう》されている聖教《しょうぎょう》（経典《きょうてん》などの書籍《しょせき》）の収集《しゅうしゅう》を依頼《いらい》されています。その際《さい》、「両人共《りょうにんとも》に大檀那《だいだんな》たり」（新1409ページ・全1038ページ）と仰《おお》せです。檀那《だんな》とは、在家《ざいけ》の信仰者《しんこうしゃ》で仏教教《ぶっきょうきょう》団《だん》を経済的《けいざいてき》に支《ささ》える人のことです。教信《きょうしん》も乗明《じょうみょう》も、大聖人の御化導《ごけどう》において重要な役割《やくわり》を果《は》たしていました。お手紙の最後でも「今、二人が互《たが》いに励《はげ》まし、日蓮の願いに力《ちから》をそえて仏の金言《きんげん》を試《こころ》みなさい」（新1410ページ・全1039ページ、通解）

と、重《かさ》ねて呼《よ》びかけられています。

池田先生は、「師《し》に仕《つか》え、師《し》を守り、師《し》の大願を実現《じつげん》することが、いかに崇高《すうこう》な人生であるか。仏法の師弟《してい》に生きることは、永遠《えいえん》の妙法に則《のっと》り、不滅《ふめつ》の常楽我《じょうらくが》浄《じょう》[2]の生命を謳歌《おうか》することになる。それが人間として最《もっと》も尊極《そんごく》な使命を果《は》たしゆく歓喜《かんき》の大道《だいどう》です」（『希望の経典「御書」に学ぶ』第3巻）と講義《こうぎ》されています。教《きょう》信《しん》は、乗明《じょうみょう》と共《とも》に力《ちから》を合わせて、大聖人の厚《あつ》い信頼《しんらい》に応《こた》えようと決意したことでしょう。

竜《たつ》の口《くち》の法難《ほうなん》・佐渡流罪《さどるざい》という大聖人の最大の法難《ほうなん》にあって一心に師匠《ししょう》をお守りしようと努《つと》め、大聖人の身延入山《みのぶにゅうざん》後《ご》も、乗明《じょうみょう》らと団結《だんけつ》し、強盛《ごうじょう》な信心を貫《つらぬ》いた

2　仏にそなわる徳目《とくもく》。①常《じょう》とは仏の境地《きょうち》が永遠不変《えいえんふへん》であること。②楽《らく》とは無上の安楽のこと。③我《が》とは自立していて他から何の束縛《そくばく》も受けないこと。④浄《じょう》とは煩悩《ぼんのう》のけがれのない清浄《せいじょう》な境地《きょうち》をいう。

のです。

父への孝養《こうよう》

さて、曽谷教信《そやきょうしん》の人柄《ひとがら》をよく示《しめ》すものとして、大聖人が建治《けんじ》元年（1275年）に教信《きょうしん》に与《あた》えられたお手紙「法蓮抄《ほうれんしょう》」（「法蓮《ほうれん》」は教信《きょうしん》の法名《ほうみょう》とされます）がありま す。それによると、教信《きょうしん》は、父が死去して以来十三回忌《かいき》に至《いた》るまで、父のために自我偈《じがげ》を読誦《どくじゅ》し続けています。計算すると、教信《きょうしん》の父は弘長《こうちょう》3年（1263年）に死去したことが分かります。教信《きょうしん》が40歳の頃でしょうか。一説では教信《きょうしん》の父は念仏《ねんぶつ》の信者であったといわれ、教信《きょうしん》は、その冥福《めいふく》を心から願っていたことでしょう。

「自我偈《じがげ》」とは、法華経如来寿量品《にょらいじゅりょうほん》第16の「自我得仏来《じがとくぶつらい》」から「速成就仏身《そくじょうじゅぶっしん》」までの偈《げ》（経典《きょうてん》の中で詩句《しく》の形式を用《もち》いて仏の徳《とく》を賛嘆《さんたん》したり、法理を説いたりしたもの）のことです。

大聖人は、この自我偈《じがげ》読誦《どくじゅ》の功徳《くどく》について、「今、施主《せしゅ》（教信《きょうしん》）が13年間、毎朝、読誦《どくじゅ》してきた自我偈《じがげ》の功徳《くどく》は、ただ仏と仏のみが、知《し》り究《きわ》めることができるのです。そもそも法華経は、釈尊《しゃくそん》一代の教えの骨髄《こつずい》です。自我偈《じがげ》は法華経28品の魂《たましい》です」（新1425ページ・全1049ページ、通解）と、凡夫《ぼんぷ》の知恵《ちえ》では計《はか》り知れないほど大きいと称《たた》えられています。

そして、「教信《きょうしん》が毎朝唱《とな》える自我偈《じがげ》の五百十字の一つ一つが日輪《にちりん》に変《へん》じ、さらに仏と変《か》わり、大光明《だいこうみょう》となって大宇宙《だいうちゅう》に遍満《へんまん》し、どのような所であっても亡《な》き父のいらっしゃる所まで探《さが》しあてて、照らしていきます」（新1426ページ・全1050ページ、趣意）と述《の》べられるとともに、日々、妙法の供養《くよう》を重《かさ》ねてきた教信《きょうしん》の信仰《しんこう》の姿勢《しせい》を「これこそ真実の孝養《こうよう》なのです」（新1427ページ・全1051ページ、通解）と称《しょう》賛《さん》されています。

このお手紙で大聖人は、教信《きょうしん》のことを「法蓮上人《ほうれんしょうにん》」（新1419ページ・全1045ページ等）と呼ばれています。このこともあわせて、大聖人の激励《げきれい》を受けた教信《きょうしん》は、亡《な》き父の成仏《じょうぶつ》を確信《かくしん》し、信心を深めていったことでしょう。

教学力《きょうがくりょく》をそなえる

曽谷教信《そやきょうしん》は、学識豊《がくしきゆた》かで求道心の強い人でした。

たとえば、先ほど紹介《しょうかい》した富木常忍《ときじょうにん》に送られた「観心本尊抄《かんじんのほんぞんしょう》」の送状《おくりじょう》に、大田《おおた》乗明《じょうみょう》と共《とも》に曽谷教信《そやきょうしん》の名前が記《しる》されていることから、教信《きょうしん》が真剣《しんけん》に仏法を求めている様子がうかがえます。

「曽谷入道殿許御書《そやにゅうどうどのもとごしょ》」も、「観心本尊抄《かんじんのほんぞんしょう》」と同様に漢文体《かんぶんたい》で認《したた》められています。

これは、末法に流布《るふ》すべき要法が、地涌《じゆ》の菩薩《ぼさつ》に託《たく》された南無妙法蓮華経であることを明らかにされたもので、相当な教学力《きょうがくりょく》がなければ、理解《りかい》することのできないお手紙です。

大聖人はわざわざ草稿《そうこう》を作り、推敲《すいこう》を重《かさ》ねて著《あらわ》されており、お手紙は上下2巻《かん》45紙にわたっています。このことからも、教信《きょうしん》が求道心と学識《がくしき》、教学力《きょうがくりょく》をもつ人であったことが推測《すいそく》されます。

御供養《ごくよう》の誠《まこと》を尽《つ》くす

教信《きょうしん》は、現在伝《げんざいつた》わる御書から拝《はい》すれば、大聖人に対して、御供養《ごくよう》の誠《まこと》を尽《つ》くしたことが分かります。

建治《けんじ》3年（1277年）11月には、身延《みのぶ》の大聖人のもとに「小袖《こそで》（袖口《そでぐち》の狭《せま》い着物）二重《ふたかさ》ね」「鵞目十貫《がもくじっかん》」「扇《おうぎ》百本」（新1436ジ・全1057ジ）をお届《とど》けしています。これは、一回の御供養《ごくよう》としては際立《きわだ》った多さです。また、門下《もんか》からの御供《ごく》養《よう》の品々には生活必需品《ひつじゅひん》ともいうべき食料や衣料が多く見られる中にあって、この「扇百本《おうぎ》」は、おそらく法会用《ほうえよう》と思われ、教信《きょうしん》が大聖人から信頼《しんらい》されている様子を感じさせるものがあります。

教信《きょうしん》の子・道宗《どうそう》も、弘安《こうあん》2年（1279年）に「焼き米二俵《たわら》」（新1439ジペー・全1059ジペー）を御供養《ごくよう》しています。大聖人は同年8月に送られたその返礼の中で、「あなたが去る3月の御仏事《ごぶつじ》に、たくさんの銭《ぜに》を供養《くよう》されたので、今年《ことし》は百余人をこの山中《さんちゅう》で養い、昼夜十二時にわたって法華経を読誦《どくじゅ》したり、講義《こうぎ》したりするほどです。この姿《すがた》は、末代悪世においては世界第一の仏事《ぶつじ》というべきです」（新1447ジペー・全1065ジペー、通解）と感謝《かんしゃ》を綴《つづ》られています。

親子2代にわたって、真心《まごころ》からの御供養《ごくよう》を重《かさ》ねた姿《すがた》に、純真《じゅんしん》な求道心を見ることができます。

「後生《ごしょう》は必ず仏国《ぶっこく》に」

弘安《こうあん》4年（1281年）5月、「文永《ぶんえい》の役《えき》」に続いて蒙古《もうこ》（モンゴル帝国《ていこく》）が再《ふた》び日本に襲来《しゅうらい》します（弘安《こうあん》の役《えき》）。このため、教信《きょうしん》も戦地に赴《おもむ》かなければならないかもしれないという状況《じょうきょう》になったようです。

同年7月、教信《きょうしん》は大聖人に自身の状況《じょうきょう》をご報告《ほうこく》したと考えられます。その手紙が届《とど》いた翌日《よくじつ》、大聖人は励《はげ》ましの御返事を送られています（「曽谷二郎入道殿御返事《そやじろうにゅうどうどのごへんじ》」）。

JR市川駅近くから曽谷を望む。教信は下総の地で大田乗明らと団結して信心に励んだ（千葉県市川市）

「思えばあなたと日蓮とは師匠《ししょう》と檀那《だんな》の関係です。しかし、凡夫《ぼんぷ》としての肉身《にくしん》は国主《こくしゅ》に従《したが》うものですので、あなたもこの蒙古襲来《もうこしゅうらい》の難《なん》に遭《あ》おうとしているのでしょうか。あなたの立場《たちば》を思うと感涙《かんるい》を抑《おさ》えることができません。いずれの代《よ》に対面を遂《と》げることができるでしょうか。ただ一心に霊山浄土《りょうぜんじょうど》へ往《い》くことを期されるべきでしょう。たとえ身はこの難《なん》に遭《あ》ったとしても、あなたの心は仏の心と同じです。今生《こんじょう》は修羅道《しゅらどう》に交《まじ》わったとしても、後生《ごしょう》は必ず仏国《ぶっこく》に居住《きょじゅう》するでしょう」（新1454ジペー・全1069ジペー、通解）

〝感涙《かんるい》を抑《おさ》えることができない〟とは、国主《こくしゅ》に従《したが》わなければならない身《み》を嘆《なげ》く教信《きょうしん》に対して、こうした苦しみに遭《あ》うことによって、深い罪業《ざいごう》を消滅《しょうめつ》できるとの意味であると拝《はい》せます。

この年、大聖人は春から病気を患《わずら》われていました（新1926ジペー・全1583ジペー参照）。教信《きょうしん》からの手紙と同じ頃を含《ふく》めて富木常忍《ときじょうにん》から幾度《いくど》か手紙が届《とど》いても、返事を書けなかったと仰《おお》せになっています（新1349ジペー・全993ジペー参照）。

そのような時に、大聖人は、戦地に赴《おもむ》くかもしれないという教信《きょうしん》の不安に寄《よ》り添《そ》うように筆を執《と》られたのです。戦地に赴《おもむ》いたために、たとえ今生《こんじょう》の別れが訪《おとず》れようとも、霊山浄土《りょうぜんじょうど》でお会いしましょう——弟子の幸福を断言《だんげん》しつつ、三世にわたる縁《えにし》を思わせる言葉に、教信《きょうしん》は師弟《してい》の道を歩む喜びを深くかみ締《し》めたことでしょう。

なお、大聖人が「曽谷二郎入道殿御返事《そやじろうにゅうどうどのごへんじ》」を認《したた》められた閏《うるう》7月1日、[3]前夜からの暴風《ぼうふう》により蒙古軍《もうこぐん》はほぼ壊滅《かいめつ》しました。教信《きょうしん》はその後、10年ほどを経《へ》て亡《な》くなったと伝えられています。

3　旧暦《きゅうれき》（太陰太陽暦《たいいんたいようれき》）で、月の運行による暦年《れきねん》と太陽の運行によって定《さだ》まる季節とのずれを調整するために、ずれが1カ月になると、同じ月を2度繰《く》り返《かえ》して1年を13カ月とした。この月を閏月《うるうづき》という。

【関連御書】

曽谷教信宛て：「法蓮抄」（新1412ページ・全1040ページ）、「曽谷二郎入道殿御返事」（新1448ページ・全1065ページ）

曽谷教信・大田乗明宛て：「曽谷入道殿許御書」（新1390ページ・全1026ページ）

大田乗明・曽谷教信・金原法橋宛て：「転重軽受法門」（新1356ページ・全1000ページ）

曽谷道宗宛て：「曽谷殿御返事（輪陀王の事）」（新1439ページ・全1059ページ）

【参考】

『希望の経典「御書」に学ぶ』第2巻（「転重軽受法門」講義）、『勝利の経典「御書」に学ぶ』第20巻（「法蓮抄」講義）、『人間革命の宗教』（「師子王の心」の章、「心こそ大切」の章、「法蓮抄」を講義／「希望」の章、「転重軽受法門」を講義）

使命の道を勇敢《ゆうかん》に

——池田先生の指針から

私は、日々、戸田先生の指導を思い起こし、心で先生と対話しながら、広宣流布の指揮《しき》を執《と》ってまいりました。

戸田先生が、豊島《としま》公会堂で一般講義をされたことは、あまりにも有名であり、皆さんもよくご存じであると思います。

ある時、「曾谷殿御返事《そやどのごへんじ》」の講義をしてくださった。「此《この》法門を日蓮申《もう》す故に忠言《ちゅうげん》耳に逆《さから》う道理なるが故に流罪《るざい》せられ命にも及《およ》びしなり、然《しかれ》どもいまだこりず候《そうろう》」(全1056ジペー・新1435ジペー)の箇所にいたった時、先生は、「これだよ。〝いまだこりず候《そうろう》〟だよ」と強調され、こう語られたことがあります。

「私どもは、もったいなくも日蓮大聖人の仏子である。地涌《じゆ》の菩薩《ぼさつ》である。なれば、わが創価学会の精神もここにある。不肖《ふしょう》私も広宣流布のためには、〝いまだこりず候《そうろう》〟である。

大聖人の御遺命《ごゆいめい》を果《は》たしゆくのだから、大難の連続であることは、当然、覚悟しなければならない！　勇気と忍耐《にんたい》をもつのだ」――その言葉は、今でも私の胸に、鮮烈《せんれつ》に残っております。

人生には、大なり小なり、苦難はつきものです。ましてや広宣流布の大願に生きるならば、どんな大難が待ち受けているかわかりません。予想だにしない、過酷《かこく》な試練があって当然です。しかし、私どもは、この〝いまだこりず候《そうろう》〟の精神で、自《みずか》ら決めた使命の道を勇敢《ゆうかん》に邁進《まいしん》してまいりたい。もとより私も、その決心でおります。親愛なる同志の皆様方も、どうか、この御金言《ごきんげん》を生涯の指針として健闘《けんとう》し抜いてください。

（小説『新・人間革命』第29巻「清新」の章）

秋元太郎兵衛尉《あきもとたろうひょうえのじょう》

下総《しもうさ》

下総国《しもうさのくに》（千葉県北部とその周辺）の秋元太郎兵衛尉《あきもとたろうひょうえのじょう》という門下《もんか》を紹介《しょうかい》します。秋《あき》元殿《もとどの》に送られた御書で現在《げんざい》まで伝わるのは2編《へん》だけです。それでも、師匠《ししょう》や同志《どうし》を思う秋元殿《あきもとどの》の真心《まごころ》は、時を超《こ》えて輝《かがや》いています。

下総《しもうさ》の武士《ぶし》

秋元太郎兵衛尉《あきもとたろうひょうえのじょう》は、下総国《しもうさのくに》の武士《ぶし》で、同国埴生西条《はぶさいじょう》（千葉県白井《しろい》市と印西《いんざい》市北部）に住んでいたと伝えられています。「秋元《あきもと》」という名字は、上総国周《かずさのくにす》東郡秋元郷《とうぐんあきもとごう》

（千葉県君津《きみつ》市北西部）に由来《ゆらい》すると考えられます。
与《あた》えられた御書の内容《ないよう》から、秋元殿《あきもとどの》は、日蓮大聖人が弘教《ぐきょう》の戦いを開始された初期に入信したと考えられます。その動機について、彼《かれ》はこう述《の》べています。
「末法の始めの500年には、どのような法を弘《ひろ》めたらよいかと思っていましたが、（日蓮）聖人《しょうにん》の仰《おお》せを承《うけたまわ》ったところ、法華経の題目に限《かぎ》って弘《ひろ》めるべきであると聴聞《ちょうもん》して、御弟子《みでし》の一分《いちぶん》となりました」（新1455㌻・全1070㌻、通解）
このことから、秋元殿《あきもとどの》は仏法の素養《そよう》が高い人物であったことが分かります。末法という悪世において、自分の人生を真剣《しんけん》に模索《もさく》していた中、「正しい法」「正しい師匠《ししょう》」に巡《めぐ》り合《あ》えた喜びが伝わってきます。

地域《ちいき》の同志《どうし》と団結《だんけつ》

大聖人は秋元殿《あきもとどの》に「師檀《しだん》となることは三世《さんぜ》の契《ちぎ》り」（新1456㌻・全1070

ページ）と仰《おお》せになり、大聖人と秋元殿《あきもとどの》の縁《えにし》は今世《こんぜ》限《かぎ》りのものではなく、三世（過去《かこ》世《せ》・現在世《げんざいせ》・未来世《みらいせ》）にわたるものであることを教えられています。

そこでは、法華経の「いたるところの諸仏《しょぶつ》の土《ど》に、常《つね》に師《し》とともに生まれる」（化城喩品第《けじょうゆほんだい》7、法華経３１７ページ、通解）、「もし法の師《し》に親《した》しむなら、速《すみ》やかに菩薩《ぼさつ》の道《どう》を得ることができる。この師《し》に随順《ずいじゅん》して学ぶなら、ガンジス川の砂《すな》の数ほどの仏にお会いすることができる」（法師品第《ほっしほんだい》10、同３７１ページ、通解）の文《もん》を引かれ、師《し》

秋元殿が住んでいたとされる千葉県白井市を走る北総線

弟《てい》の縁《えにし》の深さと、正しい師匠《ししょう》に学ぶことの大切さを示《しめ》されます。

この甚深《じんじん》の御指導《ごしどう》に、秋元殿《あきもとどの》が不退《ふたい》の決意をさらに強めていったことは想像《そうぞう》に難《かた》くありません。

秋元殿《あきもとどの》には、富木常忍《ときじょうにん》をはじめ曽谷教信《そやきょうしん》や大田乗明《おおたじょうみょう》といった、支《ささ》え合《あ》う同志《どうし》がいました。

佐渡流罪《さどるざい》以前、文永《ぶんえい》8年（1271年）に頂《いただ》いたとされるお手紙（「秋元殿御返事《あきもとどのごへんじ》」、新1455ページ・全1070ページ）には、「曽谷教信《そやきょうしん》に教えた詳《くわ》しい内容《ないよう》を聞くように」との御指示《ごしじ》があります。

また、弘安《こうあん》3年（1280年）に大田乗明《おおたじょうみょう》が頂《いただ》いたお手紙（「慈覚大師事《じかくだいしじ》」、新1377ページ・全1019ページ）では、これと同じ日に秋元殿《あきもとどの》に宛《あ》てて認《したた》められたお手紙（「秋元御書《あきもとごしょ》」）を、乗明《じょうみょう》が見るようにとの御指示《ごしじ》があります。

こうしたことから、秋元殿《あきもとどの》が大田乗明《おおたじょうみょう》や曽谷教信《そやきょうしん》と連携《れんけい》を密接《みっせつ》に図《はか》りながら、大聖人の竜《たつ》の口《くち》の法難《ほうなん》・佐渡流罪《さどるざい》という、大聖人門下《もんか》にとっても最大の法難《ほうなん》を乗《の》り越《こ》え、さらに身延入山後《みのぶにゅうざんご》も団結《だんけつ》していったことがうかがえます。

堅固《けんご》な信心のあらわれ

秋元殿《あきもとどの》の信心がいかに揺《ゆ》るぎないものであったか、それを物語る出来事があります。弘安《こうあん》3年（1280年）1月、秋元殿《あきもとどの》は筒御器《つつごき》30個《こ》と、さかづき60枚《まい》を、雪が降《ふ》り積《つ》もる身延《みのぶ》におられる大聖人に御供養《ごくよう》しました。「筒御器《つつごき》」とは、酒や水を入れる筒状《つつじょう》の食器のことです。

大聖人は御返事《ごへんじ》「秋元御書《あきもとごしょ》」で、この筒御器《つつごき》について「今この筒《つつ》の御器《ごき》は、固く厚く候上《そうろう》、漆浄《うるしきよ》く候《そうら》えば、法華経の御信力《ごしんりき》の堅固《けんご》なることを顕《あらわ》し給《たも》うか」（新1458ページ・全1072ページ）と仰《おお》せです。

おそらく秋元殿《あきもとどの》は、特に作りのしっかりした器《うつわ》を選び、それにこれ以上ないというほど丹念《たんねん》に漆《うるし》を塗《ぬ》らせて御供養《ごくよう》したと思われます。この筒御器《つつごき》を手にされた大聖人は、そこに込《こ》められた秋元殿《あきもとどの》の堅固《けんご》な信心を称賛《しょうさん》されています。

そして大聖人は、これは、〝諸々《もろもろ》の仏が成仏《じょうぶつ》した根源《こんげん》の種子《しゅし》である妙法への御《ご》供養《くよう》であるから、その功徳《くどく》により、成仏《じょうぶつ》という崩《くず》れない幸福境涯《きょうがい》を得ることは間《ま》違《ちが》いない〟と仰《おお》せになっています。

◇

ところで、御供養《ごくよう》の食器類は何に使われたのでしょうか。

他の御書には、身延《みのぶ》の大聖人の御草庵《ごそうあん》に「人が少ない時は40人、多い時には60人になる」（新1496ページ・全1099ページ、通解、弘安《こうあん》元年御執筆《ごしっぴつ》）と記《しる》されています。御草庵《ごそうあん》の周辺に定住していた出家《しゅっけ》の弟子を養《やしな》い、各地からやって来《き》た門下《もんか》の世話をする。また、各種会合を執《と》り行《おこな》う際《さい》にも、多くの物資《ぶっし》や食料が必要だったと推《すい》察《さつ》されます。

秋元殿《あきもとどの》が御供養《ごくよう》した食器も、こうした門下《もんか》たちのための日用品の一つになったと考えられます。大聖人やその教団《きょうだん》をお守りしようという秋元殿《あきもとどの》の真心《まごころ》は、厳寒《げんかん》の身延《みのぶ》で過《す》ごす門下《もんか》たちにも、喜びをもたらしたことでしょう。

【関連御書】
秋元太郎兵衛尉宛て：「秋元殿御返事」（新1455ジペー・全1070ジペー）、「秋元御書」（新1457ジペー・全1071ジペー）

【参考】
「世界を照らす太陽の仏法」第4回（2015年8月号「大白蓮華」、「秋元殿御返事」講義）

師弟《してい》は「三世の契《ちぎ》り」

――池田先生の講義から

「師匠《ししょう》となり、弟子となることは三世にわたる約束である」――仏法の師弟《してい》の絆《きずな》は永遠《えいえん》であることを教えられています。今世で初めて弟子となったのではなく、三世の契《ちぎ》りなのです。永遠《えいえん》の絆《きずな》であると聞いた門下《もんか》の感動と歓喜《かんき》は、いかばかりだったでしょうか。

また、この一節は牧口先生が傍線《ぼうせん》を引いて拝《はい》されていた御文《ごもん》であり、日蓮仏法、そして学会精神《せいしん》の根本《こんぽん》を示《しめ》す大変に重要な仰《おお》せです。

仏教《ぶっきょう》は「師弟《してい》の宗教《しゅうきょう》」です。師弟《してい》がなければ、民衆《みんしゅう》を幸福にする広宣流布の実践《じっせん》は成り立ちません。師匠《ししょう》は、民衆《みんしゅう》のために戦う仏の境涯《きょうがい》を、なんとしても弟子に伝えたい。弟子は、その師匠《ししょう》の生き方を、わが生き方として貫《つらぬ》き通《とお》すなかで、不二《ふに》の境涯《きょうがい》を自身の人生に厳然《げんぜん》と確立《かくりつ》していく。師《し》と一体となって戦う民衆《みんしゅう》が出現《しゅつげん》することが、人間の境涯《きょうがい》を高め、人類の宿命を転換《てんかん》する大道《だいどう》となるのです。

弟子を自分と同じ境地《きょうち》に導《みちび》く師匠《ししょう》。また、師匠《ししょう》と同じ生き方を力強《ちからづよ》く歩む弟子。師弟共戦《していきょうせん》――共《とも》に戦うことが師弟不二《していふに》の本義《ほんぎ》です。

そして、この師弟《してい》の絆《きずな》は、今世だけのものではありません。師弟《してい》は「三世の契《ちぎ》り」であることを、明確《めいかく》に教えているのが法華経です。

とりわけ法華経の焦点《しょうてん》は、末法という法滅《ほうめつ》の時代の救済《きゅうさい》にあります。人々が正法から遠ざかり、無明《むみょう》が増長《ぞうちょう》する闘諍《とうじょう》の時代です。この時に、正しき法を、正しく求めて、その法を説く正しき師匠《ししょう》と出会う。そして、その師匠《ししょう》と共《とも》に不二《ふに》の不惜《ふしゃく》と誓願《せいがん》の人生を貫《つらぬ》く。

そう決定《けつじょう》した人にとって、師弟《してい》の縁《えにし》は、現世《げんせ》だけのものではなく、過去世《かこせ》から未来世《みらいせ》にわたっても続くものなのです。仏と同じ慈悲《じひ》の行動を、自身の振《ふ》る舞《ま》いで体現《たいげん》し、根源《こんげん》の地涌《じゆ》の使命を発揮《はっき》しているからです。それゆえに、三世永遠《えいえん》に連《つら》なっている本来の境地《きょうち》を、生命の奥底《おうてい》で会得《えとく》していけるのです。これ以上の誉《ほま》れの人生はありません。

（大聖人は）「在在《いたるところ》の諸仏《しょぶつ》の土《ど》に常《つね》に師《し》と倶《とも》に生《しょう》ず」（法華経317ジペー）という経文《きょうもん》を引かれます。

◇

このように、師匠《ししょう》とは、有縁《うえん》の弟子を三世にわたって化導《けどう》していくのです。弟子は師匠《ししょう》を求《もと》め抜《ぬ》き、師匠《ししょう》は弟子を守り導《みちび》く。仏法の師弟《してい》とは、最高に麗《うるわ》しき「人間の絆《きずな》」といえるでしょう。

これは、弟子の側《がわ》から見れば、単に「師匠《ししょう》と共《とも》にいた」という次元の話ではありません。師《し》と共《とも》に菩薩行《ぼさつぎょう》をしてきたという「共戦《きょうせん》」の目覚《めざ》めです。〝師匠《ししょう》によって救われる存在《そんざい》〟から〝師匠《ししょう》と同じ側《がわ》に立って民衆《みんしゅう》を救う存在《そんざい》〟へと、自身の本源《ほんげん》の生き方を確立《かくりつ》していく。それは、菩薩《ぼさつ》の誓願《せいがん》に徹《てっ》することにほかならないのです。

（「世界を照らす太陽の仏法」第4回〈2015年8月号「大白蓮華」〉）

コラム

お礼の手紙 ——時を逃《のが》さず、真心《まごころ》には真心で

門下《もんか》の御供養《ごくよう》に対する日蓮大聖人の御返事《ごへんじ》の中には、その品々を明記した丁重《ていちょう》なお礼に始まり、その品に関する説話などを通して、次第に仏法の深い法理を説いて指導《しどう》するという内容《ないよう》のお話が、しばしば拝見《はいけん》されます。

本書で紹介《しょうかい》した「秋元御書《あきもとごしょ》」も、その一つです。筒御器《つつごき》のお礼の後、人の心を器《うつわ》に譬《たと》えられ、器《うつわ》がひっくり返っていたり水漏《みずも》れしたりしているようでは使い物にならないように、純粋《じゅんすい》な信心に謗法《ほうぼう》を交《まじ》えれば、「仏の智慧《ちえ》の法水《ほっすい》」が入らないと教えられています。

そこから視点《してん》は日本国全体に移《うつ》り、一国が謗法《ほうぼう》であることを説かれます。

特に、天台宗《てんだいしゅう》をはじめ諸宗《しょしゅう》の高僧《こうそう》が、たとえ法華経を用《もち》いていても、法華経を他経《たきょう》と同等、あるいは、劣《おと》るものとして信じている点を厳《きび》しく追及《ついきゅう》されます。そして、どんなに法華経を信じようとも、謗法《ほうぼう》の敵《てき》を放置して責《せ》めないならば、無間地獄《むけんじごく》に堕《お》ちると強く戒《いまし》められています。

このように、筒御器《つつごき》一つから、大聖人のお話は日本全体、さらには仏教《ぶっきょう》の歴史にまで及《およ》び、「謗法厳誡《ほうぼうげんかい》」という重要な法門を教えられているのです。

お手紙は、厳寒《げんかん》の身延《みのぶ》の様子をこまごまと描写《びょうしゃ》された後、最後に再《ふた》び筒御器《つつごき》の話に戻《もど》ります。

雪により人や物資《ぶっし》の往来《おうらい》が乏《とぼ》しい中で、「この御器《ごき》を頂《いただ》いて、雪を盛《も》って飯だと思い、水を飲んで重湯《おもゆ》だと思っています」（新1467ジペー・全1078ジペー、通解）と。

御供養《ごくよう》に込《こ》められた門下《もんか》の真心《まごころ》を大切にされ、その求道の時を逃《のが》さず、さらに深い信心へと導《みちび》いていく。大聖人の自在《じざい》の智慧《ちえ》と深い真心《まごころ》が拝《はい》されるお手紙です。

波木井《はきい》氏一族

甲斐《かい》

ここでは、波木井実長《はきいさねなが》と、その一族を取り上げます。日蓮大聖人の滅後《めつご》、数々の謗法《ほうぼう》を犯《おか》し、弟子の道を踏《ふ》み外《はず》した門下《もんか》の人物像に迫《せま》ることで、峻厳《しゅんげん》な師弟《してい》の精神を学びたいと思います。

波木井実長《はきいさねなが》は、甲斐国南部《かいのくになんぶ》（山梨県南巨摩郡南部町《みなみこまぐんなんぶ》）を領した南部《なんぶ》氏の一族で、入道《にゅうどう》していたので「南部六郎入道《なんぶのろくろうにゅうどう》」と呼《よ》ばれていました。波木井郷《はきいごう》（同郡身延町《みのぶ》）波木井《はきい》の地頭《じとう》で、波木井《はきい》の地に住んでいたので「波木井《はきい》」を名乗っていました。実長《さねなが》は幕府《ばくふ》へ出仕《しゅっし》するため、鎌倉に滞在《たいざい》する機会も多かったようです。

日興上人の教化《きょうけ》

日興上人が残された「弟子分本尊目録《でしぶんほんぞんもくろく》（門下《もんか》に授与《じゅよ》された大聖人の御本尊の目録）」には「甲斐国《かいのくに》の南部六郎入道《なんぶのろくろうにゅうどう》は日興第一《にっこうだいいち》の弟子《でし》なり」と、「富士一跡門徒存知《ふじいっせきもんとぞんち》の事《こと》」では「日興最初発心《にっこうさいしょほっしん》の弟子《でし》なり」（新2176ジペー・全1602ジペー）と記《しる》されており、実長《さねなが》は、日興上人の教化《きょうけ》によって妙法に帰依《きえ》した門下《もんか》であることが分かります。

正応《しょうおう》元年（1288年）に日興上人が著《あらわ》された「原殿御返事《はらどのごへんじ》」によれば、実長《さねなが》はこの当時から「二十余年」前に入信しており（新2169ジペー※新規収録、参照）、文永《ぶんえい》6年（1269年）頃には、すでに妙法を持《たも》っていたと思われます。

実長《さねなが》の息子たち

「弟子分本尊目録」には、波木井《はきい》氏一族や一族に縁《えん》のある人の名前が多数記《しる》さ

富士五湖で最も透明度が高い本栖湖から、雄大な富岳を望む

れており、実長《さねなが》の何人かの息子たちも大聖人に帰依《きえ》していたことが分かります。

息子の一人である「南部六郎次郎《なんぶろくろうじろう》」は、実名《じつみょう》（通称などではない本当の名前）が「実継《さねつぐ》」で、字《あざな》は「清長《きよなが》」と推定《すいてい》されています。建治《けんじ》3年（1277年）3月のお手紙で、大聖人に3斗《と》の白米と油を御《ご》供養《くよう》したとされる「六郎次郎《ろくろうじろう》」（新1814㌻・全1464㌻）は、この南部六郎次郎《なんぶろくろうじろう》のことではないかと思われます。また、身延《みのぶ》に大坊《だいぼう》を建築寄進するのを手伝ったとされる「次郎殿《じろうどの》」（新1816㌻・

全1375ジペー）も同一の人物だと推察《すいさつ》されます。
文永《ぶんえい》10年（1273年）8月に、佐渡流罪中《さどるざいちゅう》の大聖人からお手紙（「波木井三郎殿《はきいさぶろうどの》御返事《ごへんじ》」）を頂《いただ》いた「南部六郎三郎《なんぶのろくろうさぶろう》」も実長《さねなが》の息子とする説もあります（実長《さねなが》とする説もあります）。

大聖人は、このお手紙でこう仰《おお》せです。「日蓮からたびたび大事な法門を聞いた者でも、今回のような大難《だいなん》に遭《あ》うと、信心を捨《す》てる者がいる。ところが、あなたは、この法門を聞いたのは一度や二度で、それもわずかな時間しか聞いていなかったのに、いまだに法華経を捨《す》てずに信心に励《はげ》んでいる」（新1813ジペー・全1372ジペー、趣意）と。波木井《はきい》氏一族は、日興上人との縁《えん》が深い一方で、この人物は、佐渡流罪《さどるざい》以前は大聖人に直接お会いする機会はほとんどありませんでした。しかし、幕府《ばくふ》による迫害《はくがい》で多くの門下《もんか》が退転する中でも、信心を持《たも》ち続けていたことがうかがえます。

訴訟《そしょう》の問題

文永《ぶんえい》11年（1274年）3月、佐渡流罪《さどるざい》を赦免《しゃめん》された大聖人は鎌倉に戻《もど》られ、翌《よく》月《げつ》、平左衛門尉頼綱《へいのさえもんのじょうよりつな》ら幕府《ばくふ》重臣に国主諫暁《かんぎょう》をされます。その後、5月に鎌倉を出て、身延《みのぶ》へ向かわれました。大聖人と同じ誓願《せいがん》と行動を貫《つらぬ》く広宣流布の弟子の育成と、末法万年にわたる広宣流布の基盤《きばん》を築《きず》く戦いを開始されたのです。

身延《みのぶ》に向かわれたのは、日興上人の勧《すす》めによるものと思われます。前述のように、身延《みのぶ》の地頭《じとう》である実長《さねなが》は、日興上人の教化によって入信していました。身延《みのぶ》は、鎌倉からさほど離《はな》れていない距離《きょり》にあり、各地にいる有縁《うえん》の門下《もんか》の所在地にも近く、大聖人の当面の意に適《かな》った地ともいえました。

大聖人を自《みずか》らの領地にお迎《むか》えできたことは、実長《さねなが》にとって、この上ない喜びであったことでしょう。

しかし、実長《さねなが》は、必ずしも師《し》に深く信順する姿勢《しせい》ではありませんでした。大聖人が四条金吾《しじょうきんご》に認《したた》められた「四条金吾殿御返事《しじょうきんごどのごへんじ》（八風抄《はっぷうしょう》）」から、そのことが垣間《かいま》見《み》えます。

このお手紙では、所領の問題で主君の江間《えま》氏を訴訟《そしょう》しようとしていた金吾《きんご》を指導されていると思われる門下《もんか》のうち、大学三郎《さぶろう》や池上宗仲《いけがみむねなか》は、同じく、何かの件で訴訟《そしょう》を考えていたと思われる門下のうち、大聖人の仰《おお》せの通りに実践《じっせん》した結果、祈りが叶《かな》ったことが書かれています。一方、実長《さねなが》は、法華経の法門については信じていたが、大聖人の忠言《ちゅうげん》を聞き入れなかったため、訴訟《そしょう》で思うような結果が出なかったと記《しる》されています（新1565ページ・全1151ページ参照）。実長《さねなが》にとって、大聖人は仏法の師匠《ししょう》ではあるが、世間知では自分の方が長《た》けているというおごりがあったのでしょう。

「檀那《だんな》（弟子）と師匠《ししょう》とが心を同じくしない祈りは、水の上で火を焚《た》くようなものので、叶《かな》うわけがない」（新1566ページ・全1151ページ、通解）と大聖人は仰《おお》せです。

勝利の原動力《げんどうりょく》は師弟不二《していふに》の一念、祈りと戦いにこそありますが、実長《さねなが》は師《し》と信心の呼吸《こきゅう》を合わせることができなかったようです。

大聖人の御入滅《ごにゅうめつ》

弘安《こうあん》5年（1282年）9月8日、大聖人は身延《みのぶ》を発《た》ち、常陸国《ひたちのくに》（茨城県北部と福島県南東部）へ向かわれました。重い病《やまい》を患《わずら》われていた大聖人を案じた弟子たちの勧《すす》めもあり、病気療養《りょうよう》（湯治《とうじ》）をされるためでした。大聖人は、実長《さねなが》から贈《おく》られた馬に乗られ、実長《さねなが》の息子たちも随行《ずいこう》したのです。

大聖人一行は、同月18日、武蔵国《むさしのくに》の池上《いけがみ》（東京都大田区内）にある池上宗仲《いけがみむねなか》の屋《や》敷《しき》に入られました。大聖人は到着《とうちゃく》の翌日《よくじつ》、日興上人に代筆させて、実長《さねなが》にお手紙を送られていています。文中では、険難《けんなん》な道を無事に進めるように守ってくれた実長《さねなが》の息子たちへのお礼や、身延《みのぶ》で9年にわたって大聖人を支えた実長《さねなが》への感謝の思いが綴《つづ》られています。そして、いずこの地で命を終えたとしても、御自身《ごじしん》の墓所は身延《みのぶ》にしたい旨《むね》を認《したた》められたのです（新1817ジペー・全1376ジペー参照）。

国中から迫害《はくがい》を受けられていた大聖人を身延《みのぶ》に迎《むか》え入れてくれた弟子の誠意《せいい》に応《こた》えたいとのお言葉だと拝《はい》されます。

このお手紙を認《したた》められてから約1カ月後の10月13日、大聖人は池上邸《いけがみてい》で、民衆《みんしゅう》救済《きゅうさい》に全生命を投じた尊《とうと》い御生涯《ごしょうがい》を閉《と》じられました。

日興上人が身延《みのぶ》に

大聖人の御入滅《ごにゅうめつ》後、日興上人はただ一人、師《し》の精神と行動を受《う》け継《つ》がれます。大聖人は、御入滅《ごにゅうめつ》前に6人の「本弟子」を選びました。また、日興上人の「宗祖《しゅうそ》御遷化《ごせんげ》記録」では、6人で大聖人の墓所を参詣《さんけい》して、香華《こうげ》（仏前に供《そな》える香と華）を当番で供《そな》えるように大聖人が御遺言《ごゆいごん》を残されたと記《しる》されています。日興上人はこの御遺言《ごゆいごん》に基づいて、墓所を守る輪番《りんばん》制度を定《さだ》められました。しかし、この制度は実施《じっし》されませんでした。そこで、日興上人が身延《みのぶ》に入られて、墓所を守られるようになります。弘安《こうあん》7年（1284年）10月18日に、日興上人が上総国《かずさのくに》（千葉県中央部）の門下《もんか》に書かれた「美作房御返事《みまさかぼうごへんじ》」では、当時の墓所は荒《あ》れ果《は》て、鹿《しか》の蹄《ひづめ》に踏《ふ》み荒《あ》らされているとまで表現されています（新2166ページ※新規収録、参照）。

さらに、「『師《し》を捨《す》ててはいけない』という法門を立てながら、たちまちに本師《ほんし》（大聖人）を捨《す》て奉《たてまつ》ることは、およそ世間の人々の非難《ひなん》に対しても、言《い》い逃《のが》れのしようがないと思われる」（新2167ページ、通解）と述《の》べ、五老僧《ろうそう》（大聖人の高弟6人のうち日興上人以外の5人）を厳《きび》しく指弾《しだん》されています。

そして、日興上人は身延《みのぶ》に定住されることになります。実長《さねなが》にとっては、妙法に導《みちび》いてくれた日興上人が身延《みのぶ》にとどまるようになったことは、大きな喜びでした。実長《さねなが》は日興上人に宛《あ》てた手紙では、「大聖人が再《ふた》び、身延《みのぶ》にお住まいになっているように、ありがたく思っております」と記《しる》しています。身延《みのぶ》は再《ふた》び活況《かっきょう》を呈《てい》するようになりました。

また、「美作房御返事《みまさかぼうごへんじ》」では、「地頭《じとう》(実長《さねなが》)が法に背《そむ》いたことをすれば、私も身延《みのぶ》に住まない」(新2166ジペー、趣意)との大聖人の御遺言《ごゆいごん》が明らかにされていますが、残念なことに、実長《さねなが》は謗法《ほうぼう》を犯《おか》していくようになります。

日向《にこう》の謗法《ほうぼう》

弘安《こうあん》8年(1285年)、五老僧《ろうそう》の一人である日向《にこう》が、身延《みのぶ》の日興上人の前に姿《すがた》を現しました。五老僧《ろうそう》が誰一人として身延《みのぶ》を訪《おとず》れないことに心を痛《いた》めていた日興上人は、日向《にこう》を身延《みのぶ》の学頭(寺の学事を統括《とうかつ》する者)に任命されました。日向《にこう》は、大聖人の葬儀《そうぎ》や百箇日《ひゃっかにち》法要に参列しておらず、墓所を守る当番にも来ていませんでしたが、それでも学頭に据《す》えたのは、日向《にこう》を大成させてあげたいとの日興上人の思いもあってのことだったと思われます。

ところが、日向《にこう》は、大聖人の御精神《ごせいしん》を傲然《ごうぜん》と踏《ふ》みにじる不穏《ふおん》な言動を見せるようになりました。日興上人は、折に触《ふ》れて、日向《にこう》が説く教えが誤《あやま》っていることを指摘《してき》しますが、日向《にこう》は聞き入れようとはしません（新２１７０ページ参照）。

実長《さねなが》は、そんな日向《にこう》に次第に毒されていきました。もともと信心が定《さだ》まらず、世間に迎合《げいごう》しがちな実長《さねなが》は、魔《ま》に付《つ》け込《こ》まれていったのです。謗法《ほうぼう》に染《そ》まっていく様子は、日興上人が身延《みのぶ》を離山《りざん》される前年の正応《しょうおう》元年（１２８８年）12月16日に著《あらわ》された「原殿御返事《はらどのごへんじ》」に詳《くわ》しく記《しる》されています（このお手紙の宛先《あてさき》である「原《はら》殿《どの》」については定《さだ》かではありませんが、実長《さねなが》の息子の一人ではないかとする説があります）。

日興上人は、実長《さねなが》をそそのかした日向《にこう》の邪悪《じゃあく》に、原殿《はらどの》まで染《そ》まってしまわないように、日向《にこう》の悪事を暴《あば》き、厳《きび》しく責められたと拝《はい》されます。

「原殿御返事《はらどのごへんじ》」では、日興上人が身延離山《みのぶりざん》をするきっかけとなった、実長《さねなが》の心変わりを象徴《しょうちょう》する出来事について記《しる》されています（新2168ページ参照）。

ある時、波木井一族の孫三郎《まごさぶろう》が、幕府《ばくふ》に篤《あつ》く信仰《しんこう》されていた三島《みしま》神社への参詣《さんけい》を企《くわだ》てました。日興上人は、弟子を遣《つか》わして、「立正安国論《りっしょうあんこくろん》」に仰《おお》せの通り、諸《しょ》天善神《てんぜんじん》は謗法《ほうぼう》の国を去っているのだから神社に参詣《さんけい》してはならないと説き聞かせ、孫三郎《まごさぶろう》を思いとどまらせました。ところが、これに疑問《ぎもん》をもった実長《さねなが》に対し、日向《にこう》は「日興は、外典《げてん》読み（仏教以外の書にとらわれた表面的な読み方）で、立《りっ》正安国論《しょうあんこくろん》も一面的にしか読んでいない」と誹謗《ひぼう》したのです。

こうした日向《にこう》の邪見《じゃけん》をすんなりと受け入れてしまった実長《さねなが》を、日興上人は厳《きび》しく諫《いさ》められました。「日向《にこう》の振《ふ》る舞《ま》いは大聖人への師敵対《してきたい》であり、謗法《ほうぼう》の学頭を追放すべきである」と。にもかかわらず、実長《さねなが》は、九品《くほん》念仏（9種の浄土《じょうど》に往生《おうじょう》することを願って行う念仏）の道場を建立するなど、次々と謗法《ほうぼう》を犯《おか》します。

こうした謗法《ほうぼう》を諫《いさ》めても、「日向《にこう》から許可を得ている」（新2176ジペー・全1603ジペー、通解）と言って聞こうとしない実長《さねなが》。日興上人は、時には実長《さねなが》の自尊心《じそんしん》を考えて、諭《さと》そうとされたこともありました。「波木井殿《はきいどの》に罪があるわけではありません。ひとえに心がねじ曲がった法師《ほっし》（日向《にこう》のこと）の過《あやま》ちです。『大聖人の御《ご》在世《ざいせ》の時のように信じてまいります』と改心しなさい」（新2171ジペー、趣意）と。

ところが実長《さねなが》は改心するどころか、「自分は日向《にこう》を師匠《ししょう》にしたのである」（同、通解）と言い出しました。まさに「法華経の御信心逆《ごしんじんぎゃく》に成《な》り候《そうら》いぬ」（同）という顚倒《てんどう》でした。実長《さねなが》は、大恩ある日興上人に背《そむ》き、完全に天魔《てんま》の手に堕《お》ちてしまったのです。

実長《さねなが》が、大聖人の仏法に帰依《きえ》できたのも、大聖人を身延《みのぶ》にお迎《むか》えできたのも、日興上人のおかげでした。その大恩ある日興上人を裏切《うらぎ》ることは、自分の信仰《しんこう》に対する裏切《うらぎ》りにほかなりません。

身延離山《みのぶりざん》

ついに日興上人は、大聖人の正法を守るために、身延《みのぶ》を離《はな》れる決心をします。師匠《ししょう》が晩年《ばんねん》を過ごされた師弟《してい》の縁《えにし》深き地を去らなければならない悔《くや》しさ、自《みずか》らが教化《きょうけ》してきた実長《さねなが》を改心させられなかった真情を次のように綴《つづ》られています。「この身延《みのぶ》の沢《さわ》を立ち退《の》くことは、面目《めんぼく》なく、残念さは言葉で言い表せないが、いろいろ考えてみれば、いずれの地であ

南アルプスの山々を源流とする富士川が刻み込んだ渓谷（山梨県南部町）

っても、大聖人の法門を正しく受《う》け継《つ》いで、この世に流布していくことが一番大切である」（新2171ジ、通解）と。

大切なのは「正法」であり、現実に「正法」を広宣流布して、悩《なや》める人々を救うことです。日興上人は、正法を惜《お》しむ大感情で、謗法《ほうぼう》の地となった身延《みのぶ》を去る決意をされたのです。

日興上人が重大な決意をされたことは、実長《さねなが》の息子たちの耳にも入ったことでしょう。「原殿御返事《はらどのごへんじ》」が書かれる少し前の正応《しょうおう》元年（1288年）12月5日、実《さね》長《なが》の息子の清長《きよなが》は、日興上人に誓状《せいじょう》を送っています。「もし、日興上人が身延《みのぶ》を立ち去られたとしても、上人に対する私の心は変わりません。これまで教わったことに少しでも反するようなことがあれば、御本尊はむろんのこと、大聖人のお怒《いか》りをわが一身に受ける覚悟《かくご》です」と。父とは違《ちが》い、大聖人の教えを純真《じゅんしん》に信奉《しんぽう》しようとする姿勢《しせい》が伝わってきます。

日興上人は、実長《さねなが》の息子たちが大聖人の正義をわきまえているのを心から喜ばれ、息子たちが実長《さねなが》を説得することに希望をつながれていたことが、「原殿御返事《はらどのごへんじ》」からうかがえます（新2171ページ参照）。

「自分は日向《にこう》を師匠《ししょう》にしたのである」と言い放った実長《さねなが》でしたが、実際に日興上人が身延《みのぶ》を離《はな》れるのは受け入れがたいことでした。実長《さねなが》は、波木井郷《はきいごう》にいる越前房《えちぜんぼう》に、日興上人が離山《りざん》を思いとどまるよう説得することを託《たく》したのです。正応《しょうおう》2年（1289年）1月、実長《さねなが》が越前房《えちぜんぼう》に深く感謝の意を伝えた手紙からは、日興上人が今にも離山《りざん》してしまうのではないかと案じる実長《さねなが》の様子が伝わってきます。しかし、実長《さねなが》には、日興上人の真意を理解し、謗法《ほうぼう》を改めようとする気持ちはありませんでした。

日興上人は謗法《ほうぼう》の山と化した身延《みのぶ》を断腸《だんちょう》の思いで去ったのです。

池田先生は、「報恩」の道が仏法者の生き方の根幹《こんかん》であることを示され、「忘《ぼう》恩《おん》」を厳《げん》に戒《いまし》められています。

「報恩の人生に、行き詰《づ》まりはありません。父母や師匠《ししょう》をはじめ、今の自分を築《きず》かせてくれた一切の人々への感謝と報恩の決意が、自身を向上させる原動力《げんどうりょく》となります。自分を育《はぐく》んでくれた人々を断じて裏切《うらぎ》るまいと思えば、人生の正しき軌道《きどう》から外れることはありません。(中略) 反対に、忘恩《ぼうおん》の人生は闇《やみ》です。人間を人間たらしめる基盤《きばん》を自《みずか》ら失ってしまうからです」(『勝利の経典「御書」に学ぶ』第10巻)

この波木井《はきい》氏一族の歴史を他山の石とし、どこまでも「恩」を知り、「恩」に応《こた》えていく仏法者の正道を歩んでいこうではありませんか。

【関連御書】

南部六郎三郎宛て：「波木井三郎殿御返事」（新１８０８ページ・全１３６９ページ）

波木井六郎次郎・次郎兵衛宛て：「六郎次郎殿御返事」（新１８１４ページ・全１４６４ページ）

波木井実長宛て：「地引御書」（新１８１６ページ・全１３７５ページ）、「波木井殿御報」（新１８１７ページ・全１３７６ページ）

日興上人文書：「美作房御返事」（新２１６６ページ※新規収録）、「原殿御返事」（新２１６８ページ※新規収録）、「富士一跡門徒存知の事」（新２１７４ページ・全１６０１ページ）

高橋六郎兵衛入道《たかはしろくろうひょうえのにゅうどう》・妙心尼《みょうしんあま》夫妻

駿河《するが》

富士地方の武士

高橋六郎兵衛入道《たかはしろくろうひょうえのにゅうどう》は、駿河国賀島荘《するがのくにかじまのしょう》（静岡県富士市加島《かじま》町周辺）に住んでいた門下《もんか》であり、夫妻ともども信心に励《はげ》みながら駿河《するが》の広布を支えていたと思われます。高橋入道《にゅうどう》は、六郎兵衛《ろくろうひょうえ》という通称《つうしょう》から、高橋家の6番目の男子であり、さらに兵衛府《ひょうえふ》の官職を持つ武士であったことが分かります。さらに、入道《にゅうどう》とあるように、正式に出家《しゅっけ》して僧《そう》となるのではなく、在家《ざいけ》のままで髪《かみ》を剃《そ》り、仏道修行をしていたことがうかがえます。

妻は、駿河《するが》の門下《もんか》である河合入道《かわいにゅうどう》の娘《むすめ》であり、日興上人の叔母《おば》に当たります。夫妻は日興上人の縁《えん》で日蓮大聖人の門下《もんか》になったと思われます。

大聖人との出会い

高橋入道《にゅうどう》が、いつ入信したのかは明らかではありません。しかし、大聖人が身《み》延《のぶ》に入山される際の道すがら、高橋入道《にゅうどう》の屋敷《やしき》に立ち寄ることもできたと回想されています。ただ、入道《にゅうどう》の住む地域が、幕府《ばくふ》執権《しっけん》である北条《ほうじょう》氏ならびに一族の影《えい》響力《きょうりょく》が強い地であることから、大聖人が訪問《ほうもん》されることで、高橋家に何らかの圧《あっ》迫《ぱく》が及《およ》ぶ危険性《きけんせい》を考慮《こうりょ》されたため、実際に大聖人が立ち寄られることはありませんでした。

この時の真情を大聖人は、「今一度はみ《見》たてまつらんと、千度《ちたび》おも《思》いしかども、心に心をたたか《戦》いて、す《過》ぎ候いき」(新1958㌻・全1461㌻)と仰《おお》せです。

高橋六郎兵衛入道は、大聖人の御化導の早い時期から門下になっていたと思われる。入道夫妻は、この地で駿河の広布に尽力した。町並みの向こうには駿河湾が広がる（静岡県富士市）

〝もう一度、お会いしたいと千度、思ったけれども、葛藤《かっとう》の末、通り過ぎました〟との意味です。大聖人は、大切な門下《もんか》のことを何よりも思いやり、やむなく訪問《ほうもん》を断念されたのです。ここに「今一度」とあることから、すでに大聖人が高橋入道《にゅうどう》とお会いされていることが推察《すいさつ》できます。同じ駿河《するが》の門下《もんか》である南条兵衛七郎《なんじょうひょうえしちろう》（時光の父）は、大聖人が鎌倉にいる時、早い段階《だんかい》で大聖人の門下《もんか》になったとされます。高橋入道《にゅうどう》も同じように、大聖人の御化導《ごけどう》の早い段階《だんかい》で大聖人とお会いしていた可能性が考えられます。

師匠《ししょう》から深い信頼《しんらい》

高橋入道《にゅうどう》ならびにその妻に与《あた》えられた御書を拝《はい》すると、日興上人ら出家《しゅっけ》の門下《もんか》が高橋入道《にゅうどう》の屋敷《やしき》を訪《おとず》れ、大聖人の御指導《ごしどう》を伝えていたことが分かります。[1]

また、有名な「その国の仏法は貴辺にまか《任》せたてまつり候《そうろう》ぞ」（新1953ページ・全1467ページ）との御金言のある御書が高橋入道《にゅうどう》宛《あ》てとされてきました。[2]いずれにしても入道《にゅうどう》夫妻が大聖人から深い信頼《しんらい》を寄せられていたことが想像されます。

逆境《ぎゃっきょう》の門下《もんか》へ慈愛の励《はげ》まし

高橋入道《にゅうどう》は建治《けんじ》元年（1275年）、大聖人に自身の病《やまい》について、ご報告しました。それに対する返信が、その年7月に著《あらわ》された「高橋入道殿御返事《たかはしにゅうどうどのごへんじ》」（新1954ページ・全1458ページ）です。

1　「高橋入道殿御返事《たかはしにゅうどうどのごへんじ》」（建治《けんじ》元年〈1275年〉7月）に「覚乗房《かくじょうぼう》・はわき房《ぼう》に度々《たびたび》よませて、きこしめせ、きこしめせ」（新1960ページ・全1463ページ）とあり、また、高橋入道《にゅうどう》の妻に宛《あ》てられた「妙心尼御前御返事《みょうしんあまごぜんごへんじ》（妙《みょう》の字功徳《じくどく》の事《こと》）」（建治《けんじ》2年〈1276年〉または同3年〈1277年〉の5月）に「はわき殿《どの》、申させ給《たま》え」（新1973ページ・全1484ページ）との仰《おお》せがある。「はわき房《ぼう》」「はわき殿《どの》」とは日興上人のこと。かつては、高橋入道《にゅうどう》が弘安《こうあん》年間に死去したとされてきたが、現在では、入道《にゅうどう》の死去を建治《けんじ》元年（1275年）とする立場に立つ（〈注4〉参照）。ここから、今の「妙心《みょうしん》尼御前御返事《あまごぜんごへんじ》（妙《みょう》の字功徳《じくどく》の事《こと》）」の御執筆《ごしっぴつ》年は、御書本文の内容も考え合わせて建治《けんじ》2年（1276年）または同3年（1277年）と推定《すいてい》されている。

2　本抄《ほんしょう》の詳細《しょうさい》は不明だが、末尾《まつび》に「松野殿《まつのどの》にも見参候《げんざんそうら》わば、くわしくかたらせ給《たま》え」（新1953ページ・全1467ページ）とあり、ここから同抄《どうしょう》は、松野殿《まつのどの》と同じ富士地方の門下《もんか》宛《あ》てであると推定《すいてい》することができ、高橋入道《にゅうどう》宛《あ》てとされてきた。

ここでは、釈尊《しゃくそん》在世、重病（悪瘡《あくそう》）に陥《おちい》った阿闍世王《あじゃせおう》が、釈尊《しゃくそん》に帰依《きえ》することにより、たちまち平癒《へいゆ》して40年も寿命《じゅみょう》を延《の》ばしたとの例を挙《あ》げて激励《げきれい》されています。

「法華経は全世界の人々の病《やまい》の良薬《ろうやく》であると説かれているのですから、病気のあなたの身がどうして助からないわけがありましょう。しかし、信心に疑《うたが》いがあれば祈りは叶《かな》いませんよ」（新1960ページ・全1462ページ、趣意）と、厳《きび》しくも温かい御指導《ごしどう》をされています。高橋入道《にゅうどう》は、「どうして助からないわけがありましょう」（「一身いかでかたすから《助》ざるべき」）との大聖人のお言葉に、どれほど安堵《あんど》したことでしょう。

さらに、その翌月《よくげつ》、大聖人は高橋入道《にゅうどう》の妻に宛《あ》てたお手紙（「妙心尼御前御返事《みょうしんあまごぜんごへんじ》〈病之良薬の事《びょうしろうやくのこと》〉」[3]新1962ページ・全1479ページ）で、次のように励《はげ》まされています。

「人が死ぬのは必ずしも病《やまい》によるとは限《かぎ》りません。今の壱岐《いき》・対馬《つしま》の人達は病気ではありませんでしたが、（蒙古《もうこ》〈モンゴル帝国〉の襲来《しゅうらい》により）皆《みな》、打ち殺されてしまいました。また、病《やまい》だからといって必ず死ぬとは限《かぎ》りません。この病《やまい》は仏の御計《おんはか》らいかもしれません。病《やまい》の人が仏になるとの経典もあります」（新1963ページ・全1479ページ、趣意）

これに続けて、「病によりて道心《どうしん》はおこり《発》候《そうろう》なり（病《やまい》があるからこそ仏道への志《こころざし》が生まれてくるのですよ）」（新1963ページ・全1480ページ）と、夫の高橋入道《にゅうどう》の病《やまい》を機に信心で大きく境涯《きょうがい》を開《ひら》くよう激励《げきれい》をされています。

3　「妙心尼御前御返事《みょうしんあまごぜんごへんじ》（病之良薬《びょうしろうやく》の事《こと》）」の御執筆《ごしっぴつ》は、これまで弘安《こうあん》元年（1278年）8月とされてきたが、最近の研究では建治《けんじ》元年（1275年）8月と考えられている。文中に蒙古襲来《もうこしゅうらい》の模様《もよう》が「当時のゆき・つしまのものども、病《やまい》なけれども、みなながらむこ人に一時にうちころされぬ」（新1963ページ・全1479ページ）と述《の》べられ、文永《ぶんえい》11年（1274年）の蒙古襲来《もうこしゅうらい》から、そう遠くない時期の御執筆《ごしっぴつ》であることをうかがわせる。

さらに、入道殿《にゅうどうどの》は病《やまい》のために、日々、仏道を求める心を起こしているのですから、あらゆる罪悪を消滅《しょうめつ》することができるのですと力強《ちからづよ》く励《はげ》まされます。また、三世の生命観の上から、入道殿《にゅうどうどの》は亡《な》くなった後、「日蓮の弟子である」と名乗っていけば、死後の安心も疑《うたが》いないと示され、入道《にゅうどう》の妻の心に寄《よ》り添《そ》われています（新1963ページ・全1480ページ参照）。

それからまもなく、この年（建治《けんじ》元年〈1275年〉）の10月頃、高橋入道《にゅうどう》は亡《な》くなります。[4]入道《にゅうどう》は、「霊山《りょうぜん》に行かれたならば、日が昇《のぼ》って十方を見渡《みわた》せるようにうれしく、『よくぞ早く死んだものだ』と心から喜ばれることでしょう」（新1963ページ・全1480ページ、通解）との大聖人のお言葉を命に刻《きざ》みながら、臨終《りんじゅう》を迎《むか》えたことでしょう。

大聖人は、高橋入道《にゅうどう》の墓前に弟子の大進阿闍梨《だいしんのあじゃり》を遣《つか》わされます。弟子を派遣《はけん》されたのは、御自身《ごじしん》が向かえば身延《みのぶ》入山の時と同じように高橋家に権力《けんりょく》からの圧迫《あっぱく》が起こることを懸念《けねん》されたからであり、大聖人は、やむなく墓参《ぼさん》を弟子に託《たく》されたのです。「むかし《昔》この法門《ほうもん》を聞いて候《そうろう》人々には、関東の内ならば、我《われ》とゆき《行》てそのはか《墓》に自我偈《じがげ》よみ《読》候《そうら》わんと存《ぞん》じて候《そうろう》」（新1969ページ・全1467ページ）と大聖人は仰《おお》せです。〝自《みずか》ら出向いて墓前で法華経寿量品《じゅりょうほん》の自我偈《じがげ》を読んでさしあげた

4　建治《けんじ》元年（1275年）8月に御執筆《ごしっぴつ》の「妙心尼御前御返事《みょうしんあまごぜんごへんじ》（病《びょう》之《し》良薬《ろうやく》の事《こと》）」（新1962ページ・全1479ページ）からは、高橋入道《にゅうどう》が闘病中《とうびょうちゅう》であることが分かる。さらに、建治《けんじ》2年（1276年）2月に大聖人が認《したた》められた御本尊の脇書《わきがき》に、日興上人が「富士西山河合《かわい》入道《にゅうどう》の女子高橋六郎兵衛入道《ろくろうひょうえのにゅうどう》後家《ごけ》持妙尼《じみょうあま》」と記《しる》しており、「後家《ごけ》」とあることから、この時点で高橋入道《にゅうどう》が亡《な》くなっていることは明らかである。つまり、高橋入道《にゅうどう》が亡《な》くなったのは、建治《けんじ》元年（1275年）8月から同2年（1276年）2月までの間となる。

ここで、高橋入道《にゅうどう》の妻である妙心尼《みょうしんあま》に与《あた》えられた「持妙尼御前御返事《じみょうあまごぜんごへんじ》」（新1970ページ・全1482ページ）に「すでに故入道殿《こにゅうどうどの》のかくるる日にておわしけるか」と述《の》べられており、さらに末尾《まつび》から同抄が11月2日の御執筆《ごしっぴつ》であると分かる。まとめると、高橋入道《にゅうどう》の祥月命日《しょうつきめいにち》は11月2日の直前ということになり、死去は建治《けんじ》元年（1275年）10月頃と考えることができる。

い〟とのこの言葉には、古くからの門下《もんか》である高橋入道《にゅうどう》を思いやるお心が込《こ》められています。

妻の「窪尼《くぼのあま》」の名は地名に由来《ゆらい》

当時、一般《いっぱん》に女性が髪《かみ》を肩《かた》のあたりで切りそろえて尼《あま》となることは少なくありませんでした。尼《あま》とはいっても、正式に出家《しゅっけ》するのではなく、社会的立場は在家《ざいけ》のままで仏門に入った女性のことをいいます。

高橋入道《にゅうどう》の妻の場合、頂《いただ》いた「高橋殿女房御返事《たかはしどののにょうぼうごへんじ》」（新1961ページ・全1457ページ。建治《けんじ》元年〈1275年〉7月の御執筆《ごしっぴつ》）に「女人《にょにん》の御身《おんみ》として尼《あま》とならせ給《たま》いて候《そうろう》」とあり、ちょうどこの頃、夫が闘病中《とうびょうちゅう》であることから、その病気の回復を祈るために尼《あま》になったと考えられます。

大聖人は、その翌月《よくげつ》のお手紙（「妙心尼御前御返事《みょうしんあまごぜんごへんじ》〈病之良薬の事《びょうしろうやくのこと》〉」新1962ページ・

大聖人御在世当時、「窪」の名で呼ばれた地。夫の入道が亡くなった後、妙心尼は「窪尼」とも呼ばれた（静岡県富士宮市大久保）

全1479ページ）で、高橋入道《にゅうどう》の妻のことを「妙心尼御前《みょうしんあまごぜん》」と呼《よ》ばれています。このお手紙が、現存《げんそん》する御抄《ごしょう》の中で大聖人が初めて「妙心尼《みょうしんあま》」と記《しる》された御書です。妙心尼宛《みょうしんあまあ》ての御《ご》抄《しょう》は日興上人の写本が現存《げんそん》し、その中には宛名《あてな》が「持妙尼御前御返事《じみょうあまごぜんごへんじ》」となっているものがあります。このことから、高橋入道《にゅうどう》の妻は後に持妙《じみょう》尼《あま》とも呼《よ》ばれたことが分かります。

高橋入道《にゅうどう》の妻は大聖人から御本尊を頂《いただ》いていますが、その脇書《わきがき》には日興上人の筆で「富士西山河合《かわい》入道《にゅうどう》の女子高橋六郎兵衛入道《ろくろうひょうえのにゅうどう》後家《ごけ》持妙尼《じみょうあま》」と記《しる》されています。持妙尼《じみょうあま》の呼称《こしょう》は、大聖人から頂《いただ》いた法号と思われます。

持妙尼《じみょうあま》は、夫の死後、父・河合入道《かわいにゅうどう》の住む、郷里《きょうり》・西山の窪《くぼ》（静岡県富士宮市大久保）に移り住んだため、その地名の「窪《くぼ》」から「窪尼《くぼのあま》」（「くぼ《窪》の尼《あま》」）とも呼《よ》ばれました。大聖人から、「窪尼御前《くぼのあまごぜん》」との宛名《あてな》で頂《いただ》いたお手紙が、ほぼすべて弘安《こうあん》年間のものであることから、高橋入道《にゅうどう》の妻は、弘安《こうあん》年間に入る頃までには、郷里《きょうり》に帰っていたと考えられます。[5]

このように、「妙心尼《みょうしんあま》」「持妙尼《じみょうあま》」「窪尼《くぼのあま》」とされる人は同一人物と考えられます。[6]

嵐《あらし》に揺《ゆ》るがぬ〝信仰《しんこう》の根〟を

高橋入道《にゅうどう》の妻は郷里《きょうり》へ移り住んでからも、毎年5月、6月の農繁期《のうはんき》や年末には、大聖人のもとへ心を込《こ》めた供養《くよう》の品々を欠かさずお届《とど》けしました。諸御抄《しょごしょう》の内容から、彼女《かのじょ》が一貫《いっかん》してこまやかな心遣《こころづか》いで大聖人への御供養《ごくよう》を続けたことが分かります。

弘安《こうあん》元年（１２７８年）６月、富士地方に弾圧《だんあつ》の嵐《あらし》が吹《ふ》き始めていた時、入道《にゅうどう》の妻は大聖人から激励《げきれい》のお便《たよ》りを頂《いただ》きました（「窪尼御前御返事《くぼのあまごぜんごへんじ》〈信心《しんじん》の根深《ねふか》き事《こと》〉」

５　御執筆《ごしっぴつ》の年月がほぼ特定できる御抄《ごしょう》のうち、大聖人が「窪尼《くぼのあま》」（「くぼの尼《あま》」）と記《しる》される最初のお手紙が、弘安《こうあん》元年（１２７８年）６月に御執筆《ごしっぴつ》の「窪尼御前御返事《くぼのあまごぜんごへんじ》（信心《しんじん》の根深《ねふか》き事《こと》）」（新１９７３ページ・全１４７９ページ）である。つまり、この時までに高橋入道《にゅうどう》の妻は窪《くぼ》に移り住んでいたと考えられる。

６　高橋入道《にゅうどう》の妻が「持妙尼《じみょうあま》」と呼《よ》ばれたことは明白だが、持妙尼《じみょうあま》と「妙心尼《みょうしんあま》」「窪尼《くぼのあま》」とを別人とする説もある。しかし、「持妙尼《じみょうあま》」「妙心尼《みょうしんあま》」「窪尼《くぼのあま》」が同一人物であることは、近年、一般《いっぱん》的にも支持されている。妙心尼《みょうしんあま》、窪尼《くぼのあま》それぞれ宛《あ》てのお手紙は、高橋入道《にゅうどう》宛《あ》てならびにその妻である持妙尼《じみょうあま》宛《あ》てのお手紙と照らし合わせても、内容に矛盾《むじゅん》を生じない。

新1973ページ・全1479ページ)。そこには次のように記《しる》されていました。

「大風が草をなびかし、雷《かみなり》が人を驚《おどろ》かすような乱世《らんせい》にあって、あなたが信心を貫《つらぬ》いてきたことは不思議なことです」(同、趣意)と。そして、その理由について次のように仰《おお》せです。

「『根が深ければ葉は枯《か》れず、泉に玉があれば水が絶えない』というように、あなたは信心の根が深く、心中に潔《いさぎよ》い玉が輝《かがや》いておられるのでしょう。尊《とうと》いことです。尊《とうと》いことです」(同、通解)

根が深く張っていれば、風が吹《ふ》いても、木が倒《たお》れて枯《か》れることはありません。

「根が深ければ」とは信心の確信が強く深ければ、ということです。また泉の中に玉があれば、水は絶えることなく、こんこんと湧《わ》いてくるといわれます。「潔《いさぎよ》い玉」とは清らかで濁《にご》りのない信心のことです。

すなわち、強盛《ごうじょう》で清らかな信心が「あなたの生命に輝《かがや》いているからこそ、乱《らん》世《せ》の中でも信仰《しんこう》を立派《りっぱ》に貫《つらぬ》くことができているのですよ」と、称《たた》えられているのです。

窪尼《くぼのあま》と娘《むすめ》を温かく包《つつ》み込《こ》む

高橋入道《にゅうどう》には娘《むすめ》が一人いて、夫亡《な》き後、妻が立派《りっぱ》にその子を育てていたことが、大聖人のお手紙から拝《はい》されます（「窪尼《くぼのあま》御前《ごぜん》御返事《ごへんじ》〈孝養善根《こうようぜんこん》の事《こと》〉」新1974ページ・全1481ページ）。

「あなた（入道《にゅうどう》の妻）の供養《くよう》のお志《こころざし》によって、亡《な》き入道殿《にゅうどうどの》も仏となられるでしょう。また、姫御前《ひめごぜん》（入道《にゅうどう》の娘《むすめ》）も長寿《ちょうじゅ》で幸福となり、『さすが、あの人の娘《むすめ》よ』と称賛《しょうさん》されることでしょう。（姫御前《ひめごぜん》は）幼《おさな》いのに、あなたに孝養《こうよう》を尽《つ》くす女性ですから、故入道殿《こにゅうどうどの》の後世《ごせ》をも助けることでしょう」（同、趣意）と、大聖人は温かい励《はげ》ましを送られています。

入道《にゅうどう》の妻は、この真心《まごころ》こもる師《し》の仰《おお》せを抱《だ》き締《し》めながら、一家を照らす太陽の存在《そんざい》として信仰《しんこう》の素晴らしさを示していったことでしょう。

【関連御書】

高橋入道宛て：「高橋殿御返事（米穀御書）」（新1953㌻・全1467㌻）、「高橋入道殿御返事」（新1954㌻・全1458㌻）

高橋入道の妻宛て：「高橋殿女房御返事」（新1961㌻・全1457㌻）、「妙心尼御前御返事（病之良薬の事）」（新1962㌻・全1479㌻）、「妙心尼御前御返事（御本尊護持の事）」（新1965㌻・全1477㌻）、「持妙尼御前御返事」（新1970㌻・全1482㌻）、「妙心尼御前御返事（妙の字功徳の事）」（新1971㌻・全1483㌻）、「窪尼御前御返事（信心の根深き事）」（新1973㌻・全1479㌻）、「窪尼御前御返事（孝養善根の事）」（新1974㌻・全1481㌻）、「窪尼御前御返事（一字供養功徳無尽の事）」（新1975㌻・全1483㌻）、「窪尼御前御返事（阿那律の事）」（新1976㌻・全1485㌻）、「窪尼御前御返事（供養善根の事）」（新1977㌻・全1485㌻）、「窪尼御前御返事（虚御教書の事）」（新1978㌻・全1478㌻）、「窪尼御前御返事（金と蓮の事）」（新1980㌻・全1476㌻）

【参考】

高橋入道の縁者宛て：「減劫御書」（新1966㌻・全1465㌻）

『勝利の経典「御書」に学ぶ』第14巻（「高橋入道殿御返事」講義）、『勝利の経典「御書」に学ぶ』第9巻（「妙心尼御前御返事〈病之良薬御書〉」講義）、『勝利の経典「御書」に学ぶ』第17巻（「窪尼御前御返事〈虚御教書事〉」講義）、『勝利の経典「御書」に学ぶ』第7巻（「減劫御書」講義）

7　内容から、夫に先立たれた女性宛《あ》てであること、さらにこのお手紙を頂《いただ》いた人物が「するがの国西山《にしやま》」に住んでいることが分かる。ここから、高橋入道の妻宛《あ》てと推定《すいてい》することができる。

魔《ま》に破《やぶ》られない強い信心で

――池田先生の講義から

大聖人と心一つに、大難《だいなん》を乗《の》り越《こ》え、乗《の》り越《こ》え、ともに勝ち進んできた大切な同志。その一人の弟子が、今、病《やまい》に苦しんでいる。闘《たたか》っている――大聖人は、胸《むね》の張《は》り裂《さ》けるような思いで、平癒《へいゆ》を祈り、筆をとられ、本抄《ほんしょう》（「高橋入道殿御返事」）を、日興上人らに託《たく》されたと拝《はい》されます。

――日本国中が日蓮を憎《にく》む中で、あなたは、日蓮を信じてくださった。身延《みのぶ》までも、お便《たよ》りをくださった。あなたとは、今世だけでなく過去世から、深い深い因縁《いんねん》で結ばれているに違《ちが》いない――生命に染《し》み入《い》るような師匠《ししょう》の一言一言に、高橋入道《にゅうどう》の心は温かく包《つつ》まれていったことでしょう。

〝今世だけでなく過去世も、さらに来世も、その次も、永遠に、私とあなたは一緒《いっしょ》だよ！

師弟《してい》は一体ですよ！〟――大聖人は、そのように、限《かぎ》りない「希望」を弟子に贈《おく》っていかれたと拝《はい》されてなりません。

（『勝利の経典「御書」に学ぶ』第14巻、「高橋入道殿御返事」）

◇

重病の夫を見守り支える妙心尼《みょうしんあま》へ、大聖人は、真心《まごころ》の励《はげ》ましを送られます。

――いかなる逆境にも負けない、強い強い信仰《しんこう》を胸中《きょうちゅう》に植え付けておきたい。妙法の大良薬によって、永遠の幸福境涯《きょうがい》を築《きず》けることは間違《まちが》いない。ゆえに、どこまでも、その大確信に生き抜《ぬ》いてほしい――。

本抄《ほんしょう》（「妙心尼御前御返事〈病之良薬の事〉」）は、門下《もんか》を思う師匠《ししょう》の慈愛《じあい》が満ちあふれている御書です。

（中略）

駿河《するが》は、鎌倉幕府《ばくふ》の中枢《ちゅうすう》にいる北条氏《ほうじょう》の縁者《えんじゃ》たちが所領を持っていました。妙心尼《みょうしんあま》夫妻は、この幕府《ばくふ》の影響《えいきょう》の強い土地で、真面目に信心を貫《つらぬ》いてきたのです。

また、それだけに魔《ま》も強い。だからこそ、断じて魔《ま》に破れることなど、あってはならない。

魔《ま》を魔《ま》と見破り、信心が破られてはならない。むしろ、一層《いっそう》の信心を奮《ふる》い起《お》こして勝利していくのだ。そうした厳愛《げんあい》が込《こ》められた一書であると拝《はい》することができます。


(『勝利の経典「御書」に学ぶ』第9巻、「妙心尼御前御返事〈病之良薬御書〉」)

船守弥三郎夫妻《ふなもりやさぶろう》、新田殿《にいだどの》

船守弥三郎夫妻《ふなもりやさぶろう》

伊豆《いず》

自然災害や飢饉《ききん》、疫病《えきびょう》が相次《あいつ》ぐ時代にあって、日蓮大聖人は、ただひたすらに民衆《みんしゅう》の幸福を願い、妙法を弘《ひろ》められました。その思想と人格に触《ふ》れ、多くの人々が大聖人の弟子として広布の旅路《たびじ》を歩みます。それは流罪《るざい》の地にあっても同じでした。船守弥三郎《ふなもりやさぶろう》夫妻も、そうした門下《もんか》であったと考えられています。

大聖人との出会い

船守弥三郎《ふなもりやさぶろう》は伊豆国《いずのくに》伊東荘川奈《いとうのしょうかわな》（静岡県伊東《いとう》市川奈《かわな》）[1]に住んでいたと伝えられています。

弥三郎《やさぶろう》は、弘長《こうちょう》元年（１２６１年）５月に伊豆流罪《いずるざい》となった日蓮大聖人と出会います。

伊豆流罪《いずるざい》までの経緯《けいい》はこうです。前年の文応《ぶんおう》元年（１２６０年）７月、大聖人は「立正安国論《りっしょうあんこくろん》」を北条時頼《ほうじょうときより》に提出しましたが、幕府《ばくふ》はそれを用《もち》いませんでした。大聖人は「立正安国論《りっしょうあんこくろん》」で、念仏を厳《きび》しく破折されており、提出からほどなく、念仏者たちが、執権《しっけん》・北条長時《ほうじょうながとき》の父で、念仏の強信者である重時《しげとき》をうしろだてにして、鎌倉・名越《なごえ》にある大聖人の草庵《そうあん》を襲《おそ》いました（松葉ケ谷《まつばがやつ》の法難《ほうなん》）。

その後、幕府《ばくふ》は不当にも大聖人を捕《と》らえ、弘長《こうちょう》元年（１２６１年）５月12日、伊豆国《いずのくに》への流刑《るけい》に処《しょ》したのです。大聖人は弘長《こうちょう》３年（１２６３年）２月22日までの約2年間を、この地で過ごすことになります。

流罪《るざい》生活を支える

伊豆国《いずのくに》に至《いた》るまでの詳《くわ》しい経緯《けいい》は明らかではありません。

到着後《とうちゃくご》の様子について、弘長《こうちょう》元年（1261年）6月27日、船守弥三郎《ふなもりやさぶろう》へ送られたお手紙（「船守弥三郎許御書《ふなもりやさぶろうもとごしょ》」）によると、小舟《こぶね》での長時間の旅であったためか、大聖人は津《つ》（船着き場）に上がって苦しまれていたようです。この時、大聖

1　「船守弥三郎許御書《ふなもりやさぶろうもとごしょ》」にある「伊豆《いず》の伊東《いとう》・かわな」（新1722ページ・全1445ページ）の「伊東《いとう》」とは、伊東荘《いとうのしょう》を指していると考えられる。伊東荘《いとうのしょう》の地頭《じとう》が伊東八郎左衛門尉祐光《いとうはちろうざえもんのじょうすけみつ》だった。一方、「伊東《とう》とかわなのみちのほど」（新1724ページ・全1446ページ）の「伊東《いとう》」は、当時、伊東荘《いとうのしょう》の中に「伊東《とう》」という地名は確認できないことから、〝伊東八郎左衛門尉《いとうはちろうざえもんのじょう》のもと〟を指すと考えられる。
なお、「一谷入道御書《いちのさわのにゅうどうごしょ》」には「伊豆国伊東郷《いずのくにいとうのごう》」（新1758ページ・全1326ページ）とある。この伊東郷《いとうのごう》は、伊東荘《いとうのしょう》とほぼ同じ地域を指すものとも考えられている。

人を助けたのが、弥三郎《やさぶろう》でした。弥三郎《やさぶろう》は漁師であったと考えられています。それ以来、夫妻で大聖人をお世話したのです。

そのことについて大聖人は、「船から上がって苦しんでいたのを、真心込《まごころこ》めてお世話してくださいました。これは、いかなる過去からの約束事でしょうか」（新1722ページ・全1445ページ、通解）と述《の》べられています。

弥三郎《やさぶろう》の妻も、食事を準備し、手足を洗《あら》う湯水を手配するなど、大聖人に真心《まごころ》を尽《つ》くしました。

弥三郎《やさぶろう》夫妻は、大聖人の人柄《ひとがら》、また、人格の輝《かがや》きに触《ふ》れて、自《みずか》ら進んで門下《もんか》となり、信心に励《はげ》んでいったと考えられます。

当時、大聖人への捏造《ねつぞう》された誹謗《ひぼう》は、伊豆《いず》の人々にも広がっていたようです。

大聖人は、「この地の地頭《じとう》や万民が日蓮を憎《にく》み、腹を立てることは鎌倉よりも激《はげ》しい。日蓮を見る者は目をひきつらせ、日蓮の名を聞く人は反発しています」

（同、通解）と仰《おお》せであり、鎌倉以上に大聖人を憎《にく》み、反発する者がたくさんいました。

そうした中で、流人《るにん》である大聖人を支え、お守りすることは並大抵《なみたいてい》のことではなかったはずです。それができたのは、弥三郎《やさぶろう》が、人々から厚い信頼《しんらい》を寄せられる人物だったからではないかと思われます。

三世にわたる縁《えにし》

わが身の危険《きけん》を顧《かえり》みることのない夫

船守弥三郎が日蓮大聖人をお助けしたとされる川奈から相模灘を望む（静岡県伊東市）

妻の献身《けんしん》は、大聖人が川奈《かわな》から、地頭《じとう》の伊東八郎左衛門尉祐光《いとうはちろうざえもんのじょうすけみつ》のもとに移られるまでの約1カ月間、続いたと考えられています。大聖人は、「特に5月の頃なので、お米も乏《とぼ》しかったことでしょう。それにもかかわらず、あなた方夫妻は、日蓮を内々に養ってくださいました」(新1722ページ・全1445ページ、通解)等と夫妻の苦労に思いをはせ、心からの感謝を伝えられています。

また、弥三郎《やさぶろう》には「過去に法華経の行者であられたのが、今、末法に船守弥三郎《ふなもりやさぶろう》と生まれ変わって日蓮を憐《あわ》れむのでしょうか」、妻には「(その宿縁《しゅくえん》は)日蓮にはわかりません。不思議としか申しようがありません」、そして夫妻に対して「お二人は、日蓮の父母が生まれ変わられたのでしょうか」(同、趣意)と仰《おお》せです。大聖人が示された三世にわたる縁《えにし》に、弥三郎《やさぶろう》夫妻は妙法に生きる喜びを感じたことでしょう。

「仏とは私たち自身」

大聖人が川奈《かわな》を離《はな》れられた後も、夫妻の求道心は変わりませんでした。大聖人を快《こころよ》く思わぬ人々の目が光る中、ちまきや酒、干飯《ほしいい》（乾燥《かんそう》した飯）、山椒《さんしょう》、紙などを御供養《ごくよう》としてお届《とど》けしたのです。「船守弥三郎許御書《ふなもりやさぶろうもとごしょ》」は、その御礼《おんれい》のお手紙です。

お手紙で大聖人は、「過去、久遠五百塵点劫《くおんごひゃくじんてんごう》の当初から『ただ私一人のみが一《いっ》切衆生《さいしゅじょう》を救うことができる』といわれる教主釈尊《きょうしゅしゃくそん》とは、私たち衆生《しゅじょう》のことです。これが法華経の一念三千の法門であり、寿量品《じゅりょうほん》の『常に此《ここ》に住《じゅう》して法を説く』という仏の振《ふ》る舞《ま》いなのです」「凡夫《ぼんぷ》はすなわち仏であり、仏はすなわち凡夫《ぼんぷ》です。……夫妻二人は、教主大覚世尊《きょうしゅだいかくせそん》（釈尊《しゃくそん》）が生まれ変わって日蓮を助けられたのでしょうか」（新1723ページ・全1446ページ、通解）と、記《しる》されています。

一切衆生《いっさいしゅじょう》を救う仏とは私たち自身なのです――この法理を拝《はい》した弥三郎《やさぶろう》夫妻

は、大聖人がお手紙の文末で「後日のために、お手紙を差し上げておきます」（新1724ページ・全1446ページ、通解）と仰《おお》せになっているように、ただちには理解できなかったかもしれません。しかし、仏とまで賛嘆《さんたん》してくださる大聖人の慈愛《じあい》を、強く深く感じたに違《ちが》いありません。

大聖人は、弥三郎《やさぶろう》夫妻に対して、危険《きけん》が及《およ》ぶかもしれないので、手紙を受け取ったことも「胸《むね》の中にしまっておいて、人に語ってはなりません」（同、通解）と心配されています。感謝と思いやりに満ちあふれたお手紙に触《ふ》れた夫妻は、弟子として生き抜《ぬ》くと、固く誓《ちか》ったことでしょう。

【関連御書】

船守弥三郎宛て：「船守弥三郎許御書」（新1722ページ・全1445ページ）

【参考】

『永遠の経典「御書」に学ぶ』第1巻（「船守弥三郎許御書」講義）

あなた自身が「幸福の当体《とうたい》」

——池田先生の講義から

大聖人をお守りしたのは、どこまでも「庶民《しょみん》の力《ちから》」でした。一部のずるいエリートではなく、誠実《せいじつ》な庶民《しょみん》こそが広宣流布の担《にな》い手《て》なのです。

その意味で私は、特に壮年部の方々に、地域にあって「あの人の言うことなら」と信頼《しんらい》される「現代の船守弥三郎《ふなもりやさぶろう》」となっていただきたいのです。

◇

御手紙《おてがみ》の初めから結びまで、夫妻に感謝する大聖人の御心《おこころ》が、どの行間にもにじんでいます。(中略)

この大聖人の温かな御人格《ごじんかく》が、門下《もんか》をひきつけたのです。

思想や哲学《てつがく》の深さにひかれた弟子もいたでしょう。藁《わら》をもつかむ気持ちで、宿命転換《しゅくめいてんかん》の仏法の門をたたいた人も、たくさんいたでしょう。

しかし、大聖人の人間性が最高の磁力《じりょく》だったのではないでしょうか。大聖人を「にくみねたむ」者たちは、それが分からない。

「人間を軽蔑《けいべつ》する」人々は、「人間を尊敬《そんけい》する」大誠実《だいせいじつ》の行動をも、ゆがめて見るのです。

現代は、エゴイズムが当たり前のような世相です。その中で、正法を弘《ひろ》め、友を励《はげ》ます「仏」「菩薩《ぼさつ》」の行動を続けているのが皆《みな》さま方です。

「船守弥三郎許御書《ふなもりやさぶろうもとごしょ》」に照らせば、皆《みな》さまこそ「金剛不滅《こんごうふめつ》の仏身《ぶっしん》」となる方々です。大誠《だいせい》実《じつ》で友の面倒《めんどう》をみる。一人一人を、抱《だ》きかかえるように激励《げきれい》する。その行動の持続が、自分自身を仏の生命で固めていくのです。(中略)

あなた自身が「幸福の当体《とうたい》」であり、「幸福そのもの」の「金剛不滅《こんごうふめつ》」の存在《そんざい》である。そのことを高らかに宣言《せんげん》された御書なのです。

(『永遠の経典「御書」に学ぶ』第1巻、「船守弥三郎許御書」)

新田殿《にいだどの》

伊豆《いず》

同じく伊豆国《いずのくに》の門下《もんか》に新田四郎信綱《にいだしろうのぶつな》がいます。御書の宛名《あてな》になっている「新田殿《にいだどの》」（新1725ジペー・全1452ジペー）は、この四郎信綱《しろうのぶつな》のことと考えられます。

一族は伊豆《いず》と陸奥《むつ》に存在《そんざい》

新田殿《にいだどの》は、伊豆国仁田郷畠村《いずのくににったごうはたけむら》（静岡県田方郡函南町《たがたぐんかんなみ》畑毛《はたけ》）[2]に住んでいた門下《もんか》で

2　弘長《こうちょう》3年（1263年）の文書に「仁田郡畠村《にったぐんはたけむら》」（鎌倉遺文《いぶん》8961号文書）、文永元年《ぶんえい》（1264年）の文書にも「伊豆国仁田郡畠村《いずのくににったぐんはたけむら》」（同9151号文書）と見える。しかし、伊豆国《いずのくに》に「仁田郡《にったぐん》」という郡は確認できないことから、仁田郷《にったごう》の誤記《ごき》の可能性が考えられる。

す。新田氏《にいだし》一族は、陸奥国登米郡新田《むつのくにとめぐんにいだ》（宮城県登米《とめ》市中田《なかだ》町宝江新井田《たからえにいだ》）にも所領を持っていたようです。

新田《にいだ》家は、南条家とも縁《えん》が深く、新田殿《にいだどの》は日興上人に導《みちび》かれて信心に励《はげ》んだと考えられます。

弘安《こうあん》3年（1280年）、新田殿《にいだどの》とその妻が使いを遣《つか》わして、身延《みのぶ》の大聖人のもとに御供養《ごくよう》をお届《とど》けしています。

その御返事《ごへんじ》に、「使者を遣《つか》わされた御志《おこころざし》は、この上なく尊《とうと》いものです……」（新1725ページ・全1452ページ、通解）と、夫妻の御供養《ごくよう》の信心を賛嘆《さんたん》されたお手紙を頂《いただ》いています。漢文で認《したた》められていることからも、新田殿《にいだどの》は、教養のある人だったことがうかがわれます。

南条時光《なんじょうときみつ》の手本に

建治《けんじ》3年（1277年）に大聖人が南条《なんじょう》時光《ときみつ》に宛《あ》てられたお手紙には、新田殿《にいだどの》について記《しる》されています。

「新田殿《にいだどの》のことは本当でしょうか。興津《おきつ》のことは聞いています。殿《との》（時光《ときみつ》）も機会があれば、その道理を貫《つらぬ》きなさい」（新1868ページ・全1540ページ、通解）

具体的なことは定《さだ》かではありませんが、前後の文脈から、新田殿《にいだどの》は難《なん》に遭《あ》っても信心を貫《つらぬ》き、迫害《はくがい》と戦ったと推測《すいそく》されます。その勇敢《ゆうかん》な信心を手本とするよう、時光《ときみつ》を

新田殿が住んだ畑毛を含む静岡県の函南町。新田殿は、富士を仰ぎながら雄々しく信心を貫いた

激励《げきれい》されているのです。

大聖人が御入滅《ごにゅうめつ》されると、跡《あと》を継承《けいしょう》された日興上人は、地頭《じとう》である波木井実長《はきいさねなが》の謗法《ほうぼう》のため身延《みのぶ》を離《はな》れられます。新田殿《にいだどの》は南条時光《なんじょうときみつ》と共《とも》に、日興上人をお守りしました。大聖人御在世中《ございせちゅう》はもとより、御入滅《ごにゅうめつ》の後も強盛《ごうじょう》な信心を貫《つらぬ》き通《とお》したのです。日興上人が「新田四郎信綱《にいだしろうのぶつな》は、日興第一の弟子なり」と記《しる》されていることからも、その純粋《じゅんすい》さがうかがえます。

【関連御書】

新田信綱夫妻宛て：「新田殿御書」（新1725ジペー・全1452ジペー）

日妙聖人《にちみょうしょうにん》、さじきの女房《にょうぼう》

日妙聖人《にちみょうしょうにん》

鎌倉《かまくら》

日妙聖人《にちみょうしょうにん》[1]は、鎌倉に住んでいた女性門下《もんか》であり、佐渡《さど》に、また身延《みのぶ》に、日蓮

1　日妙聖人《にちみょうしょうにん》、乙御前《おとごぜん》に宛《あ》てた大聖人のお手紙は計3編が伝えられている。これらの内容から、「日《にち》妙聖人《みょうしょうにん》」と「乙御前《おとごぜん》の母」は同一人物であるとみることができる。

江の島から望む神奈川県鎌倉市。大聖人御在世の当時、予想される蒙古（モンゴル帝国）再来に社会が騒然とするなか、日妙聖人も、さじきの女房も、一途に師を求める純粋な信心を鎌倉で貫いた

大聖人を訪《たず》ねた強盛《ごうじょう》な信心の人です。「日妙聖人《にちみょうしょうにん》」とは、大聖人がその尊《とうと》い求道の姿勢《しせい》を称賛《しょうさん》されて贈《おく》られた称号《しょうごう》です。実際の名前は明らかではありませんが、結婚《けっこん》し、乙御前《おとごぜん》[2]という娘《むすめ》をもうけていましたので、大聖人は「おとごぜん《乙御前》のはは《母》（乙御前《おとごぜん》の母）」（新１６８４ページ・全１２２２ページ）とも呼《よ》ばれています。

夫とは、乙御前《おとごぜん》が小さいうちに別れていたようです。死別か離別《りべつ》かは明らかではありません。当時は、天《てん》変地異《ぺんちい》が頻繁《ひんぱん》に起こり、人々は飢《う》えと疫病《えきびょう》に苦しめられていました。そのような中で夫と別れた女性が一人で生きていくことは、相当な苦労があったことでしょう。

入信の時期ははっきりしていませんが、幼子《おさなご》を抱《かか》えながら純真《じゅんしん》な信心に励《はげ》み、厳《きび》しい現実を一つ一つ乗《の》り越《こ》えていったものと思われます。

2 「乙御前母御書《おとごぜんのははごしょ》」に「をとごぜんが・いかに尼となり候いつらん、法華経にみやづかわせ候ほうこうをば・をとごぜんの尼は・のちさいわいになり候」（全1223㌻）とある。ここから、娘《むすめ》の乙《おと》御前《ごぜん》が後《のち》に尼《あま》となったと理解されてきたが、現在では御真筆を「いかにひと（人）となり」、さらに「おとごぜんの御《おん》いのち、さいわいになり」と読んでいる（新1685㌻）。大聖人が乙御前《おとごぜん》の成長と幸福を願われた真情を拝《はい》することができる。

ちなみに、この「乙御前母御書《おとごぜんのははごしょ》」は最近の研究では、筆跡《ひっせき》を根拠《こんきょ》に文永《ぶんえい》10年（1273年）の御執《ごしっ》筆《ぴつ》と推定《すいてい》されている。内容からも、この御執筆《ごしっぴつ》年で矛盾《むじゅん》を生じない。

弾圧《だんあつ》の中、信心を貫《つらぬ》く

文永《ぶんえい》8年(1271年)9月、大聖人は竜《たつ》の口《くち》の法難《ほうなん》に遭《あ》われ、その直後、佐《さ》渡《ど》に流罪《るざい》となりました。このことを機に門下《もんか》の中から、大聖人を批判《ひはん》するばかりか、同志をそそのかして退転させる者が相次《あいつ》いだのです。また、鎌倉では大聖人門下《もんか》への弾圧《だんあつ》の嵐《あらし》が吹《ふ》き荒《あ》れました。

しかし、日妙聖人《にちみょうしょうにん》の信心は、微動《びどう》だにしなかったようです。むしろ、大聖人の安否《あんぴ》を気遣《きづか》い、お慕《した》いする心は、日に日に強くなっていったのでしょう。文永《ぶんえい》9年(1272年)5月、日妙聖人《にちみょうしょうにん》は、ついに佐渡《さど》の大聖人をお訪《たず》ねしたのです。その折に、幼《おさな》い乙御前《おとごぜん》を連《つ》れてお訪《たず》ねしたという説もあります。

佐渡《さど》への訪問《ほうもん》を称賛《しょうさん》

鎌倉から佐渡《さど》までの道中が、いかに困難《こんなん》なものであったか。大聖人は「山は峨々《がが》としてそびえ、海は濤々《とうとう》として波立ち、風雨は時節に従《したが》うことがありません。山賊《さんぞく》や海賊《かいぞく》は充満《じゅうまん》しています。途中《とちゅう》の宿の民の心は虎《とら》や犬のようです。さながら現身に三悪道《さんあくどう》（地獄《じごく》・餓鬼《がき》・畜生《ちくしょう》）の苦しみを経験しているかのようです」（新1683ジペー・全1217ジペー、趣意）と仰《おお》せです。

その上、この年（文永《ぶんえい》9年〈1272年〉）は二月騒動《そうどう》という、北条《ほうじょう》氏の一族同士が争《あらそ》う内乱《ないらん》が起こっています。それからまだ間もない厳《きび》しい状況《じょうきょう》の中を日妙聖人《にちみょうしょうにん》は、はるか佐渡《さど》までお訪《たず》ねしたのです。大聖人が、そのけなげな信心を大変に喜ばれ、認《したた》められたのが「日妙聖人御書《にちみょうしょうにんごしょ》」です。

大聖人はその中で、雪山童子《せっせんどうじ》[3]などの過去の行者が身をなげうって法を求めた尊《とうと》い姿《すがた》を述《の》べられ、その上で、「女人《にょにん》が仏法を求めて千里の路《みち》を踏《ふ》み分《わ》けたことは、いまだ聞いたことがありません」（新1682ジペー・全1216ジペー、通解）と仰《おお》せになり、日妙聖人《にちみょうしょうにん》の訪問《ほうもん》を心から称賛《しょうさん》されています。

大聖人は「妙《みょう》」の一字に、過去の行者が長い修行で得た功徳がすべて収《おさ》まっており、その功徳を受けるのは、「日本第一の法華経の行者の女人《にょにん》」（新1683ジペー・全1217ジペー）こそふさわしいとされて、「日妙聖人《にちみょうしょうにん》」という称号《しょうごう》を贈《おく》られたのです。こうした大聖人の慈愛《じあい》に触《ふ》れ、日妙聖人《にちみょうしょうにん》は一層《いっそう》、信心に励《はげ》んでいったに違《ちが》いありません。

弟子たちを支援《しえん》

鎌倉に帰った日妙聖人《にちみょうしょうにん》は、弾圧《だんあつ》の中で懸命《けんめい》に信仰《しんこう》を貫《つらぬ》く、大聖人の弟子たちをお世話し、支援《しえん》したようです。このことは、こうした日妙聖人《にちみょうしょうにん》の陰《かげ》の尽力《じんりょく》を聞かれた大聖人が日妙聖人《にちみょうしょうにん》に宛《あ》てて、「（鎌倉の）弟子たちにも何かと配慮《はいりょ》してくださっているとうかがっています」（新1685ページ・全1222ページ、趣意）と述《の》べられていることから明らかです。また、この仰《おお》せからは、日妙聖人《にちみょうしょうにん》の労苦を知り、心からねぎらう師《し》の真心《まごころ》が伝わってきます。さらに、このお手紙の中で大聖人は「今、（あなたは）法華経を慕《した》われていますから、必ず仏になられる女人《にょにん》です」（同、趣意）と、日妙聖人《にちみょうしょうにん》の信心を称《たた》えられています。

3　釈尊《しゃくそん》が過去世で菩薩行《ぼさつぎょう》をしていた時の姿《すがた》の一つ。鬼《おに》に変じた帝釈天《たいしゃくてん》が雪山童子《せっせんどうじ》の求道心を試《ため》すため、半偈《はんげ》を説き、残りの半偈《はんげ》を聞きたいと願った童子《どうじ》が、鬼《おに》に身を与《あた》えることを約束して残りの半偈《はんげ》を聞いた。それを岩などに留め残した後、約束通り身を与《あた》えようとした時、鬼《おに》は帝釈天《たいしゃくてん》の姿《すがた》に戻《もど》り、童子《どうじ》の求道心を称賛《しょうさん》した。

身延《みのぶ》へ再《ふたた》びの求道の旅

文永《ぶんえい》11年（1274年）、大聖人は佐《さ》渡流罪《どるざい》を赦免《しゃめん》になり、鎌倉に帰られて3度目の国主諫暁《こくしゅかんぎょう》をされた後、身延《みのぶ》に入山されました。この年の10月には、大聖人の予言通り、蒙古《もうこ》（モンゴル帝国）軍が襲来《しゅうらい》しました。対馬《つしま》、続いて壱岐《いき》を襲《おそ》い、北九州に上陸して激戦《げきせん》となりましたが、この時は撤退《てったい》していきました。しかし、翌《よく》・文永《ぶんえい》12年（建治《けんじ》元年〈1275年〉）4月には、再《ふたた》び蒙《も》古《こ》の使者が来日しました。

険難な道を越えて、流罪の身の大聖人を佐渡に訪ねた日妙聖人。大聖人は、その求道の志を称えて「日妙聖人」との名を贈られた（佐渡市市野沢）

社会が騒然《そうぜん》とする中、日妙聖人《にちみょうしょうにん》親子も、さぞかし心細い気持ちだったことでしょう。日妙聖人《にちみょうしょうにん》は身延《みのぶ》にいる大聖人をお訪《たず》ねします。建治《けんじ》元年（1275年）8月、大聖人は日妙聖人《にちみょうしょうにん》に「乙御前御消息《おとごぜんごしょうそく》」を与《あた》えられています。

その中で大聖人は、「かつて佐渡《さど》まで自《みずか》らはるばる来られたことは、現実とは思えないほど不思議なことです。その上、このたびの身延《みのぶ》への訪《おとず》れは何とも申しようがありません」（新1689ジペー・全1220ジペー、趣意）と称賛《しょうさん》されています。

師《し》の慈愛《じあい》の励《はげ》まし

そして、〝心の堅固《けんご》な者には諸天《しょてん》[4]の守りが必ず強い〟（同ジペー、趣意）との言葉を

4　「諸天《しょてん》」とは諸天善神《しょてんぜんじん》のこと。諸天善神《しょてんぜんじん》は、正法を受持する人とその国土を守護する種々の神々のこと。十羅刹女《じゅうらせつにょ》は、法華経陀羅尼品《だらにほん》第26で、法華経を受持する者を守ることを誓《ちか》った10人の羅刹女《らせつにょ》を指す。

示されて、「これまでのあなたの信心の深さは、言い表すことができません。しかし、それよりもなお一層《いっそう》の強盛《ごうじょう》な信心をしていきなさい。その時は、ますます十羅刹女《じゅうらせつにょ》[4]の守護も強くなると思いなさい」（新1689ページ・全1220ページ、通解）と激励《げきれい》されています。悪世《あくせ》を生き抜《ぬ》く要諦《ようてい》は、どこまでも強盛《ごうじょう》な信心にあることを教えられていると拝《はい》することができます。

お手紙の最後では、「どんな出来事でも起きたならば、こちら（身延《みのぶ》）へおいでなさい」（新1692ページ・全1222ページ、通解）と仰《おお》せになり、また「乙御前《おとごぜん》は、さぞかし大人らしくなられたことでしょう。どんなにか聡明《そうめい》になられたことでしょう」（同、通解）と、その成長を楽しみにされています。

こうした限《かぎ》りない慈愛《じあい》の励《はげ》ましに接し、日妙聖人《にちみょうしょうにん》親子は大きな安心感に包《つつ》まれ、ますます信心根本《こんぽん》にまい進しようと決意したことでしょう。

【関連御書】

日妙聖人宛て：「日妙聖人御書」（新1678ジベー・全1213ジベー）、「乙御前母御書」（新1684ジベー・全1222ジベー）

日妙聖人・乙御前宛て：「乙御前御消息」（新1686ジベー・全1218ジベー）

「昨日より今日」「今日より明日へ」
――池田先生の講義から

まず、「古《いにし》への御心《おんこころ》ざし申《もう》す計《ばか》りなし」と、乙御前《おとごぜん》の母のこれまでの求道の歩みが本物であったことを、あらためて賞讃《しょうさん》されます。しかし、続いて大聖人は、あえて、こう御指導されます。

「今一重強盛《いまいちじゅうごうじょう》に御志《おんこころざし》あるべし」

――これまで以上に、強盛《ごうじょう》な信心を貫《つらぬ》いていきなさい、との仰《おお》せです。

すでに佐渡《さど》へ身延《みのぶ》へと、不惜《ふしゃく》の師弟不二《していふに》の姿《すがた》を示している乙御前《おとごぜん》の母です。それまでの求道と報恩の姿《すがた》が不十分だったというわけではは、決してありません。それでも、「今一重」と仰《おお》せられているのは、信心において一番大切な要諦《ようてい》は、「昨日より今日」「今日より明日へ」という姿勢《しせい》であることを教えられるためと拝《はい》されます。

仏法は、本因妙《ほんいんみょう》であり、現当二世《げんとうにせ》です。
どんなに過去に信仰《しんこう》の功績があっても、今、歩みを止めてしまったならば、いつしか、信心は成長の軌道《きどう》から外れてしまう。（中略）
乱世《らんせい》だからこそ、今こそ乙御前《おとごぜん》の母に、「絶対勝利」のための本物の信心を伝えておきたい、との大聖人の大慈悲《だいじひ》が、ひしひしと感じられる一節です。

（『勝利の経典「御書」に学ぶ』第3巻、「乙御前御消息」）

さじきの女房《にょうぼう》

鎌倉《かまくら》

さじきの女房《にょうぼう》は、鎌倉の女性門下《もんか》です。詳《くわ》しいことは分かりませんが、大聖人は「桟敷女房御返事《さじきのにょうぼうごへんじ》（無量無辺の功徳の事）」（新1704ページ・全1231ページ）で、さじきの女房《にょうぼう》の夫を「兵衛《ひょうえ》のさえもんどの《左衛門殿》」と呼《よ》ばれ、「法華経の行者」と称《たた》えられています。また、さじきの女房《にょうぼう》のことを「法華経の女人《にょにん》」と称《しょう》されており、夫妻ともに強盛《ごうじょう》に信仰《しんこう》を貫《つらぬ》いていたことがうかがえます。

鎌倉の門下《もんか》

「さじき（桟敷）」とは、鎌倉に幕府《ばくふ》を開《ひら》いた源頼朝《みなもとのよりとも》が由比ケ浜《ゆいがはま》の眺望《ちょうぼう》を楽しむために桟敷《さじき》を設け、その跡《あと》を「桟敷《さじき》」と呼《よ》び習《なら》わしたことに由来《ゆらい》する地名です（ちなみに、この地名は現在、残っていません）。さじきの女房《にょうぼう》は、この地に住んだため、こう呼《よ》ばれたと思われます。

鎌倉の門下《もんか》を見渡《みわた》すと、この桟敷《さじき》の地には、さじきの女房《にょうぼう》以外にも、「冬は必ず春となる」（新１６９６ページ・全１２５３ページ）との励《はげ》ましの一節を頂《いただ》いた妙一尼《みょういちあま》[5]や、「佐渡御書《さどごしょ》」の宛先《あてさき》の一人である「さじき《桟敷》の尼御前《あまごぜん》」（新１２８４ページ・全９５６ページ）がいたと考えられます。ちなみに、妙一尼《みょういちあま》と、さじき《桟敷》の尼御前《あまごぜん》は同一の人物であるとの説もありますが定《さだ》かではありません（妙一尼《みょういちあま》は『日蓮門下《もんか》の人間群像』上巻に収録）。

5　妙一尼宛《みょういちあまあ》てのお手紙（「妙一尼御返事《みょういちあまごへんじ》」、新１６９３ページ※新規収録）の真筆を見ると、抄末《しょうまつ》の宛名《あてな》「妙一尼御前《みょういちあまごぜん》」の右横に「さしき（さじき）」と認《したた》められている。これは、妙一尼《みょういちあま》が鎌倉の桟敷《さじき》の地に住んでいたことを示していると理解できる。

一家、眷属《けんぞく》に及《およ》ぶ功徳

建治《けんじ》元年（1275年）5月、さじきの女房《にょうぼう》は帷《かたびら》（帷子《かたびら》）を日蓮大聖人に御供養《ごくよう》しました。旧暦《きゅうれき》の5月ですから、盛夏《せいか》を前にして、夏用で裏《うら》のついていない単衣《ひとえ》の帷《かたびら》を着てほしいとの思いで差し上げたのでしょう。

大聖人は、この御供養《ごくよう》に対する返礼の「桟敷女房御返事《さじきにょうぼうごへんじ》」（新1704ジ ペー・全1231ジ ペー）で、さじきの女房《にょうぼう》が自発の心から帷《かたびら》を御供養《ごくよう》したことを大いに称賛《しょうさん》されています。この帷《かたびら》は、さじきの女房《にょうぼう》が手ずから織り、縫《ぬ》い上げたものだったのかもしれません。大聖人は、このように称《たた》えられています。

——法華経に一枚《まい》の帷《かたびら》を供養《くよう》したということは、法華経が六万九千三百八十四の文字からなり、その一つ一つが仏ですから、それと同じ数の帷《かたびら》を供養《くよう》したことになります。

春の野の、千里ばかりに生《お》い茂《しげ》っている草に、豆粒《まめつぶ》ほどのほんの小さな火を草一つに放《はな》つと、その火はたちまち燃え広がって無量無辺の火となるようなものです。この功徳は、父母、祖父母、さらに無数の衆生《しゅじょう》にもきっと及《およ》んでいくでしょう（新1704ジペー・全1231ジペー、趣意）。

大聖人こそ、民衆《みんしゅう》の幸福を何よりも願って、末法広宣流布を進められた法華経の行者にほかなりません。

この仰《おお》せは、その大聖人を支える功徳が限《かぎ》りなく大きいことを示していると拝《はい》することができます。と同時に、このお手紙からは、門下《もんか》の真心《まごころ》を尊《とうと》び、真心《まごころ》には真心《まごころ》で応《こた》えようとする師《し》・大聖人の慈愛《じあい》がひしひしと伝わってきます。

再《ふた》びの供養《くよう》を賛嘆《さんたん》

弘安《こうあん》5年（1282年）2月、さじきの女房《にょうぼう》は再《ふた》び、帷《かたびら》と布を大聖人に御供養《ごくよう》しています。大聖人は法華経法師品《ほっしほん》の内容を踏《ふ》まえて、十種の供養《くよう》の一つである衣服の供養《くよう》をしたさじきの女房《にょうぼう》は、過去世に十万億もの仏を供養《くよう》した人であると示されています。法師品《ほっしほん》に、この十種の供養《くよう》をする人は未来世に必ず成仏《じょうぶつ》すると説かれている通り、さじきの女房《にょうぼう》の供養《くよう》は未来に必ず成仏《じょうぶつ》する因を積んでいると賛嘆《さんたん》されているのです。

さじきの女房《にょうぼう》は、広宣流布を支えようとする信心の志《こころざし》に素晴らしい福徳が具《そな》わることを知り、信仰《しんこう》の確信をますます強くして、夫妻ともども信心に励《はげ》んでいったことでしょう。

【関連御書】

さじきの女房宛て：「桟敷女房御返事（無量無辺の功徳の事）」（新1704ジペー・全1231ジペー）、「桟敷女房御返事（衣服供養の事）」（新1705ジペー・全1232ジペー）

広布を願う一人の志《こころざし》が万人の幸福へ

——池田先生の指針から

（「桟敷女房御返事《さじきのにょうぼうごへんじ》」〈新1704㌻・全1231㌻〉の「一つのかたびら《帷》なれども、法華経の一《いっ》切《さい》の文字《もんじ》の仏にたてまつる《奉》べし……」の御文を拝《はい》して）

真心《まごころ》には、必ず真心《まごころ》で応《こた》える。これが仏法の人間主義である。

日蓮大聖人は、女性門下《もんか》の尊《とうと》き志《こころざし》を最大に賞讃《しょうさん》なされ、その功徳が限《かぎ》りない福徳の門を開《ひら》くことを示されている。

妙法を弘《ひろ》める「仏の世界」を守り、支える功徳は、父母はもちろん、無量無辺の眷属《けんぞく》にも伝わる。

一人の信心の志《こころざし》が、万人の幸福へと広がるのである。

（2014年12月19日付「聖教新聞」、「御書とともにⅡ　名誉会長が指針《ししん》を贈《おく》る」）

妙密《みょうみつ》上人、日女御前《にちにょごぜん》

妙密《みょうみつ》上人

鎌倉《かまくら》

妙密《みょうみつ》上人は、鎌倉の楅谷《くわがやつ》に在住していたとされる門下《もんか》です。楅谷《くわがやつ》は「くわがやつ」と読まれていますが、「楅」は他に用例がなく、正しい読み方は不明で、鎌倉のどこに当たるのかも定《さだ》かではありません（桑ケ谷《くわがやつ》問答[1]で知られる桑ケ谷《くわがやつ》ではないかとする説もあります）。

妙密《みょうみつ》上人が日蓮大聖人から頂《いただ》いたお手紙は、建治《けんじ》2年（1276年）閏《うるう》3月[2]に認《したた》められた「妙密上人御消息《みょうみつしょうにんごしょうそく》」の1編しか残っていないため、人物像など詳《くわ》しいことは分かっていません。

しかし、大聖人が「上人」と呼《よ》ばれていることから、信心強盛《ごうじょう》な門下《もんか》であることがうかがえます。

このお手紙の直接的な宛先《あてさき》は妙密《みょうみつ》上人ですが、文中には「妙密上人《みょうみつしょうにん》ならびに女《にょう》

1　建治《けんじ》3年（1277年）に鎌倉の桑ケ谷《くわがやつ》で行われた、日蓮大聖人の弟子・三位房《さんみぼう》と、良観《りょうかん》の庇護《ひご》を受けていた竜象房《りゅうぞうぼう》との問答。四条金吾《しじょうきんご》は同席しただけで一言も発していなかった。しかし、〝金吾《きんご》が徒党《ととう》を組み、武器をもって法座《ほうざ》に乱入《らんにゅう》した〟との讒言《ざんげん》が、金吾《きんご》の主君・江間《えま》氏の耳に入り、これがきっかけで主君の怒《いか》りを買って厳《きび》しい処分《しょぶん》にさらされることとなった。

2　旧暦《きゅうれき》（太陰太陽暦《たいいんたいようれき》）で、月の運行による暦年《れきねん》と太陽の運行によって定《さだ》まる季節とのずれを調整するために、ずれが1カ月になると、同じ月を2度繰《く》り返《かえ》して1年を13カ月とした。この月を閏月《うるうづき》という。

房《ぼう》をば」「女房《にょうぼう》にも委《くわ》しく申し給《たま》え」（新1712ページ・全1241ページ）と記《しる》されていることから、内容は妙密《みょうみつ》上人夫妻に向けられたものと思われます。

同抄《どうしょう》の冒頭《ぼうとう》は、妙密《みょうみつ》上人が大聖人に「青鳧《せいふ》[3]五貫文《かんもん》」の銭《ぜに》を御供養《ごくよう》したことへの御礼《おんれい》で始まっています（新1706ページ・全1237ページ参照）。また、お手紙からは、妙密《みょうみつ》上人が大聖人にお手紙を差し上げるたびに、「青鳧《せいふ》五連（青鳧《せいふ》五貫文《かんもん》に相当する）」[4]（新1712ページ・全1241ページ）という金銭の御供養《ごくよう》を重《かさ》ねてきたことが分かります。

大聖人は同抄《どうしょう》で、一代諸教《しょきょう》の肝心《かんじん》である法華経の題目こそが、末法のあらゆる人々の煩悩《ぼんのう》という病《やまい》を治《なお》す大良薬《だいろうやく》であるとされています。そして、末法でこの大《だい》良薬《ろうやく》である法華経の題目を先駆《さきが》けて唱《とな》え始め、弘《ひろ》めているのは大聖人御自身《ごじしん》しかいないことを宣言《せんげん》されています。

大聖人はこのような点を踏《ふ》まえ、「青鳧《せいふ》五連」の御供養《ごくよう》を重《かさ》ねて、大聖人の命を支えようとする妙密《みょうみつ》上人の真心《まごころ》は、日本国に法華経の題目を弘《ひろ》めることと同じであると励《はげ》まされ、その功徳は絶大だと教えられています。

「今後、国中の人が題目を唱《とな》えたなら、その大功徳は、妙密《みょうみつ》上人の一身に集まることは間違《まちが》いない。大海が露《つゆ》を集め、須弥山《しゅみせん》が塵《ちり》を積むように、大功徳に包《つつ》まれ、諸天善神《しょてんぜんじん》が必ず守護することは疑《うたが》いない」（新1712ページ・全1241ページ、趣意）と。

自然環境《かんきょう》が厳《きび》しく、物資も乏《とぼ》しい身延《みのぶ》での大聖人の暮《く》らしを心から案じ、折あ

3　「青鳧《せいふ》」とは、「銭《ぜに》」の別名。昆虫《こんちゅう》のカゲロウは「青蚨《せいふ》」ともいい、それが語源《ごげん》となって「銭《ぜに》」の別称《べっしょう》として用《もち》いられるようになったという説もある。

4　当時、銭の穴《あな》に紐《ひも》を通して束ねたものを一連と数えた。「妙密上人御消息《みょうみつしょうにんごしょうそく》」の冒頭《ぼうとう》に出てくる「青鳧五貫文《せいふかんもん》」（新1706ページ・全1237ページ）を「青鳧五連《せいふ》」と言い換《か》えていることから、妙密《みょうみつ》上人は銭1000枚《まい》を束ねたものを5連分、御供養《ごくよう》したことになる。

るごとに御供養《ごくよう》をお届《とど》けした妙密《みょうみつ》上人夫妻。大聖人は、その真心《まごころ》の信心を最大に称《たた》えられ、〝あなた方の信心は、法華経の行者と同じですよ〟〝ご夫婦の信心の功徳は、大海や須弥山《しゅみせん》のように無量に積まれているのですよ〟と仰《おお》せられたのです。妙密《みょうみつ》上人夫妻は、お手紙を何度も読んでは、師《し》の慈愛《じあい》に包《つつ》まれる思いだったことでしょう。

日本中に妙法の波動

また大聖人は、立宗《りっしゅう》以来の御自身《ごじしん》の闘争《とうそう》によって、「妙法を唱《とな》える人は、二人、三人、十人、百人と次第に増え、一国・二国の地域へと広がり、やがては、日本のすべてである六十六カ国《こく》と壱岐《いき》・対馬《つしま》の二島にまで、妙法の波動は及《およ》んでいる。かつて日蓮を誹謗《ひぼう》していた者たちも、題目を唱《とな》えているだろう」（新1711ジペー・全1241ジペー、趣意）と仰《おお》せになっています。

文永《ぶんえい》11年（1274年）に大聖人が佐渡流罪《さどるざい》を赦免《しゃめん》されてから、本抄《ほんしょう》が執筆《しっぴつ》された建治《けんじ》2年（1276年）にかけて、各方面の門下《もんか》は師《し》の呼《よ》び掛《か》けに呼応《こおう》して、妙法弘通《ぐつう》に次々と立ち上がっていきました。妙法の灯は各地に広がり、大聖人を誹謗《ひぼう》していた人たちも、大聖人が「自界叛逆難《じかいほんぎゃくなん》」と「他国侵逼難《たこくしんぴつなん》」の予言を的中[5]させたことや門下《もんか》たちの確信あふれる訴えによって、認識《にんしき》を変えていったのです。

当時の妙密《みょうみつ》上人夫妻も、大聖人に帰依《きえ》していたことで、周りから何らかの圧迫《あっぱく》を受けていたかもしれません。そのような障魔《しょうま》があっても負けずに大聖人を支え続けてきた夫妻の信心の真心《まごころ》を、大聖人は最大に称《たた》え、今後、国中の人が題目を

5　「立正安国論《りっしょうあんこくろん》」で予言された「自界叛逆難《じかいほんぎゃくなん》」「他国侵逼難《たこくしんぴつなん》」が、それぞれ、文永《ぶんえい》9年（1272年）の二月騒動《そうどう》、文永《ぶんえい》11年（1274年）の蒙古襲来《もうこしゅうらい》として現実のものとなった。

唱《とな》えたならば、その大功徳は妙密《みょうみつ》上人夫妻の身に集まることは間違《まちが》いないと励《はげ》まされたのです。

さらに、同抄《どうしょう》の結びの段《だん》では、「金《こがね》は、焼けばいよいよ色がよくなり、剣《つるぎ》は、研《と》げばいよいよ、よく切れるようになります。法華経の功徳を称《たた》えるならば、ますます功徳が勝《まさ》っていきます」（新1713ジペー・全1241ジペー、通解）と仰《おお》せです。

決して現状に甘《あま》んじることなく、「いよいよ」の心で奮《ふる》い立《た》つ強盛《ごうじょう》な信心を貫《つらぬ》いていけば、いかなる逆境をも、はね返していけることを教えられているのです。

妙密《みょうみつ》上人夫妻は、こうした懇切《こんせつ》なお手紙を拝《はい》し、大聖人の偉大《いだい》な御境涯《ごきょうがい》と深い慈愛《じあい》を命に刻《きざ》み、ますます強盛《ごうじょう》な信心を貫《つらぬ》いていったに違《ちが》いありません。

【関連御書】
妙密上人宛て：「妙密上人御消息」（新1706ジペー・全1237ジペー）
【参考】
『勝利の経典「御書」に学ぶ』第6巻（「妙密上人御消息」講義）

日女御前《にちにょごぜん》

日女御前《にちにょごぜん》は、大聖人御在世《ございせ》当時の女性門下《もんか》で、住んでいた場所や人物像など、詳《くわ》しいことは分かっていません。伝承によっては、池上宗仲《いけがみむねなか》の夫人という説もあれば、松野殿後家尼《まつのどののごけあま》の娘《むすめ》とする説もありますが、いずれも確たる根拠《こんきょ》はありません。

日女御前《にちにょごぜん》は、建治《けんじ》3年（1277年）の御述作《ごじゅっさく》とされる「日女御前御返事《にちにょごぜんごへんじ》（御本尊相貌抄《ごほんぞんそうみょうしょう》）」と、翌《よく》・弘安《こうあん》元年（1278年）の御述作《ごじゅっさく》とされる「日女御前御返事《にちにょごぜんごへんじ》（嘱累品等大意の事《ぞくるいほんとうたいいのこと》）」の二つのお手紙を頂《いただ》いています。二つの書状の内容から、信心と教養の深い女性であったことがうかがえます。

また、「嘱累品等大意の事《ぞくるいほんとうたいいのこと》」では、妻の浄徳《じょうとく》夫人が、バラモンの教えに執着《しゅうちゃく》している夫の妙荘厳王《みょうしょうごんのう》を正法に導《みちび》いた、法華経妙荘厳王本事品《みょうしょうごんのうほんじほん》の話を引かれています。

その話を踏《ふ》まえて、浄徳《じょうとく》夫人のように、妻が夫に正法を勧《すす》める功徳は末法になっても変わらない（新2095ページ・全1249ページ、趣意）と仰《おお》せです。これは、日女《にちにょ》御前《ごぜん》も、浄徳《じょうとく》夫人のように、夫を正法に導《みちび》いた偉大《いだい》な仏弟子であり、計《はか》り知れない功徳があることを示されていると拝《はい》することができましょう。また、「これは女房も男も共《とも》に御信用《ごしんよう》あり」（同）との一節から、日女御前《にちにょごぜん》は夫とともに強盛《ごうじょう》な信心に励《はげ》んでいたことが分かります。

池田先生は、「日女御前《にちにょごぜん》」という名称《めいしょう》に込《こ》められた意義について、こう語られています。

「大聖人は、一人のけなげな婦人の弟子に、『日女御前《にちにょごぜん》』と呼《よ》びかけておられる。『太陽の女性』『太陽の婦人』との賛嘆《さんたん》と言えるかもしれない」（『池田大作全集』第90巻）、「『日女《にちにょ》』とは、まさに太陽の女性という意義であり、その生命の光彩《こうさい》は、わが『太陽の婦人部・女子部（後の女性部）』に受《う》け継《つ》がれている」（『随筆「人間革命」光あれ』）

法華弘通《ほっけぐつう》のはたじるし

「御本尊相貌抄《ごほんぞんそうみょうしょう》」によると、日女御前《にちにょごぜん》は大聖人から御本尊を授与《じゅよ》され、御本尊への御供養《ごくよう》として、「鵝目五貫《がもくかん》」（鵝目《がもく》[6]とは銅貨のこと。銭《ぜに》5000枚《まい》に相当）、「白米一駄《だ》[7]」、数々の果物をお届《とど》けしています（新2086ページ・全1243ページ参照）。

6　鎌倉時代に流通していた銅貨が、円形で、四角い穴《あな》の開いた銭のさまが鵝鳥《がちょう》の目に似ているところから、こう呼《よ》ばれた。

7　1駄《だ》とは、馬1頭が運搬《うんぱん》する荷のことで、米2俵を運んだとされた。

また、「嘱累品等大意《ぞくるいほんとうたいい》の事《こと》」からも、銭《ぜに》７０００枚《まい》という金銭を御供養《ごくよう》していることが分かっています（新２０９０ページ・全１２４５ページ参照）。

往時の面影を今も残す釈迦堂切通（神奈川県鎌倉市）

「御本尊相貌抄《ごほんぞんそうみょうしょう》」の中では、正法《しょうほう》・像法《ぞうほう》時代には顕《あらわ》れず、正法《しょうほう》時代の竜樹《りゅうじゅ》や天親《てんじん》、像法《ぞうほう》時代の天台《てんだい》や妙楽《みょうらく》でも顕《あらわ》さなかった御本尊を、末法において大聖人が初めて「法華弘通《ほっけぐつう》のはた《旗》じるし《印》」（新２０８６ページ・全１２４３ページ）として御図顕《ごずけん》されたことを明かされています。

続いて、法華経の虚空会《こくうえ》の儀式《ぎしき》を用《もち》いて顕《あらわ》された御本尊の相貌《そうみょう》を詳《くわ》しく述《の》べられ、この御本尊が万人成仏《じょうぶつ》を実現する未曽有《みぞう》の大曼荼羅《だいまんだら》であることを教えられています。

大聖人は、この未曽有《みぞう》の御本尊を供養《くよう》した女人《にょにん》の功徳はいかに絶大であるかを記《しる》されています。「（このような御本尊に御供養《ごくよう》する女性は）今世では幸せを招き寄せます。また亡《な》くなった後には、この御本尊が左右と前後に立ち添《そ》って、闇《やみ》の中《なか》の燈火《ともしび》のように、また、険難《けんなん》な山道で力強《ちからづよ》い案内人を得たように、あちらへ回ったり、こちらへ寄《よ》り添《そ》ったりしながら、日女御前《にちにょごぜん》を囲み、必ず守るのです」（新2087ジペー・全1244ジペー、通解）と。

当時は、蒙古《もうこ》（モンゴル帝国）の再襲来《さいしゅうらい》を恐《おそ》れて、社会全体が大きな不安に覆《おお》われていました。そんな中にあって、〝この未曽有《みぞう》の御本尊は、いかなる時もあなたを守ってくれるのですよ〟と大聖人は励《はげ》まされたのです。御本仏《ごほんぶつ》の大慈悲《だいじひ》に包《つつ》まれて、どれほど日女御前《にちにょごぜん》が安堵《あんど》し、悪世末法に生きる不安や心配を払拭《ふっしょく》していったか、計《はか》り知れません。

大聖人から賜《たまわ》った御本尊が、未曽有《みぞう》の御本尊だと知り感激《かんげき》したであろう日女御前《にちにょごぜん》に、さらに驚《おどろ》くべき真実が明かされます。「この御本尊を決して別の所に求めてはなりません。この御本尊は、法華経を持《たも》って南無妙法蓮華経と唱《とな》える私たち自身の胸中《きょうちゅう》にいらっしゃるのです」（新２０８８ページ・全１２４４ページ、趣意）と。

〝そんな偉大《いだい》な御本尊が私の命の中にある〟――日女御前《にちにょごぜん》はどれほど驚《おどろ》き、喜びに身を震《ふる》わせたか分かりません。日女御前《にちにょごぜん》は、その後、いかなる困難《こんなん》に直面しても、苦しみや悩《なや》みを転換《てんかん》する力《ちから》は、自《みずか》らの命の中にあるのだとの思いで、すべてに立ち向かっていったことでしょう。

【関連御書】
日女御前宛て：「日女御前御返事（御本尊相貌抄）」（新２０８６ページ・全１２４３ページ）、「日女御前御返事（嘱累品等大意の事）」（新２０９０ページ・全１２４５ページ）

【参考】
『勝利の経典「御書」に学ぶ』第11巻（「日女御前御返事〈御本尊相貌抄〉」講義）

三沢殿《みさわどの》、新池殿《にいけどの》

三沢殿《みさわどの》

駿河《するが》

駿河国《するがのくに》（静岡県中央部）を舞台《ぶたい》に奮闘《ふんとう》した門下《もんか》の一人、三沢殿《みさわどの》を紹介《しょうかい》します。

三沢殿《みさわどの》は、駿河国《するがのくに》富士上方《かみかた》の三沢《みさわ》（静岡県富士宮市大鹿窪《おおしかくぼ》の三沢《みさわ》）の門下《もんか》です。

詳《くわ》しいことは定《さだ》かではありませんが、三沢《みさわ》に所領を持っていたようです。また、『吾妻鏡《あづまかがみ》』（正治《しょうじ》2年〈1200年〉正月20・23日条）に見られる三沢小次郎《みさわこじろう》の子孫とも伝えられていますが、確たる根拠《こんきょ》はありません。

日蓮大聖人から頂《いただ》いたお手紙（「三沢抄《みさわしょう》」）の内容から、三沢殿《みさわどの》は、大聖人が佐《さ》渡《ど》に配流《はいる》される文永《ぶんえい》8年（1271年）9月以前から信仰《しんこう》に励《はげ》んでいたと思われます。

駿河《するが》の地で信仰《しんこう》に励《はげ》む

当時、駿河国《するがのくに》は、得宗家《とくそう》（執権北条《しっけんほうじょう》氏の家督《かとく》を継《つ》ぐ本家）が守護《しゅご》（国ごとに置かれ、軍事・行政を統括《とうかつ》する職）を、また、念仏の強信者であった北条重時《ほうじょうしげとき》（第2代執権《しっけん》・義時《よしとき》の息子）の一族《いちぞく》が駿河守《するがのかみ》を務《つと》めていました。

特に富士方面は、「後家尼御前《ごけあまごぜん》」（新252ジ・全322ジ）と呼《よ》ばれる、重時《しげとき》の娘《むすめ》で、時頼《ときより》（第5代執権《しっけん》）の妻の影響《えいきょう》が大きい地域です。「後家尼御前《ごけあまごぜん》」は、時《とき》頼《より》、重時《しげとき》の敵《かたき》であるとして大聖人に対し怒《いか》りを抱《いだ》いていました。そのような中、この地で日蓮門下《もんか》が信心を続けるには慎重《しんちょう》な配慮《はいりょ》が必要だったはずです。実際に大聖人は、文永《ぶんえい》11年（1274年）、門下《もんか》に迷惑《めいわく》がかかってはいけないと、駿河国《するがのくに》賀島荘《かじまのしょう》（静岡県富士市加島町《かじま》とその周辺）の高橋六郎《たかはしろくろう》兵衛入道《ひょうえのにゅうどう》邸などへの訪問《ほうもん》を控《ひか》えられています（新1958ページ・全1461ページ等参照）。

富士のごとく、嵐に揺るがぬ強き信心を（静岡県富士宮市大鹿窪）

建治《けんじ》年間には富士下方《しもかた》の熱《あつ》原郷《はらごう》（同厚原《あつはら》とその周辺）で、日蓮門下《もんか》に対する迫害《はくがい》が強まり（熱原《あつはら》の法難《ほうなん》）、弘安《こうあん》2年（1279年）に、その激《はげ》しさが頂点《ちょうてん》を迎《むか》えます。
このような状況《じょうきょう》の中で、三沢殿《みさわどの》から大聖人への音信は途絶《とだ》えがちだったようです。

久しぶりの音信

門下《もんか》への圧迫《あっぱく》が増す建治《けんじ》4年（1278年）2月、三沢殿《みさわどの》は身延山中《みのぶさんちゅう》の大聖人に柑子《こうじ》みかん100個、川海苔《かわのり》、於胡海苔《おごのり》（岩に生えるひも状の海藻《かいそう》）等をお届《とど》けしました（新2010ジ《ペー》・全1487ジ《ペー》参照）。

これが、2年ほど前に大聖人にお目にかかって以来の便《たよ》りだったようです。

この間、〝三沢殿《みさわどの》は病気〟との噂《うわさ》が大聖人のもとに届《とど》いていました。

大聖人は、使者を出して様子を聞こうとされますが、やはり控《ひか》えられます。幕《ばく》府《ふ》に警戒《けいかい》されている大聖人からの使いが来ることで、三沢殿《みさわどの》に迷惑《めいわく》がかかってしまうのではないかとのお心遣《こころづか》いと推察《すいさつ》されます。大聖人は、〝三沢殿《みさわどの》は実直《じっちょく》であるから御病気であれば使者をよこすであろう〟と思ったものの、便《たよ》りがないので、あえて疎遠《そえん》になったまま、三沢殿《みさわどの》のことを心配されていました（新2014ページ・全1490ページ参照）。

再《ふた》びの蒙古《もうこ》（モンゴル帝国）襲来《しゅうらい》の兆《きざ》しに世間が騒然《そうぜん》とする中、〝もう一度、三沢殿《みさわどの》にお目にかかることはかなわないかもしれない〟と案じられていた大聖人のもとに、三沢殿《みさわどの》からの久しぶりの音信が届《とど》いたのです。大聖人は、「恋《こい》しく思っていたところにお便《たよ》りがあり、うれしさは申し上げようがないほどです」（同、通解）と、心から喜ばれます。

音信が途絶《とだ》えていた事情は分かりませんが、いずれにせよ、何らかの大変な苦闘を乗り越《のこ》えて、師匠《ししょう》を求めてきたであろう三沢殿《みさわどの》の勇気を、大聖人は喜ばれたと拝察《はいさつ》できます。そして、大聖人はこの機会を逃《のが》すことなく、難《なん》の本質を示そうと筆を執《と》られます。

魔《ま》の本質

御返事《ごへんじ》（「三沢抄《みさわしょう》」）で大聖人は、仏道修行をすれば、三障四魔《さんしょうしま》、中でも天子魔《てんしま》（第六天の魔王《まおう》）がさまざまに妨害《ぼうがい》してくるので、信心を貫《つらぬ》くことは決して生易《なまやさ》しいことではないことを、分かりやすく教えられます。

「凡夫《ぼんぷ》が仏道修行をして、いよいよ仏に成《な》ろうとする様子を見た第六天の魔王《まおう》は、一切の眷属《けんぞく》を集めて『それぞれの能力に応じて、あの行者を悩《なや》ましてみよ。それが成功しなければ、彼《かれ》の弟子檀那《だんな》らの心の中に入り替《か》わって、諌《いさ》めたり、脅《おど》したりしてみよ。それでも駄目《だめ》なら、私自身が国主の心身に入り替《か》わって、あの行者を脅《おど》してみせよう』と評議するのです」（新2011ジペー・全1487ジペー、趣意）

続いて大聖人は、御自身《ごじしん》が経文通りの大難《だいなん》に遭《あ》うことは覚悟《かくご》の上であったことを述《の》べられた後、「たとえあなたが法華経を捨《す》てられたとしても、私にどのようなことがあったとしても、あなた方をお導《みちび》きすると約束しましょう」（新2013

ページ・全1489ページ、趣意）と断言されます。

さらに、〝所領があり、家族があり、家来がある三沢殿《みさわどの》が信心を貫《つらぬ》くことは、どうみても難《むずか》しい。法華経の信仰《しんこう》などできないふりをしていなさい〟と、三沢殿《みさわどの》を包《つつ》み込《こ》むように励《はげ》まされます。

大聖人の慈悲《じひ》の一言一言は、不安が渦巻《うずま》いていた三沢殿《みさわどの》の心に、暖《あたた》かな春風のように広がっていったことでしょう。

使命の自覚を促《うなが》される

その上で、「法門《ほうもん》のことは、さど《佐渡》の国へなが《流》され候《そうら》いし已前《いぜん》の法門は、ただ仏の爾前《にぜん》の経《きょう》とお《思》ぼしめせ」（同）と、仏の教えに方便《ほうべん》の爾前権経《にぜんごんきょう》と真実の法華経の立て分けがあるように、文永《ぶんえい》8年（1271年）9月12日の竜《たつ》の口《くち》の法難《ほうなん》を経《へ》て、大聖人が佐渡流罪《さどるざい》以後に説かれた法門は、それ以前の法門とは大きく異《こと》なることを心得るよう教えられています。

いわゆる「佐前《さぜん》・佐後《さご》」の法門の立て分けであり、竜《たつ》の口《くち》の頸《くび》の座《ざ》において発《ほっ》迹顕本《しゃくけんぽん》し、佐渡《さど》以後、末法の御本仏《ごほんぶつ》としての御自身《ごじしん》の本地《ほんじ》を顕《あらわ》されたお立場を示されています。

なぜ大聖人は、「弟子《でし》どもに内々《ないない》申す法門《ほうもん》」（新2013ジペー・全1489ジペー）とまで仰《おお》せの甚深《じんじん》の教えを、あえて三沢殿《みさわどの》へのお手紙に綴《つづ》られたのでしょうか。

大聖人は、三沢殿《みさわどの》が強き信心に立てるよう、「一閻浮提《いちえんぶだい》に流布《るふ》」（新2014ジペー・全1489ジペー）していく仏法の偉大《いだい》さを教えることで、難《なん》を乗《の》り越《こ》えて大法を受持する使命の尊《とうと》さを示されたと拝察《はいさつ》されます。

迫害《はくがい》への御自身《ごじしん》の覚悟《かくご》を示すとともに、使命の自覚を促《うなが》されるこのお手紙を受けた三沢殿《みさわどの》は、大聖人の〝私と同じ広宣流布の誓願《せいがん》を打ち立てなさい！〟との強い思いを感じたことでしょう。

池田先生は「地涌《じゆ》の使命を自覚すれば、偉大《いだい》な力《ちから》が出る。難《なん》は、民衆《みんしゅう》を救うために、自《みずか》ら願って受けた難《なん》となる。そして、それを乗《の》り越《こ》えることで、人々を救うという願いを果《は》たすことができる。使命を果《は》たすために難《なん》はあるのです」（『創価学会永遠の五指針』）と講義されています。

難《なん》と戦い、打ち勝ってこそ、仏の境涯《きょうがい》が光《ひか》り輝《かがや》きます。

「あなた方は、このような法門に宿縁《しゅくえん》ある人なのだから、頼《たの》もしく思いなさい」（新2014ジ・全1489ジ、通解）――この法門との深き契《ちぎ》りを知った三沢《みさわ》殿《どの》は、師匠《ししょう》と共《とも》に広布に生きる誓《ちか》いを新たにしたに違《ちが》いありません。

【関連御書】

三沢殿宛て：「三沢抄」（新2010ジ・全1487ジ）

【参考】

『希望の経典「御書」に学ぶ』第2巻（「三沢抄」講義）、『創価学会永遠の五指針』（「難を乗り越える信心」の章、「三沢抄」を講義）

新池殿《にいけどの》

遠江《とおとうみ》

続いて紹介するのは、遠江国《とおとうみのくに》（静岡県西部）の門下《もんか》、新池殿《にいけどの》です。

新池殿《にいけどの》は、遠江国《とおとうみのくに》山名《やまな》郡《ぐん》山名荘《やまなのしょう》新池《にいけ》（静岡県袋井《ふくろい》市新池《にいけ》）に住んでいた門下《もんか》です。新池殿《にいけどの》を「左衛門《さえもん》」「左衛門尉《さえもんのじょう》」と記《しる》す文献《ぶんけん》もあり、武士であった可能性がありますが、具体的にどのような立場にあった人物かは定《さだ》かではありません。

入信についても、日興上人との縁《えん》によるものという説等がありますが、時期も含《ふく》めて確かなことは明らかではありません。いずれにしても、新池殿《にいけどの》は、妻・新《に》池尼《いけあま》と共《とも》に純真《じゅんしん》な信仰《しんこう》を貫《つらぬ》き、たびたび真心《まごころ》の御供養《ごくよう》をたずさえ、身延《みのぶ》の大聖人のもとを訪《おとず》れ指導を求めています。

亡《な》きわが子を追善《ついぜん》

病気だったのでしょうか、新池殿《にいけどの》は子を亡《な》くしています。

その子の追善《ついぜん》のため、新池殿《にいけどの》は三石《ごく》もの米を供養《くよう》します。大聖人は、さっそく題目を唱《とな》えられ、弘安《こうあん》2年（1279年）5月、「亡《な》くなられた最愛の御子《みこ》を霊山《りょうぜん》浄土《じょうど》へ『成仏《じょうぶつ》は決定《けつじょう》して疑《うたが》いない』との経文に任《まか》せてお送りするためです」（新2056ページ・全1435ページ、通解）と、お手紙を認《したた》められました（「新池殿御消息《にいけどのごしょうそく》」）。

その中で大聖人は、法華経供養《くよう》の功徳の偉大《いだい》さを教えられるとともに、法華経のために日本中の人々から憎《にく》まれている大聖人のもとを訪《たず》ねた新池殿《にいけどの》の志《こころざし》を称《たた》えられます。

「前世の父母か、昔の兄弟であったゆえに、（訪問《ほうもん》を）思いつかれたのでしょうか。また過去に法華経との縁《えん》が深くて、今度、仏になるべき種が熟《じゅく》したゆえに、多忙《たぼう》な在家《ざいけ》の身として、公事《くじ》（荘園制《しょうえんせい》での年貢《ねんぐ》以外のさまざまな税や労役《ろうえき》）の暇《いとま》に思

い出されたのでしょうか」（新２０６０ページ・全１４３８ページ、通解）

さらに、「遠江国《とおとうみのくに》から身延《みのぶ》までの道のりは三百余里に達します。[1]……河の水は矢を射《い》るように早く、大石が流れて人馬が渡《わた》ることができません。船も紙を水に浸《ひた》したように危《あぶ》ない。……道は縄《なわ》のように細く、木は草のように茂《しげ》っています」（新２０６１ページ・全１４３８ページ、通解）と、その道の険難《けんなん》さを強調され、〝このような所に訪《たず》ねてきたことは、過去世の因縁《いんねん》でしょうか〟と重《かさ》ねて労《ろう》をねぎらわれています。

この仰《おお》せは、日本中から妬《ねた》まれている大聖人のもとを訪《たず》ねるのは、どれほど困《こん》難《なん》で勇気の要《い》ることかを表し、新池殿《にいけどの》の志《こころざし》の尊《とうと》さを最大に褒《ほ》め称《たた》えてくださったものと拝《はい》せます。

「ありがたいことです。ありがたいことです。申し上げたいことは多々ありますが、このほど風邪《かぜ》をひいて苦しいので、これで留《とど》めておきます」（同、通解）

東海道本線を走る貨物列車が新池を通る。かつて新池殿はこの地で師を求め、信仰に励んだ（静岡県袋井市新池）

――手紙を認《したた》めるのが大変なほど体調が悪い中でも、門下《もんか》の求道の姿勢《しせい》を称《たた》え、励《はげ》ましてくださる師匠《ししょう》のお言葉を拝《はい》し、新池殿《にいけどの》夫妻はますます純粋《じゅんすい》な信仰《しんこう》を貫《つらぬ》いたことでしょう。

歩みを止めない

翌《よく》・弘安《こうあん》3年に頂《いただ》いたと伝えられるお手紙（「新池御書《にいけごしょ》」）では、「いよいよ信

1　一里＝三十六町（約3・9キロメートル）が一般的《いっぱんてき》だが、古くは一里＝六町（約654メートル）を表すこともあった。大聖人は後者を用《もち》いられていると考えられる。

心に励《はげ》み、怠《おこた》ってはいけません。……始めから終わりまでいよいよ信心を持続していくのですよ。……譬《たと》えば、鎌倉から京都へは十二日の道のりです。それを十一日ほど歩いて、あと一日になって歩くのを止めてしまえば、どうして都《みやこ》の月を見て詩歌を詠《よ》むことができるでしょうか」（新2063ページ・全1440ページ、趣意）と、惰性《だせい》に陥《おちい》り、慢心《まんしん》を起こすことなく、水の流れるように求道《きゅうどう》の実践《じっせん》を続けることの大切さを指導されています。

また、夜は寒さに震《ふる》えて夜が明けたら巣を作ろうと鳴くけれども、日が出ると暖《あたた》かさにつられて眠《ねむ》って忘《わす》れてしまい、巣を作らないで一生の間、むなしく鳴くという〝雪山《せっせん》の寒苦鳥《かんくちょう》〟の説話を引いて、名聞名利《みょうもんみょうり》に流され、無益《むえき》なことに財宝《ざいほう》を浪費《ろうひ》して、肝心《かんじん》の仏道修行を忘《わす》れて一生を過ごしてしまう人間の愚《おろ》かさを戒《いまし》められます（新2064ページ・全1440ページ参照）。

さらには、「仏に成《な》り候《そうろう》ことは別の様《よう》は候《そうら》わず。南無妙法蓮華経と他事《たじ》なく唱《とな》え申して候《そうら》えば、天然《てんねん》と三十二相八十種好《さんじゅうにそうはちじっしゅこう》を備《そな》うるなり」（新2068ページ・全1443ページ）と、妙法以外に成仏《じょうぶつ》の法はないと一心に信じて唱題に励《はげ》むならば、仏の生命が顕《あらわ》れてくると仰《おお》せです。無明《むみょう》（生命にそなわる根源的《こんげんてき》な無知）に覆《おお》われた凡夫《ぼんぷ》の生命を鳥の卵《たまご》に譬《たと》えられ、「南無妙法蓮華経の唱《とな》えの母」――唱題という母に温《あたた》められることによって、雛《ひな》にクチバシと毛が出てくるように、仏の特質がそなわり、妙法の覚りの大空に飛ぶことができるのですよ、と教えられています。

多くの具体的な譬《たと》えを通して、分かりやすく仏道修行のあり方を教わった新池殿《にいけどの》は、真《ま》っ直ぐに師匠《ししょう》を求め、素直に実践《じっせん》する純粋《じゅんすい》な信仰《しんこう》を持《たも》っていたことがうかがえます。

大聖人の仰《おお》せの通り、夫妻して怠《おこた》ることなく信心を貫《つらぬ》いたに違《ちが》いありません。

【関連御書】

新池殿宛て：「新池殿御消息」（新2056ページ・全1435ページ）、「新池御書」（新2062ページ・全1439ページ）

【参考】

『人間革命の宗教』（「師子王」の章、「新池御書」を講義）、『わが「共戦の友」各部の皆さんに贈る』（「多宝の輝き」の章、「新池御書」を講義）

内房女房《うつぶさのにょうぼう》 駿河《するが》、内房尼《うつぶさのあま》 駿河《するが》

内房女房《うつぶさのにょうぼう》は駿河国庵原郡内房《するがのくにいはらぐんうつぶさ》（静岡県富士宮市内房《うつぶさ》）に住んでいた女性の門下《もんか》です（夫の詳細《しょうさい》は分かりません）。日蓮大聖人に銭十貫文《かんもん》を御供養《ごくよう》しており（新2030ページ・全1420ページ）、また頂《いただ》いたお手紙の内容から、信仰心《しんこうしん》の深い、教養ある女性だったことが推測《すいそく》されます。大聖人から賜《たまわ》ったお手紙は「内房女房御返事《うつぶさのにょうぼうごへんじ》」（同）1編が残っています。

内房尼《うつぶさのあま》は内房女房《うつぶさのにょうぼう》の母か

なお、「三沢抄《みさわしょう》」に登場する「うつぶさ《内房》の尼《あま》ごぜん《御前》」[1]（新2010ページ・全1487ページ）は、その内容から彼女《かのじょ》の母であろうと思われます（実母か義母かは分かりません）。

信心の確かな門下《もんか》

「内房女房御返事《うつぶさのにょうぼうごへんじ》」は、内房女房《うつぶさのにょうぼう》が父の百箇日忌《ひゃっかにちき》を前にして、真心《まごころ》から追善供《ついぜんく》養《よう》に励《はげ》んできたことをご報告したことに対するお手紙です。この百箇日忌《ひゃっかにちき》に当たって、内房女房《うつぶさのにょうぼう》は大聖人に「願文《がんもん》」[2]を届《とど》けているのですが、同抄《どうしょう》の冒頭《ぼうとう》に、この願文《がんもん》が引用されています。

願文《がんもん》に「弘安《こうあん》三年、女弟子《にょでし》・大中臣氏敬白《おおなかとみうじけいはく》す」（新2030ページ・全1421ページ）とあることから、内房女房《うつぶさのにょうぼう》は「大中臣《おおなかとみ》」という姓《せい》の女性であると分かります。[3]また、同抄の内容から、内房女房《うつぶさのにょうぼう》の父の百箇日忌《ひゃっかにちき》は8月9日であり、父はこの年に亡《な》くなったことが判明します。このことから、同抄《どうしょう》の御執筆《ごしっぴつ》は、弘安《こうあん》3年（1280年）の8月14日であることもはっきりします（抄末《しょうまつ》に「八月十四日」の日付がある）。

1　内房尼《うつぶさのあま》は「三沢抄《みさわしょう》」で、「尼ごぜんは、おやのごとくの御《おん》としなり」（新2014ページ・全1490ページ）と記《しる》されており、年齢《ねんれい》から考えて、この尼御前《あまごぜん》は、内房女房《うつぶさのにょうぼう》の母であると推定《すいてい》することができる。本抄《ほんしょう》を頂《いただ》いた三沢殿《みさわどの》は、内房尼《うつぶさのあま》にゆかりのある人だったと思われる。

2　願文《がんもん》は一般的《いっぱんてき》に、神仏に願を立てる時、あるいは仏事を修する時、その願意を記《しる》した文章をいう。

3　大中臣氏《おおなかとみうじ》は古代の有力な氏族であり、神祇官《じんぎかん》の上級官人を占《し》めてきた中臣《なかとみ》氏の子孫である。内房《うつぶさの》女房《にょうぼう》は、姓《せい》が大中臣《おおなかとみ》であったことから、願文《がんもん》などの正式な文書では「大中臣氏《おおなかとみうじ》」と記《しる》したと考えられる。

同抄《どうしょう》の内容から、父は内房女房《うつぶさのにょうぼう》の勧《すす》めで大聖人に帰依《きえ》した可能性があります。[4] 願文《がんもん》には「女弟子《にょでし》」とあり、内房女房《うつぶさのにょうぼう》が自《みずか》ら〝大聖人門下《もんか》〟であると称《しょう》する、信心のしっかりした女性だったこともうかがえます。なお、内房女房《うつぶさのにょうぼう》は身延《みのぶ》に足を運び、大聖人とお会いしていたと考えられます。[5]

輪陀王《りんだおう》と白馬の故事

願文《がんもん》から分かるのですが、内房女房《うつぶさのにょうぼう》は父親の百箇日忌《ひゃっかにちき》に当たって、自《みずか》ら法華経方便品《ほうべんぽん》・寿量品《じゅりょうほん》を読誦《どくじゅ》し、あわせて題目を5万遍《べん》唱《とな》えていました。これに対し大聖人は「いまだ五万返の類《たぐ》いを聞かず」（新2030ページ・全1421ページ）――まったく先例がないことですよ、と称《たた》えられています。

あわせて、仏典に説かれる〝輪陀王《りんだおう》と白馬〟の故事を踏《ふ》まえて、唱題の功徳を分かりやすく教えられています。

この故事のあらましは、こうです。

――昔、白馬のいななきを聞いて、色つやも良くなり、力《ちから》も強く元気になる輪陀王《りんだおう》という名の王がいました。白馬は白鳥の姿《すがた》を見て鳴くのですが、白鳥が一羽もいなくなると、白馬は鳴かなくなりました。王は白鳥を呼《よ》び寄《よ》せるように命じますが、誰《だれ》も呼《よ》び寄《よ》せることができません。そうした中、仏弟子の馬鳴菩薩《めみょうぼさつ》が十方の諸仏《しょぶつ》に祈ったところ、白鳥が集まり、それを見た白馬がいななき、輪陀王《りんだおう》

4　大聖人は「内房女房御返事《うつぶさのにょうぼうごへんじ》」で、内房女房《うつぶさのにょうぼう》の父が生前、南無妙法蓮華経の題目を唱《とな》えていたことを「孝養の至極《しごく》」とされ、さらに法華経の文《もん》を併《あわ》せて示されている（新２０３３ページ・全１４２３ページ）。この法華経の文《もん》は、父・妙荘厳王《みょうしょうごんのう》を仏法に導《みちび》いた浄蔵《じょうぞう》・浄眼《じょうげん》の逸話《いつわ》が述《の》べられる妙荘厳王本事品《みょうしょうごんのうほんじほん》第27の一節。

5　「内房女房御返事《うつぶさのにょうぼうごへんじ》」には願文《がんもん》からの引用として、内房女房《うつぶさのにょうぼう》が大聖人のもとを訪《たず》ね、「妙法の題名を受け」たことが示されている（新２０３０ページ・全１４２０ページ）。「妙法の題名を受け」たことの詳細《しょうさい》は分からないが、大聖人と一緒《いっしょ》に題目を唱《とな》えたことと拝察《はいさつ》することもできる。

急流で知られる富士川。大聖人は、この川のことを「日本第一のはやき河」（新1219ページ・全904ページ）と述べられている。内房は、この川沿いに広がる

は元気を取《と》り戻《もど》したのです。

〝子の唱題で亡父《ぼうふ》が成仏《じょうぶつ》〟

大聖人は内房女房《うつぶさのにょうぼう》に、亡《な》き父は輪《りん》陀王《だおう》、あなたは馬鳴菩薩《めみょうぼさつ》、そして南無妙法蓮華経の題目は白馬のいななくようなものであり、「あなたの唱《とな》える題目の声を聞いて、父上は必ず成《じょう》仏《ぶつ》されるでしょう」（新2035ページ・全1424ページ、趣意）と励《はげ》まされています。

〝あなたは、白鳥を呼《よ》び寄《よ》せた、あの馬《め》鳴《みょう》菩《ぼ》薩《さつ》に当たるのです〟。この大

聖人の仰《おお》せに触《ふ》れた内房女房《うつぶさのにょうぼう》は、妙法を持《たも》つ自身の使命と意義の大きさを改めて知り、心打たれたことでしょう。内房女房《うつぶさのにょうぼう》は、女房自《にょうぼうみずか》ら唱《とな》える題目の声によって亡《な》き父が成仏《じょうぶつ》するとの師《し》の指針《ししん》を心に刻《きざ》み、真剣《しんけん》な唱題にますます励《はげ》んでいったに違《ちが》いありません。

付け加えると、一生成仏《じょうぶつ》のための根本《こんぽん》は、その人自身の生前の信仰《しんこう》の実践《じっせん》にあることは言うまでもありません。大聖人が本抄《ほんしょう》で、「亡《な》くなられた慈父尊霊《じぶそんりょう》は、ご存命《ぞんめい》中に南無妙法蓮華経と唱《とな》えられたのですから即身成仏《そくしんじょうぶつ》の人です」（新2033ページ・全1423ページ、趣意）と示されている通りです。

内房尼《うつぶさのあま》の申し出をお断《ことわ》りになる

一方、内房女房《うつぶさのにょうぼう》の母と思われる内房尼《うつぶさのあま》については、「三沢抄《みさわしょう》」に言及《げんきゅう》があります。[6]同抄《どうしょう》によると、内房尼《うつぶさのあま》は小袖《こそで》を一つ、大聖人に御供養《ごくよう》したようです。さらに、次のような挿話《そうわ》が記《しる》されています。

内房尼《うつぶさのあま》が氏神《うじがみ》[7]へ参詣《さんけい》し、そのついでに大聖人にお会いしたいと願い出たのに対し、大聖人は、お断りになりました。

このことについて大聖人は、法華経根本《こんぽん》の法義《ほうぎ》の上から正しい信心の姿勢《しせい》を教えるため、内房尼《うつぶさのあま》の嘆《なげ》きに心が痛《いた》んだけれどもお会いしなかった――と記《しる》されています（新２０１４ページ・全１４８９ページ参照）。

この点、大聖人は具体的に「神は所従《しょじゅう》なり、法華経は主君なり」（新２０１４ページ・全１４９０ページ）と、法華経を根本《こんぽん》とすべきことを示されています。この仰《おお》せには、法華経の行者こそ根本《こんぽん》として尊《とうと》ぶべきことが含意《がんい》されているとも拝《はい》せるでしょう。

大聖人は内房尼《うつぶさのあま》の心情に配慮《はいりょ》して、内房尼《うつぶさのあま》に限《かぎ》らず、下部《しもべ》[8]の湯のついでに大聖人にお会いしたいと言ってきた多くの人に、お引き取りをいただいているとも述《の》べられています。

ゆかりある弟子に言付《ことづ》ける

同抄《どうしょう》によると、門下《もんか》の三沢殿《みさわどの》が大聖人とお会いした後、「三沢殿《みさわどの》が病《やまい》にかかった」という噂《うわさ》が、身延《みのぶ》の大聖人のところに聞こえてきたようです。しかし、三沢《みさわ》

6　「三沢抄《みさわしょう》」の御執筆《ごしっぴつ》は建治《けんじ》4年（1278年）2月であり、同抄《どうしょう》に述《の》べられる内房尼《うつぶさのあま》のエピソードは、内房女房《うつぶさのにょうぼう》が父の百箇日忌《ひゃっかにちき》に当たって追善供養《ついぜんくよう》をした時から2年ほど遡《さかのぼ》る時のことと思われる。

7　氏族の祖先としてまつる神、氏族に関係の深い神。また、村落が守護神としてまつる神、それをまつった神社などの意味がある。

8　甲斐国《かいのくに》・下部《しもべ》（山梨県南巨摩郡《みなみこまぐん》身延町《みのぶ》内）にある温泉。

殿《どの》からは大聖人に、特段《とくだん》、知らせはなく、大聖人は心配をされていました。そうした中、三沢殿《みさわどの》から久方《ひさかた》ぶりに便《たよ》りがあり、大聖人は、ことのほか喜ばれました。大聖人は同抄《どうしょう》の中で、こうしたいきさつを内房尼《うつぶさのあま》に詳《くわ》しく話して差し上げてくださいと、三沢殿《みさわどの》に託《たく》されています。

大聖人の法門を正しく実践《じっせん》するとはどういうことかを厳格《げんかく》に示される一方で、大聖人を求める内房尼《うつぶさのあま》の信心の志《こころざし》を大切にして、いうなれば「尋《たず》ねたいこと、報告したいことがありましたら、遠慮《えんりょ》なくお知らせください」と内房尼《うつぶさのあま》を気遣《きづか》われる大聖人のこまやかな配慮《はいりょ》が、ひしひしと伝わってきます。

内房尼《うつぶさのあま》は、一人の門下《もんか》の心を大切にする師《し》・大聖人の、人間としての偉大《いだい》さを実感しながら、報恩・感謝の思いで信心に励《はげ》んでいこうと決意したことでしょう。

【関連御書】

内房女房宛て：「内房女房御返事」（新2030ジペー・全1420ジペー）

椎地四郎《しいじのしろう》、星名五郎太郎《ほしなごろうたろう》、弥三郎《やさぶろう》

椎地四郎《しいじのしろう》

椎地四郎《しいじのしろう》が日蓮大聖人から頂《いただ》いたお手紙は「椎地四郎殿御書《しいじのしろうどのごしょ》」の1編だけが現《げん》存《そん》しており、詳《くわ》しい人物像は分かっていません。

居住地についても諸説《しょせつ》あり、定《さだ》かではありませんが、鎌倉に在住していたとされます。なお、駿河国《するがのくに》（静岡県中央部）駿東郡《すんとうぐん》の人という説もあります。

本人や他の門下《もんか》への御書の文面から、椎地四郎《しいじのしろう》は、四条金吾《しじょうきんご》や富木常忍《ときじょうにん》と親交があったことがうかがわれます。例えば、「椎地四郎殿御書《しいじのしろうどのごしょ》」の末尾《まつび》では「四条《しじょう》金吾殿《きんごどの》にお会いしたならば、よくよく語っていきなさい」（新1721ジ・全1449ジ、通解）とあります。弘安《こうあん》3年（1280年）の大聖人から四条金吾《しじょうきんご》へのお手紙では、「椎地四郎《しいじのしろう》が話しておりました。あなた（四条金吾《しじょうきんご》）が主君の前で法門を語ったことを、非常にうれしく思います」（新1626ジ・全1195ジ、通解）と記《しる》されています。

さらに、その翌《よく》・弘安《こうあん》4年（1281年）の富木常忍《ときじょうにん》への書状では、「椎地四郎《しいじのしろう》のことは承《うけたまわ》っておきます」（新1351ジ・全995ジ、通解）と述《の》べられています。この時、椎地四郎《しいじのしろう》にとって何か不都合な事態が発生し、それを富木常忍《ときじょうにん》が心配して、大聖人に報告したのかもしれません。

これらのことから、椎地四郎《しいじのしろう》は大聖人の晩年《ばんねん》に、門下《もんか》の様子を大聖人に報告したり、大聖人のお心を門下《もんか》に伝えたりする役割《やくわり》を担《にな》っていたのではないかと考えられます。

池田先生は『勝利の経典「御書」に学ぶ』第11巻《かん》で、「(椎地四郎《しいじのしろう》は)師匠《ししょう》からの信頼《しんらい》も厚く、師弟《してい》の歴史に名をとどめた模範《もはん》の門下《もんか》であったのではないでしょうか」と語られています。

「師曠《しこう》の耳」「離婁《りろう》の眼《め》」

「椎地四郎殿御書《しいじのしろうどのごしょ》」の冒頭《ぼうとう》は、「先日、あなた(椎地四郎《しいじのしろう》)が話されていたことについて、他の方《かた》に尋《たず》ねたところ、あなたが仰《おお》せになった通りです。少しも違《ちが》いはありませんでした」(新1720ジ・全1448ジ、趣意)との一節で始まっています。具体的な事柄《ことがら》は明らかではありませんが、椎地四郎《しいじのしろう》は大聖人に何らかの重要な報告をしたと思われます。それを受けて、大聖人御自身《ごじしん》でも確認《かくにん》されたところ、まさしく椎地四郎《しいじのしろう》が伝えてきた通りだったということです。

続いて、「これにつけても、いよいよ励《はげ》んで法華経の功徳を得るべきである。『師曠《しこう》の耳』のように、『離婁《りろう》の眼《まなこ》』のように見聞していきなさい」（新1720ページ・全1448ページ、通解）と仰《おお》せです。おそらくは、椎地四郎《しいじのしろう》が私心や私曲《しきょく》なく、ありのまま正確に報告したことから、それを称賛《しょうさん》され、ますます信心に励《はげ》み、大いなる功徳を受けていくように激励《げきれい》されています。その中で、聴覚《ちょうかく》、視覚《しかく》に優《すぐ》れた者の譬《たと》えとして用《もち》いられる人の名前を挙《あ》げて、今後も的確に物事を見聞していくように励《はげ》まされています。

この後には、法華経の功徳を受けていくための要諦《ようてい》が記《しる》されています。それが「大難来《きた》りなば、強盛《ごうじょう》の信心いよいよ悦《よろこ》びをなすべし」（同）との仰《おお》せです。いかなる苦難《くなん》の烈風《れっぷう》にも、喜び勇んで立ち向かい、信心の炎《ほのお》を燃え上がらせていくように教えられているのです。

さらに、「法華経の法門を一文一句であっても人に語るのは、過去の宿縁《しゅくえん》が深いと思うべきです」（同、通解）と仰《おお》せです。当時、実際に難《なん》に遭《あ》ったり、その姿《すがた》を目の当たりにしたりして、信心が揺《ゆ》らいでしまった門下《もんか》は少なくありませんでした。そうした中にあっても、椎地四郎《しいじのしろう》はけなげに妙法を語り、師匠《ししょう》の正義を語っていたのでしょう。それゆえ、大聖人に連《つら》なる宿縁《しゅくえん》の深さを示し、師弟不二《していふに》の実践《じっせん》を称《たた》えられたのではないかと拝《はい》されます。

大聖人の葬儀《そうぎ》に参列

また、この書状では、法華経薬王品の「如渡得船《にょどとくせん》（渡《わた》りに船を得たるが如《ごと》く）」（法華経597ページ）の文《もん》を引かれ、妙法の功力を生死の苦悩《くのう》の大海を渡《わた》り切る船に譬《たと》えられています。「如渡得船《にょどとくせん》」を具体的な船の素材や部位に事細かく譬《たと》えていることから（新1721ページ・全1448ページ参照）、椎地四郎《しいじのしろう》は、船にかかわる武士だったという伝承も残っています。

日興上人の「宗祖御遷化記録《しゅうそごせんげ》」によれば、弘安《こうあん》5年（1282年）の大聖人の御葬列《ごそうれつ》の後方で、椎地四郎《しいじのしろう》は腹巻《はらまき》（胴《どう》を守る甲冑《かっちゅう》の一種）を奉持《ほうじ》して参列しています。その葬列《そうれつ》の後方で、池上宗長《いけがみむねなが》（池上《いけがみ》兄弟の弟）は太刀《たち》を奉持《ほうじ》しており、椎地四郎《しいじのしろう》が池上宗長《いけがみむねなが》と並《なら》ぶ重要な門下《もんか》と列《れっ》されたのではないかと考えられます。

【関連御書】

椎地四郎宛て：「椎地四郎殿御書」（新1720ジベー・全1448ジベー）

【参考】

『勝利の経典「御書」に学ぶ』第11巻（「椎地四郎殿御書」講義）

星名五郎太郎《ほしなごろうたろう》

星名五郎太郎《ほしなごろうたろう》が大聖人から頂《いただ》いたお手紙で現存《げんそん》しているのは、文永《ぶんえい》4年（1267年）12月に認《したた》められた「星名五郎太郎殿御返事《ほしなごろうたろうどのごへんじ》」の1通だけで、居住地や詳《くわ》しい人物像は分かっていません。

同抄《どうしょう》では、人々が仏法の正邪《せいじゃ》に迷っているのは、法華経を誹謗《ひぼう》する悪僧《あくそう》に誑《たぶら》かされているからであると、諸宗《しょしゅう》を厳《きび》しく破折されています。表面的な姿《すがた》が立派《りっぱ》だったり、高僧《こうそう》の立場であったりしたとしても、その者が説く教えが正しいとは限《かぎ》りません。仏法はあくまでも「法」が根本《こんぽん》であり、正法に背《そむ》く悪僧《あくそう》、悪知識には決して従《したが》ってはならないことを教えられています。

その末尾《まつび》の段《だん》には、「この使いの方《かた》があまりにも急ぐので、とりあえず、お尋《たず》ねされた問いへの返答の一端《いったん》だけを申しました。いずれまたの機会に、詳《くわ》しく経《きょう》釈《しゃく》を調べて書きましょう」（新２０８１ジペー・全１２０９ジペー、趣意）と仰《おお》せです。おそらく星名《ほしな》五郎《ごろう》太郎《たろう》が大聖人に使いを送って、何らかの法門についてお尋《たず》ねしたところ、大聖人が使いの者を待たせている間に認《したた》められたお手紙だったのではないかと推察《すいさつ》されます。後で詳《くわ》しく経釈《きょうしゃく》を調べて、改めて問われたことに答えたいとされているところにも、どこまでも仏典を根本《こんぽん》とする大聖人の御精神《ごせいしん》、門下《もんか》の成長を願われる誠実《せいじつ》さが伝わってきます。

さらに、この段《だん》では、「明年《みょうねん》の秋下《くだ》り候いて」（同）と、翌年《よくねん》の秋には星名《ほしな》五郎《ごろう》太郎《たろう》のもとを訪問《ほうもん》したいと仰《おお》せになっています。「下《くだ》り」という言葉から、星名《ほしな》五郎《ごろう》太郎《たろう》の居住地が、執筆地《しっぴつち》の鎌倉以外にあり、鎌倉から足を延《の》ばせる周辺地域に住んでいたのではないかと思われます。

【関連御書】
星名五郎太郎宛て：「星名五郎太郎殿御返事」（新2076ジベー・全1206ジベー）

弥三郎《やさぶろう》

「弥三郎《やさぶろう》」と称《しょう》される門下《もんか》も、大聖人から賜《たまわ》ったお手紙が1通だけ現存《げんそん》しています。その書状とは「弥三郎殿御返事《やさぶろうどのごへんじ》」（建治《けんじ》3年〈1277年〉8月御述作《ごじゅっさく》）で、宛名《あてな》には「弥三郎殿《やさぶろうどの》」とだけ記《しる》されています。

弥三郎《やさぶろう》の名字に関する確かな情報は伝わっておらず、他の門下《もんか》のお手紙でも弥《や》三郎《さぶろう》については触《ふ》れられていないことから、所在地や人物像など、詳《くわ》しいことは分かっていません。大聖人の伊豆流罪《いずるざい》の折に門下《もんか》となった船守弥三郎《ふなもりやさぶろう》とは別人とされています。

同抄《どうしょう》によると、弥三郎《やさぶろう》は在家《ざいけ》の身でありながら、何らかの事情で念仏僧《そう》と法論《ほうろん》をすることになったようです。そのことを身延《みのぶ》の大聖人にご報告した返答が、このお手紙です。

佐渡《さど》から鎌倉に戻《もど》り、身延《みのぶ》に入られた大聖人は、民衆救済《みんしゅうきゅうさい》を弟子たちに呼《よ》びかけられ、多くの門下《もんか》が立ち上がりました。そうした中で、四条金吾《しじょうきんご》、南条時光《なんじょうときみつ》、池上《いけがみ》兄弟ら、有力な門下《もんか》が周囲から厳《きび》しい圧迫《あっぱく》を受けていきました。同じ時期の弥三郎《やさぶろう》も、師《し》の呼《よ》びかけに呼応《こおう》して妙法流布に立ち上がった波紋《はもん》が広がり、念仏者と法論《ほうろん》をすることになったのかもしれません。

また、建治《けんじ》3年（1277年）、四条金吾《しじょうきんご》は讒言《ざんげん》（事実無根《じじつむこん》の訴《うった》え）によって法座《ほうざ》を乱《みだ》したという冤罪《えんざい》を着せられ、主君から「法華経を捨《す》てよ」と命じられまし

宇治橋近くで繰り広げられた「宇治川の戦い」は、「先陣争い」で名高い（京都府宇治市）

た。それに対して大聖人は、弟子の潔白《けっぱく》を証明するため、金吾《きんご》に代わって主君への弁明書を認《したた》められています（「頼基陳状《よりもとちんじょう》」、新1568ジペー・全1153ジペー）。「頼基陳状《よりもとちんじょう》」では、舌鋒鋭《ぜっぽうするど》く悪侶《あくりょ》を破折され、〝折伏《しゃくぶく》とは、かくあるべし〟と正義の言論戦《げんろんせん》の模範《もはん》を示されていますが、この「弥三郎殿御返事《やさぶろうどのごへんじ》」でも、弥三郎《やさぶろう》が法論《ほうろん》で語るべき内容を、大聖人が〝このように言いなさい〟と弥三郎《やさぶろう》の立場から記《しる》されています。

まず同抄《どうしょう》の冒頭《ぼうとう》で、大聖人は、法論《ほうろん》

の際に相手に言うべき言葉を記《しる》されています。「私は、仏法のことについてはよく分かっていない在家《ざいけ》の身ではありますが、教わった法門で大事だと思ったのは、法華経の『今この三界《さんがい》は』の文《もん》でございます」（新2082ジペー・全1449ジペー、趣意）と。これは、この娑婆世界《しゃばせかい》（現実世界）で人々を守り、導《みちび》き、慈《いつく》しむ働《はたら》き（主師親《しゅししん》の三徳）を具《そな》えた「大恩ある仏」を間違《まちが》えてはならない、という意味が込《こ》められていて、現実世界から離《はな》れた他土の仏（阿弥陀仏《あみだぶつ》）を根本《こんぽん》と仰《あお》ぐ念仏への破折になっています。さらに、「わが師《し》（大聖人）のお心は、たとえ天照太神《てんしょうだいじん》、正《しょう》八幡大菩薩《はちまんだいぼさつ》であっても、決して従《したが》わせることはできません。まして凡夫《ぼんぷ》ができるわけがありません。仏の仰《おお》せのままに行動しようとする師《し》の心は揺《ゆ》るぎません。ですから、たびたびの大難《だいなん》に遭《あ》われても臆《おく》する心なく、いよいよ意気軒高《いきけんこう》でいらっしゃるのです」（新2084ジペー・全1451ジペー、趣意）と言い切るように言われています。

瀬田川に架かる「瀬田の唐橋」は古くから交通の要衝とされ、「唐橋を制するものは天下を制す」といわれた（滋賀県大津市）

〝われわれの信心は、経典に照らして絶対に間違《まちが》いのない正法の大道を歩んでいる。ゆえに、何があっても決して臆《おく》してはならない。堂々と信心の大確信を訴《うった》えていけばいいのです〟――大聖人の烈々《れつれつ》たる師子吼《ししく》をわが胸中《きょうちゅう》に燃え上がらせ、弥三郎《やさぶろう》は、いかなる圧迫《あっぱく》に遭《あ》おうと、師《し》の正義を叫《さけ》ぼうとの決意がみなぎったことでしょう。

ひとえに思い切れ

また、法論《ほうろん》への心構えとして、「く

れぐれも心して、領地を惜《お》しんだり妻子を顧《かえり》みたり、また人を頼《たの》みにして不安がったりしてはならない。ただ、ひとえに思い切りなさい」（新2085ジペー・全1451ジペー、通解）と仰《おお》せです。法論《ほうろん》に際しては、油断や不安を排《はい》し、真剣《しんけん》な祈りと万全の準備をもって臨《のぞ》み、「断じて勝つ」と腹《はら》を決めることが肝要《かんよう》であると教えられています。

そして、「今年の世間の様子を鏡としなさい。多くの人が亡《な》くなっているのに、自分が今まで生き永《なが》らえてきたのは、このことに遭《あ》い、それを乗《の》り越《こ》えて成《じょう》仏《ぶつ》するためであったのです」（同、通解）と述《の》べられています。当時は、1度目の蒙古《もうこ》（モンゴル帝国）襲来《しゅうらい》の記憶《きおく》も生々しく、さらに国中が深刻《しんこく》な疫病《えきびょう》や飢饉《ききん》に見《み》舞《ま》われていました。また、多くの人が命を落としたことでしょう。そうした中でも、弥三郎《やさぶろう》が生きてこられたのは、この法論《ほうろん》の勝利で大聖人の教えの正しさを証明し、自身が成仏《じょうぶつ》するためであったと励《はげ》まされているのです。

さらに、この法論《ほうろん》は、武士が名を上げる重要な合戦と同じように、妙法弘通《ぐつう》で永遠に名を残す機会であるとして、有名な合戦の勝負所となった「宇治川《うじがわ》」と「勢多《せた》（瀬田川《せたがわ》）[1]」（同、参照）を例に挙《あ》げられています。このような具体的な合戦地を譬《たと》えに用《もち》いられていることからも、弥三郎《やさぶろう》は武士だったのではないかと推察《すいさつ》することができます。

　この後、実際に法論《ほうろん》の行方《ゆくえ》がどうなったの

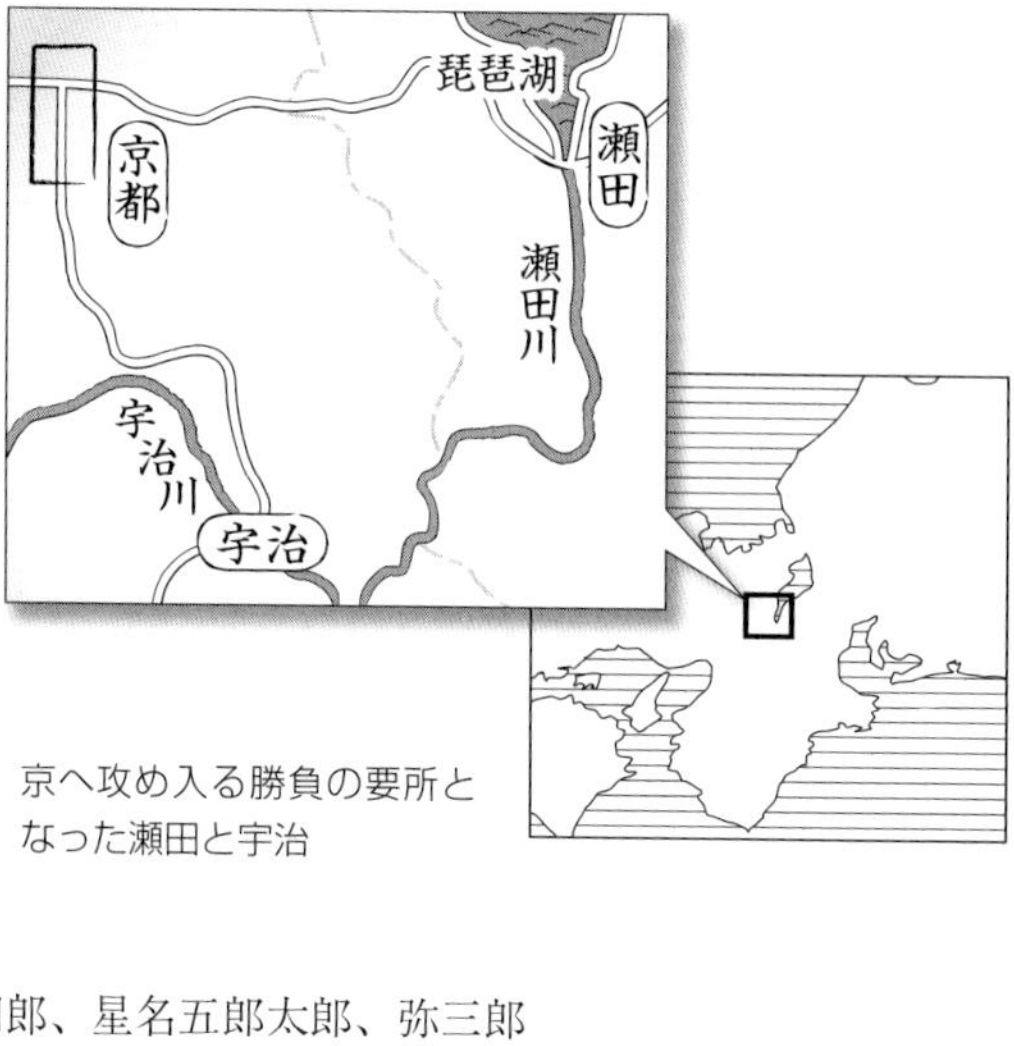

京へ攻め入る勝負の要所となった瀬田と宇治

1　琵琶湖《びわこ》から流れ出る瀬田川《せたがわ》とその下流の宇治川《うじがわ》は、古来、東国と畿内《きない》の境界に当たり、そこにかかる瀬田橋《せたばし》と宇治橋《うじばし》の付近は軍事の要衝《ようしょう》であった。

かは分かっていません。しかし、師《し》と共《とも》に戦う弟子の誕生《たんじょう》を喜び、心から勝利を願われた大聖人の慈愛《じあい》の励《はげ》ましは、弥三郎《やさぶろう》の命に深く刻《きざ》まれたに違《ちが》いありません。

【関連御書】
弥三郎宛て：「弥三郎殿御返事」（新2082ジベー・全1449ジベー）
【参考】
『勝利の経典「御書」に学ぶ』第13巻（「弥三郎殿御返事」講義）

最蓮房《さいれんぼう》、遠藤左衛門尉《えんどうさえもんのじょう》

最蓮房《さいれんぼう》

佐渡《さど》

日蓮大聖人の佐渡流罪中《さどるざいちゅう》に帰依《きえ》した弟子に、最蓮房《さいれんぼう》がいます。その人物像は、明らかになっていない事が多く、ここでは、伝承や推測《すいそく》に基《もと》づいた内容を中心にしてご紹介《しょうかい》します。

大聖人より前に佐渡《さど》へ

最蓮房《さいれんぼう》は、京都の出身と伝えられており、もとは天台宗《てんだいしゅう》の学僧《がくそう》で、大聖人が佐《さ》渡《ど》に流される（文永《ぶんえい》8年〈1271年〉）より以前に、佐渡《さど》に配流《はいる》されていたとされます。

当時の天台宗《てんだいしゅう》の僧侶《そうりょ》の姿《すがた》について、大聖人は「寺塔《じとう》を焼いて流罪《るざい》せらるる僧侶《そうりょ》はかず《数》をし《知》らず」（新111ページ・全229ページ）と述《の》べられており、僧侶《そうりょ》同士の抗争《こうそう》における寺塔《じとう》の焼《や》き討《う》ち等の罪で、僧侶《そうりょ》が流刑《るけい》に処《しょ》されることが多かったようです。最蓮房《さいれんぼう》もあるいは、何らかの紛争《ふんそう》に巻《ま》き込《こ》まれて配流《はいる》されたのかもしれませんが、詳《くわ》しいことは定《さだ》かではありません。

「十七出家《しゅっけ》の後《のち》は、妻子《さいし》を帯《たい》せず、肉を食せず」（新1787ページ・全1357ページ）と、最蓮房《さいれんぼう》自身が述《の》べていたようです。

また、最蓮房《さいれんぼう》に対して、「上に挙《あ》げたところの法門は、すでにご存《ぞん》じのところであるが、書いて差し上げたのである」（新1803ページ・全1367ページ、通解）等と記《しる》され、学問的理解に優《すぐ》れた僧《そう》であったとされます。

塚原《つかはら》問答

さて、天台宗《てんだいしゅう》の学僧《がくそう》だった最蓮房《さいれんぼう》は、どのようにして大聖人の弟子になったのでしょうか。

これについては、大聖人が文永《ぶんえい》9年（1272年）4月に送られたとされるお手紙（「最蓮房御返事《さいれんぼうごへんじ》」）に、「さる二月の初めから御弟子《みでし》となり帰伏《きふく》しました」（新1779ページ・全1340ページ、通解）とあります。

その前月に当たる同年1月には、塚原《つかはら》問答が行われています。塚原《つかはら》に、佐渡《さど》・信越《しんえつ》・北陸の念仏者をはじめとする諸宗《しょしゅう》の僧《そう》ら数百人が集まり、大聖人に法論《ほうろん》を挑《いど》んだのです。この問答で、諸宗《しょしゅう》の僧《そう》らは大聖人に徹底的《てっていてき》に打ち破られ、大聖人に帰依《きえ》する者もいました。

最蓮房《さいれんぼう》がこの場に居合《いあ》わせたとすれば、大聖人の正義の言論《げんろん》、堂々たる御振《おふ》る舞《ま》いを目の当たりにし、帰伏《きふく》した、もしくは、人を介《かい》してその様子を耳にし、感銘《かんめい》を受けたのかもしれません。

重要な法門について質問

最蓮房宛《さいれんぼうあ》てとされる御抄《ごしょう》には、「生死一大事血脈抄《しょうじいちだいじけつみゃくしょう》」「草木成仏口決《そうもくじょうぶつくけつ》」「諸法実相抄《しょほうじっそうしょう》」などがあります。これらの書では、最蓮房《さいれんぼう》が大聖人に、中世の天台宗《てんだいしゅう》で重要とされていた法門について質問したことに対する回答が記《しる》されています。

例えば、「血脈《けつみゃく》」とは、師匠《ししょう》から弟子へ教えが受《う》け継《つ》がれることを親子の血のつながりに譬《たと》えたものです。

「立正観抄《りっしょうかんしょう》」では、密教《みっきょう》を取り入れた天台宗《てんだいしゅう》の堕落《だらく》ぶりを、「勝手に一心三観《いっしんさんがん》の血脈《けつみゃく》などといって書を作り、錦《にしき》の袋《ふくろ》にいれて首に掛《か》け、箱の底《そこ》に埋《う》めて、高価な値《ね》段《だん》をつけて売っています。この邪義《じゃぎ》が国中に流布《るふ》して真実の天台《てんだい》の仏法はなくなってしまっています」（新649ジペー・全532ジペー、趣意）と、厳《きび》しく糾弾《きゅうだん》されています。

天台宗《てんだいしゅう》の法門とされる「生死一大事血脈《しょうじいちだいじけつみゃく》」についての最蓮房《さいれんぼう》の質問に対する返書（「生死一大事血脈抄《しょうじいちだいじけつみゃくしょう》」）では、「あなたがお尋《たず》ねになった『生死一大事血脈《しょうじいちだいじけつみゃく》』とは、妙法蓮華経のことです」（新1774ジペー・全1336ジペー、通解）、「信心の血脈《けつみゃく》がなければ、法華経を持《たも》っても無益《むやく》です」（新1777ジペー・全1338ジペー、通解）と、生死の苦悩《くのう》を根本《こんぽん》的に解決する生死一大事《しょうじいちだいじ》の法とは、妙法蓮華経以外になく、そして、その血脈《けつみゃく》の実体は〝信心〟にこそあるのだと明快に示されています。

弘教《ぐきょう》を勧《すす》められる

最蓮房《さいれんぼう》は学問に優《すぐ》れる一方で、病気がちだったためか、一人静かに自身が覚《さと》りを得るために修行しようという思いがあったようです。「祈禱経送状《きとうきょうおくりじょう》」によれば、最蓮房《さいれんぼう》は、「山ごもりをしたい」と大聖人にもらします（新1786㌻・全1356㌻参照）。

これに対して大聖人は、その思いを受け止めた上で、「たとえ山谷にこもったとしても、病気が治り、よい機会があれば、身命を捨《す》てて弘通《ぐつう》しなさい」（新1786㌻・全1357㌻、通解）と激励《げきれい》されています。

また、「諸法実相抄《しょほうじっそうしょう》」には、「行学《ぎょうがく》の二道をはげみ《励》候《そうろう》べし。行学《ぎょうがく》たえ《絶》なば仏法はあるべからず。我もいたし、人をも教化《きょうけ》候《そうら》え。行学《ぎょうがく》は信心よりおこる《起》べく候《そうろう》。力《ちから》あらば一文《もん》一句なりともかたらせ《語》給《たも》うべし」（新1793㌻・全1361㌻）――行学《ぎょうがく》の二道を励《はげ》んでいきなさい。行学《ぎょうがく》が絶えてしまえば仏法はない。自分も行い、人をも導《みちび》いていきなさい。行学《ぎょうがく》は信心から起こる。力《ちから》があるならば一文一句であっても人に語っていきなさい――と、やはり他の人に教えを説いていくことを強く勧《すす》められています。

ともすれば自行だけに偏《かたよ》りがちな最蓮房《さいれんぼう》に、大聖人は末法に生まれ合わせた法華経の行者としての使命の自覚を促《うなが》されていたようです。

佐渡《さど》での苦難《くなん》

佐渡流罪中《さどるざいちゅう》、大聖人は、念仏者たちから命を狙《ねら》われていました。その悪人たちから門下《もんか》も何らかの難《なん》に遭《あ》っていたことは想像に難《かた》くありません。実際、塚原《つかはら》で大聖人のお世話をしていた阿仏房《あぶつぼう》と千日尼《せんにちあま》の夫妻は、住むところを追われ、罰金《ばっきん》に処《しょ》されるなどの迫害《はくがい》を受けています（新1741ジペー・全1314ジペー参照）。

「生死一大事血脈抄《しょうじいちだいじけつみゃくしょう》」によれば、最蓮房《さいれんぼう》にも、大聖人の弟子となったことで、何らかの圧迫《あっぱく》が加えられたようです。「あなた（最蓮房《さいれんぼう》）は、日蓮の弟子となって付《つ》き従《したが》い、また難《なん》に遭《あ》われている。その心中が思いやられて、心を痛《いた》めています」（新1776㌻・全1337㌻、通解）と記《しる》されています。

さらに、難《なん》に屈《くっ》しない最蓮房《さいれんぼう》に対し、「金は大火にも焼けず、大水にも流されず、朽《く》ちることがない。鉄は水にも火にも、ともに耐《た》えることができない。賢人《けんじん》は金のようであり、愚人《ぐにん》は鉄のようである。あなたが、どうして真金《しんきん》でないことがあろうか。法華経の金を持つゆえであろう」（同、通解）と称賛《しょうさん》されています。

最蓮房《さいれんぼう》がこのお手紙を頂《いただ》いたのは、大聖人に帰依《きえ》して間もない頃とされますから、今後もますます難《なん》が襲《おそ》ってくることへの覚悟《かくご》を促《うなが》す意味が込《こ》められていたとも拝《はい》せます。

最蓮房《さいれんぼう》は、苦難《くなん》に負けずに求道心を燃え上がらせ、大聖人に重要な法門についての質問を重《かさ》ねていったようです。

上空から佐渡市の真浦を望む。大聖人は赦免後、ここから鎌倉へ出発された

師弟《してい》の深い縁《えにし》

真金《しんきん》の弟子とされる最蓮房《さいれんぼう》に、大聖人は、幾《いく》たびもその師弟《してい》の深い因縁《いんねん》を教えられています。

例えば「生死一大事血脈抄《しょうじいちだいじけつみゃくしょう》」では、「過去の因縁《いんねん》に運ばれて、今度、日蓮の弟子となられたのでしょうか。釈迦仏《しゃかぶつ》・多宝如来《たほうにょらい》こそご存《ぞん》じであると思われます。『いたるところの諸仏《しょぶつ》の国土に、常に師《し》とともに生まれる』との経文は、決して嘘《うそ》ではありません」（新1776ページ・全1338ページ、通解）、また「諸《しょ》法実相抄《ほうじっそうしょう》」にも、「誠《まこと》に深い宿縁《しゅくえん》によって日蓮の弟子となられたのです」（新1793ページ・全1362ページ、通解）と、その過去世からの深い縁《えにし》を強調されています。最蓮房《さいれんぼう》は、佐渡《さど》に配流《はいる》された当初には、来《こ》し方《かた》を悔《く》やんでいたかもしれません。行く末を嘆《なげ》いていたかもしれません。そんな時に、大聖人と巡《めぐ》り合い、弟子となって、しかも師匠《ししょう》との生死を超《こ》えた深き宿縁《しゅくえん》を知り、自身の使命を自覚した――。最蓮房《さいれんぼう》の喜びは、いかばかりだったでしょうか。

「最蓮房御返事《さいれんぼうごへんじ》」には、こう綴《つづ》られています。「この世界の初め以来、父母・主君等から迫害《はくがい》を受け、遠国の島に流罪《るざい》された人で、私たちのように喜びが身にあふれている者は、よもや、いないでしょう。それゆえ私たちが住んで法華経を修行する所は、いずれの地であっても常寂光《じょうじゃっこう》の都《みやこ》（久遠《くおん》の仏の住む永遠の仏国土《ぶっこくど》）に違《ちが》いありません」（新1784ページ・全1343ページ、通解）

師弟《してい》の道に生き抜《ぬ》けば、流罪《るざい》の地すら寂光土《じゃっこうど》に変えることができる――。最《さい》蓮房《れんぼう》は、師《し》に教えを受けながら、歓喜《かんき》に包《つつ》まれた日々を刻《きざ》んだことでしょう。

さらに同書には、最蓮房《さいれんぼう》との次のような約束が記《しる》されています。

「あなたの流罪《るざい》が早く許《ゆる》されて都《みやこ》へ上られたなら、日蓮も、鎌倉殿《どの》[1]は『許《ゆる》さない』と仰《おお》せられても、諸天《しょてん》等に申して鎌倉に帰り、京都にお手紙を差し上げましょう。また日蓮が先に許《ゆる》されて鎌倉に帰ったなら、諸天《しょてん》に申して、あなたを京に帰れるようにしましょう」（同、通解）

弟子の赦免《しゃめん》を願い希望を持たせようとする慈愛《じあい》、幕府権力《ばくふけんりょく》を悠々《ゆうゆう》と見下ろす境涯《きょうがい》、そして確信に満ちた力強《ちからづよ》い励《はげ》ましに、最蓮房《さいれんぼう》はどれほど勇気づけられたことでしょうか。

1 鎌倉幕府《ばくふ》の将軍《しょうぐん》のこと。当時、鎌倉殿《どの》に代わって実権《じっけん》を執行《しっこう》していたのが「執権《しっけん》」であった。佐《さ》渡流罪時《どるざいじ》の将軍は惟康親王《これやすしんのう》、執権《しっけん》は北条時宗《ほうじょうときむね》である。

地涌《じゆ》の菩薩《ぼさつ》の使命

佐渡流罪《さどるざい》を赦免《しゃめん》になった大聖人が、文永《ぶんえい》11年（1274年）3月、鎌倉に帰られます。その後の最蓮房《さいれんぼう》の消息がうかがえる確かな資料は残っていません。

「諸法実相抄《しょほうじっそうしょう》」には次のように綴《つづ》られています。

「なんとしても、この人生で、信心に励《はげ》み、法華経の行者として生き抜《ぬ》き、日蓮の一門となり通していきなさい。日蓮と同じ心であるならば、地涌《じゆ》の菩薩《ぼさつ》でしょう。地涌《じゆ》の菩薩《ぼさつ》であると定《さだ》まったならば、釈尊《しゃくそん》の久遠《くおん》の弟子であることは疑《うたが》う余地《よち》がありません」（新1791ページ・全1360ページ、通解）

いかなることがあろうとも、「法華経の行者」として、「日蓮の一門」という最高の誉《ほま》れの人生を歩み通しなさい――最蓮房《さいれんぼう》は、師《し》との広宣流布の誓《ちか》いを胸《むね》に、生涯《しょうがい》、地涌《じゆ》の菩薩《ぼさつ》の使命に生き抜《ぬ》いたことでしょう。

【関連御書】

最蓮房宛て：「立正観抄」（新641ページ・全527ページ）、「生死一大事血脈抄」（新1774ページ・全1336ページ）、「最蓮房御返事」（新1779ページ・全1340ページ）、「祈禱経送状」（新1785ページ・全1356ページ）、「諸法実相抄」（新1788ページ・全1358ページ）、「十八円満抄」（新1794ページ・全1362ページ）

【参考】

『生死一大事血脈抄講義』、『勝利の経典「御書」に学ぶ』第19巻（「生死一大事血脈抄」講義）、『希望の経典「御書」に学ぶ』第1巻（「最蓮房御返事」講義）、『勝利の経典「御書」に学ぶ』第17巻（「諸法実相抄」講義）

法華経の行者に随《したが》う覚悟

――池田先生の講義から

師《し》に随順《ずいじゅん》して「弟子の道」に生き抜《ぬ》いている最蓮房《さいれんぼう》を称讃《しょうさん》されつつ、大聖人は師弟不二《していふに》の実践《じっせん》の中にこそ、仏法の一大事である血脈《けつみゃく》が流れ通うことを教えておられるのです。（中略）

最高の信念に生き抜《ぬ》く人は、常に本質を見抜《みぬ》くゆえに、物事の表面にとらわれず、何事にも紛動《ふんどう》されることはありません。

それに対して、信念なき愚人《ぐにん》は、愚《おろ》かな自分の心が基準となるゆえに、常に迷い、困難《こんなん》や障害《しょうがい》に容易に負けてしまうものです。

最蓮房《さいれんぼう》自身、法華経が最勝の経典であることを深く理解していたことは間違《まちが》いありません。そのうえで、最蓮房《さいれんぼう》が大聖人の真金《しんきん》の弟子たるゆえんは、師《し》に随順《ずいじゅん》する金剛不壊《こんごうふえ》の覚悟《かくご》にあったといってよい。

最蓮房《さいれんぼう》は佐渡《さど》の地で、諸経《しょきょう》の王である法華経を如説《にょせつ》修行し、法華経の心のままに、不惜身命《ふしゃくしんみょう》で民衆救済《みんしゅうきゅうさい》に生き抜《ぬ》かれる、真の「法華経の行者」を眼前に拝《はい》して、厳粛《げんしゅく》なる感動に包《つつ》まれた。それは、「御弟子《みでし》の一分《いちぶん》と思《おぼ》し食《め》され候《そうら》はば恐悦《きょうえつ》に相存《あいぞん》ず可《べ》く候《そうろう》」（全1340ジペー・新1780ジペー）との最蓮房《さいれんぼう》の言葉に表れています。

この法華経の行者とともに邁進《まいしん》し抜《ぬ》いていくことこそが、法華経の真髄《しんずい》であり、極意であることを、最蓮房《さいれんぼう》は即座《そくざ》に、そして正確に理解したに違《ちが》いない。だからこそ、迷いなく師《し》とともに忍難《にんなん》の道を選べたのではないだろうか。

（『生死一大事血脈抄講義』）

遠藤左衛門尉《えんどうさえもんのじょう》

佐渡《さど》

「遠藤左衛門尉御書《えんどうさえもんのじょうごしょ》」（新1773ジペー・全1336ジペー）は、佐渡《さど》の地の門下《もんか》の一人、遠藤左衛門尉《えんどうさえもんのじょう》という人物に送られたとされる御書です。

お手紙の宛先《あてさき》に「左衛門尉《さえもんのじょう》」とあることから、武士であったと考えられますが、その他のことも含《ふく》めて確かなことは明らかになっていません。いずれにしても、他の門下《もんか》たちと共《とも》に、食事をはじめとして、佐渡流罪《さどるざい》中の大聖人のさまざまな身の回りのお世話をしたと考えられます。

【関連御書】

遠藤左衛門尉宛て：「遠藤左衛門尉御書」（新1773ジペー・全1336ジペー）

熱原《あつはら》の三烈士《さんれっし》

駿河《するが》

弘安元年《こうあん》の入信

日蓮大聖人が身延《みのぶ》に入られた後の建治《けんじ》年間、駿河《するが》方面では、日興上人が中心となって弘教《ぐきょう》が大きく進みました。そうした中の一つが、富士地方の熱原郷《あつはらごう》（静岡県富士《ふじ》市厚原《あつはら》とその周辺）でした。

ここでは、大聖人門下《もんか》の日秀《にっしゅう》、日弁《にちべん》らによって教勢《きょうせい》が拡大し、農民の中にも門《もん》下《か》が数多く誕生《たんじょう》していきました。そうした門下《もんか》のうち、現代にまで語《かた》り継《つ》がれるのが、信仰《しんこう》を貫《つらぬ》き殉教《じゅんきょう》の最期《さいご》を遂《と》げた熱原《あつはら》の三烈士《さんれっし》、すなわち神四郎《じんしろう》、弥五郎《やごろう》、弥六郎《やろくろう》の3人です。

この3人の詳細《しょうさい》は分かりませんが、彼《かれ》らが入信するのは、弘安《こうあん》元年（1278年）のことと考えられます。[1]

広範《こうはん》に及《およ》んだ迫害《はくがい》

当時、駿河国《するがのくに》（静岡県中央部）は、執権《しっけん》の北条《ほうじょう》氏一族が守護《しゅご》（国ごとに置かれ、軍事・行政を統括《とうかつ》する職）ならびに駿河守《するがのかみ》を務《つと》め、特に富士地方は「後家尼御前《ごけあまごぜん》」（念仏の強信者だった北条重時《ほうじょうしげとき》の娘《むすめ》であり、時頼《ときより》の夫人。さらに時宗《ときむね》の母）の家臣《かしん》が多く、その影響力《えいきょうりょく》が大きい地でした。熱原《あつはら》の滝泉寺院主代《りゅうせんじいんじゅだい》である行智《ぎょうち》は、そうした北条《ほうじょう》氏一族の権威《けんい》をかさに着て、数々の悪行を重《かさ》ねていました。その中で行智《ぎょうち》は、同寺に在住していた日秀《にっしゅう》、日弁《にちべん》をはじめ、大聖人門下《もんか》に激《はげ》しい迫害《はくがい》を加えていました。

こうした圧迫《あっぱく》は、滝泉寺《りゅうせんじ》だけではありませんでした。駿河《するが》の大聖人門下《もんか》への迫《はく》害《がい》は、地域の寺院の僧《そう》や信徒が大聖人門下《もんか》となったことが背景《はいけい》にありました。

えん罪《ざい》により鎌倉へ連行

弘安《こうあん》2年（1279年）、熱原《あつはら》の法難《ほうなん》[2]は頂点《ちょうてん》を迎《むか》えます。行智《ぎょうち》は富士下方《しもかた》の政所《まんどころ》（所領を管理する機関）の代官に働《はたら》きかけ、4月には大聖人門下《もんか》に傷害《しょうがい》を負《お》わせ、8月には別の大聖人門下《もんか》を斬首《ざんしゅ》しました。熱原《あつはら》の門下《もんか》は、こうした激《はげ》しい圧迫《あっぱく》の

1　日興上人が記《しる》した目録（「弟子分本尊目録」）に、大聖人から御自筆の御本尊を与《あた》えられた門下《もんか》の名前が列挙されている。そこには熱原《あつはら》の三烈士《さんれっし》の名もあり、彼《かれ》らが大聖人門下《もんか》の日秀《にっしゅう》、日弁《にちべん》の教化により大聖人の門下《もんか》となったこと、また弘安《こうあん》元年（1278年）の入信であることが記《しる》されている。

2　熱原《あつはら》の法難《ほうなん》とは、建治《けんじ》元年（1275年）頃から弘安《こうあん》6年（1283年）頃にわたって、駿河国《するがのくに》富士下方《しもかた》の熱原《あつはら》地域で大聖人門下《もんか》が受けた法難《ほうなん》をいう。

中にあっても、信心と団結を貫《つらぬ》いていきます。

一方、行智《ぎょうち》は、さらなる企《くわだ》てをめぐらします。彼《かれ》は「9月21日、日秀《にっしゅう》らが大勢の人を集めて弓矢で武装《ぶそう》し、院主分《いんじゅぶん》の坊内《ぼうない》に乱入《らんにゅう》し、農作物を盗《ぬす》み取った」（新883ページ・全852ページ、趣意）という、うその訴状《そじょう》を作り、「刈田狼藉《かりたろうぜき》」（他人の田の稲《いね》を不当に刈《か》り取《と》る行為《こうい》）の罪《つみ》をでっち上げたのです。三烈士《さんれっし》をはじめとする熱原《あつはら》の農民門下《もんか》20人は、不当に捕《と》らえられ、鎌倉に連行されました。

弁明書で事実を明らかに

鎌倉に出て事態に対処《たいしょ》された日興上人は、富木常忍《ときじょうにん》と協力して、訴《うった》えられた日《にっ》秀《しゅう》、日弁《にちべん》らのための弁明書を作成されます。身延《みのぶ》にいる大聖人が、この原案に手を加えられたのが「滝泉寺大衆陳状《りゅうせんじだいしゅちんじょう》」（新880ページ・全849ページ）であり、これは師《し》弟《てい》一体の言論闘争《げんろんとうそう》の書となりました。

ここには滝泉寺《りゅうせんじ》での行智《ぎょうち》の日頃《ひごろ》の悪行ぶりが具体的に記《しる》されています。加えて、熱原《あつはら》の農民たちは〝稲盗人《いねぬすっと》〟ではなく、むしろ行智《ぎょうち》らが20人を捕《と》らえたことや、先述の大聖人門下《もんか》への殺傷《さっしょう》事件も行智《ぎょうち》が仕組んだことが明らかにされています。

捕《と》らえられた20人は皆《みな》、大聖人に帰依《きえ》してから1年前後でした。しかし、彼《かれ》らの信心は揺《ゆ》らぎませんでした。とはいえ、彼《かれ》らにとって、この時こそ信仰《しんこう》を貫《つらぬ》けるかどうかのまさに正念場でした。

心こもる師《し》の励《はげ》まし

さて、大聖人は弘安《こうあん》2年（1279年）10月1日付の「聖人御難事《しょうにんごなんじ》」で、熱原《あつはら》の門下《もんか》[3]を次のように励《はげ》ますよう教えられています（鎌倉の四条金吾《しじょうきんご》に宛《あ》てられた本抄《ほんしょう》は門下《もんか》一同へのお手紙であり、大聖人は本抄《ほんしょう》を四条金吾《しじょうきんご》のもとに留《と》め置くよう指示された）。

「かの熱原の迫害《はくがい》に遭《あ》っている者たちを、よく励《はげ》まして、退転させることがあってはならない」（新1620ページ・全1190ページ、趣意）

また、「ただ一途《いちず》に覚悟《かくご》を決めなさい。善《よ》い結果になるのが不思議であり、悪い結果になるのが当然と思いなさい」（同、趣意）と、熱原《あつはら》の門下《もんか》を励《はげ》ますよう教えられ、さらに、今、直面している以上の空腹《くうふく》や寒さ、恐怖《きょうふ》があることを伝えて、彼《かれ》らが苦難《くなん》に耐《た》え抜《ぬ》いていけるようにと心を配られています（新1620ページ・全1191ページ、趣意）。

熱原《あつはら》の門下《もんか》が一人残らず信心を貫《つらぬ》いていけるようにと、門下《もんか》を思いやる大聖人の真情が伝わってきます。

三烈士《さんれっし》の処刑《しょけい》

10月15日、熱原《あつはら》の門下《もんか》20人は、平左衛門尉頼綱《へいのさえもんのじょうよりつな》のもとで尋問《じんもん》を受けます。行智《ぎょうち》らが訴《うった》え出た富士下方《しもかた》の政所《まんどころ》は、得宗家《とくそう》（執権北条《しっけんほうじょう》氏の家督《かとく》を継《つ》ぐ本家）の所領の管理機関です。そこで、熱原《あつはら》の門下《もんか》20人は、この時、得宗家《とくそう》の家政機関の筆頭で

3　ここの「熱原《あつはら》の門下《もんか》」とは、大聖人が「聖人御難事《しょうにんごなんじ》」で仰《おお》せの「彼《か》のあつわらの愚癡《ぐち》の者《もの》ども」（新1620㌻・全1190㌻）を指す。この人々が、鎌倉で拘束中《こうそくちゅう》の熱原《あつはら》の門下《もんか》20人である可能性はあるが、この時、熱原《あつはら》地域で信心への圧迫《あっぱく》と懸命《けんめい》に戦っている門下《もんか》のことを指す可能性も否定《ひてい》できない。ちなみに、ここでの熱原《あつはら》の門下《もんか》への大聖人の仰《おお》せに〝寒さ〟とある。「聖人御難事《しょうにんごなんじ》」御執筆《ごしっぴつ》の10月1日は、今の暦《こよみ》では11月中旬《ちゅうじゅん》であり、寒くなり始める時期であることからの仰《おお》せと拝《はい》することができる。

あった平左衛門尉頼綱《へいのさえもんのじょうよりつな》の私邸《してい》で頼綱自《よりつなみずか》らの取り調べを受けるのです。

それは、拷問《ごうもん》にも等しい尋問《じんもん》でした。頼綱《よりつな》は、次男の助宗《すけむね》（資宗《すけむね》とも表記される。後に飯沼判官《いいぬまはんがん》と呼《よ》ばれた）に、蟇目《ひきめ》という、射《い》ると音が響《ひび》く矢で農民たちを射《い》させました。そして何度も、「法華経を捨《す》てよ」と迫《せま》ったのです。しかし、彼《かれ》らは一人として動じませんでした。それどころか、「南無妙法蓮華経、南無妙法蓮華経」と題目を唱《とな》え始めたのです。

結局、神四郎《じんしろう》、弥五郎《やごろう》、弥六郎《やろくろう》の3人は斬首《ざんしゅ》に処《しょ》されます。[4] 残りの17人は、獄《ごく》につながれた後、追放処分《しょぶん》となりました。

この10月15日の模様《もよう》は、鎌倉からの報告を受けた大聖人が「彼《かれ》ら御勘気《ごかんき》を蒙《こうむ》るの時、南無妙法蓮華経、南無妙法蓮華経と唱《とな》え奉《たてまつ》る」（新1938ページ・全1455ページ）と記《しる》されています。そして大聖人は、拘束中《こうそくちゅう》の熱原《あつはら》の門下《もんか》が不当な弾圧《だんあつ》に屈《くっ》することなく不惜身命《ふしゃくしんみょう》の信心を示した姿《すがた》を「ひとえに只事《ただごと》にあらず」（同）と深く思いを寄《よ》せられ、彼《かれ》らを「法華経の行者」（同）と称《たた》えられました。

平左衛門尉《へいのさえもんのじょう》父子の末路

こうした中、熱原近隣《あつはらきんりん》の門下《もんか》である南条時光《なんじょうときみつ》は、自身も不当な圧迫《あっぱく》を受けながらも、日興上人の指導のもと強盛《ごうじょう》な信心を貫《つらぬ》き、大聖人門下《もんか》の外護《げご》に当たりました。大聖人は、こうした功績から時光《ときみつ》を「上野賢人《うえのけんじん》」（新１８９５ページ・全１５６１

4　斬首《ざんしゅ》の日は定《さだ》まらない。日興上人が徳治《とくじ》３年（１３０８年）４月８日付で書写された御本尊の脇《わき》書《がき》には、三烈士《さんれっし》の処刑《しょけい》から14年を経《へ》て平左衛門尉頼綱《へいのさえもんのじょうよりつな》が誅殺《ちゅうさつ》されたと記《しる》されており、頼綱《よりつな》の死は永仁《えいにん》元年（１２９３年）なので、さかのぼると弘安《こうあん》３年（１２８０年）に当たり、これに従《したが》い、三烈士《さんれっし》の命日を同年４月８日と推定《すいてい》する説がある。これに対して、「聖人等御返事《しょうにんとうごへんじ》」の「彼《かれ》ら御勘気《ごかんき》を蒙《こうむ》るの時」（新１９３８ページ・全１４５５ページ）を尋問《じんもん》ではなく処刑《しょけい》と解釈《かいしゃく》して、弘安《こうあん》２年（１２７９年）10月15日の尋問《じんもん》の際に三烈士《さんれっし》が処刑《しょけい》されたと考える説もある。他にも諸説《しょせつ》があり、詳細《しょうさい》は不明である。

ページ）と称《たた》えられています。[5]

後年のことになりますが、三烈士《さんれっし》を処刑《しょけい》した平左衛門尉頼綱《へいのさえもんのじょうよりつな》とその子は悲惨《ひさん》な末路をたどります。[6]仏法の峻厳《しゅんげん》な因果を示して余りある出来事でした。

民衆《みんしゅう》仏法の基盤《きばん》が確立

大聖人は先ほどの「聖人御難事《しょうにんごなんじ》」で、建長《けんちょう》5年（1253年）4月28日の立宗《りっしゅう》以来「二十七年」目にして御自身《ごじしん》の出世の本懐《ほんかい》（この世に出現した目的）を示されました。

大聖人は若《わか》き日に、仏法の肝要《かんよう》を知る智者《ちしゃ》となってすべての人を苦悩《くのう》から根本《こんぽん》的に救うという誓願《せいがん》を立てられました。この誓願《せいがん》の成就《じょうじゅ》が御生涯《ごしょうがい》をかけて目指された根本《こんぽん》目的であると拝《はい》されます。

熱原《あつはら》の法難《ほうなん》において、南無妙法蓮華経の仏法を持《たも》ち不惜身命《ふしゃくしんみょう》の信心で広宣流布へ行動する民衆《みんしゅう》が出現したことにより、世界の人々を救うための大聖人の民衆《みんしゅう》仏法が現実のものとなりました。このことにより、大聖人は出世の本懐《ほんかい》を果たされたのです。

池田先生は、大難《だいなん》と戦った熱原《あつはら》の農民門下《もんか》について、こう述《の》べています。

「法華経の精髄《せいずい》である三大秘法《さんだいひほう》の南無妙法蓮華経を受持し、御本仏《ごほんぶつ》と共《とも》に戦う

5　大聖人は「上野殿御返事《うえのどのごへんじ》（竜門御書《りゅうもんごしょ》）」で南条時光《なんじょうときみつ》に「これは、あつわらのことのありがたさに申す御返事《ごへんじ》なり」（新1895ページ・全1561ページ）と仰《おお》せになっているが、時光《ときみつ》の詳《くわ》しい功績は明らかではない。

6　この後、平左衛門尉頼綱《へいのさえもんのじょうよりつな》はますます専横《せんおう》を極《きわ》め、弘安《こうあん》8年（1285年）には対立勢力の安達泰《あだちやす》盛《もり》らを滅《ほろ》ぼし、執権《しっけん》・北条《ほうじょう》氏の家督《かとく》である得宗《とくそう》をしのぐほどの権勢《けんせい》を誇《ほこ》ったが、永仁《えいにん》元年（1293年）に長男・宗綱《むねつな》によって謀反《むほん》の罪で密告《みっこく》され、頼綱《よりつな》・助宗《すけむね》（資宗《すけむね》）父子は自邸《じてい》で自害した。密告《みっこく》した宗綱《むねつな》は流罪《るざい》となった。日興上人も「弟子分本尊目録」に平左衛門尉頼綱《へいのさえもんのじょうよりつな》の誅殺《ちゅうさつ》と、その子の末路を書きとどめている。

偉大《いだい》な民衆《みんしゅう》が遂《つい》に登場したのです。まさに、民衆《みんしゅう》仏法の基盤《きばん》が確立しました。ここにこそ、大聖人の出世の本懐《ほんかい》の成就《じょうじゅ》があるのです」（２０１５年10月号「大白蓮華」、「世界を照らす太陽の仏法」）

偉大《いだい》な先駆《せんく》の人権闘争《じんけんとうそう》

また、先生は、熱原《あつはら》の門下《もんか》の精神闘争《とうそう》について、次のように示されています。

「この20人の勇敢《ゆうかん》なる庶民《しょみん》の行動は、13世紀の封建《ほうけん》時代の日本で起きた、永遠に輝《かがや》きわたる偉大《いだい》な先駆《せんく》の人権闘争《じんけんとうそう》です。苗字《みょうじ》もない農民が、厳然《げんぜん》と宗教的《しゅうきょうてき》信念を貫《つらぬ》き、権力者《けんりょくしゃ》の横暴《おうぼう》に対して断固として『ノー！』と叫《さけ》ぶ。人類の人権《じんけん》の教科書の一ページを飾《かざ》るべき出来事とも言えるのではないだろうか」（『御書の世界』、『池田大作全集』第33巻所収）

このように、三烈士《さんれっし》をはじめとする熱原《あつはら》の門下《もんか》の残した足跡《そくせき》は、大聖人の御生《ごしょう》

日蓮大聖人の御在世当時、熱原の法難の舞台となった、富士市厚原とその周辺。手前は茶畑

涯《がい》に重大な意味を持つ出来事であり、と同時に人権闘争《じんけんとうそう》の歴史の上に大きな意義を刻《きざ》むものともいえましょう。

確固たる哲学《てつがく》を抱《いだ》き、その信念に殉《じゅん》ずることほど、尊《とうと》いものはありません。また、妙法根本《こんぽん》のそうした生き方に永遠の幸福境涯《きょうがい》が築《きず》かれることもまた言うまでもありません。わが命を何のために使うか、これこそ人生の肝要《かんよう》です。もちろん、仏法の正しい実践《じっせん》は、教条的な殉教《じゅんきょう》主義とは異《こと》なります。真の不惜身命《ふしゃくしんみょう》とは、法のために、どこまでも生き抜《ぬ》いていくことです。
現代の私たちにとって、何があっても広布へ前進していくことが、不惜身命《ふしゃくしんみょう》の信心の実践《じっせん》にほかなりません。熱原の門下《もんか》が示した信心の姿《すがた》は、私たち信仰者《しんこうしゃ》にとって永遠の鑑《かがみ》なのです。

【関連御書】
「滝泉寺大衆陳状」（新880ページ・全849ページ）、「聖人御難事」（新1618ページ・全1189ページ）、「聖人等御返事」（新1938ページ・全1455ページ）、「伯耆殿等御返事」（新1937ページ・全1456ページ）、「上野殿御返事（竜門御書）」（新1894ページ・全1560ページ）

【参考】
「世界を照らす太陽の仏法」第6・7回（2015年10・11月号「大白蓮華」、「聖人御難事」を講義）、『池田大作全集』第33巻（『御書の世界』第15章「熱原の法難」）、小説『新・人間革命』第29巻「常楽」の章、『池田大作全集』第131巻（「随筆　新・人間革命」の「熱原法難の歴史」）

石河新兵衛入道《いしかわしんひょうえのにゅうどう》・重須殿女房《おもすどののにょうぼう》、刑部左衛門尉女房《ぎょうぶのさえもんのじょうのにょうぼう》、出雲尼《いずもあま》

石河新兵衛入道《いしかわしんひょうえのにゅうどう》・重須殿女房《おもすどののにょうぼう》

駿河《するが》

日蓮大聖人の身延《みのぶ》入山後、富士方面では日興上人を中心に弘教《ぐきょう》が進み、駿河国《するがのくに》（静岡県中央部）には有力な門下《もんか》が数多く誕生《たんじょう》しました。石河新兵衛入道《いしかわしんひょうえのにゅうどう》もその一人です。

石河入道《いしかわにゅうどう》は、駿河国《するがのくに》富士上方重須郷《かみかたおもすごう》（静岡県富士宮市北山）の地頭《じとう》で、「重須《おもす》

殿《どの》」と通称《つうしょう》され、実名《じつみょう》（通称などではない本当の名前）は能助《よしすけ》と伝えられています。日興上人が残された「弟子分本尊目録《でしぶんほんぞんもくろく》（門下《もんか》に授与《じゅよ》された大聖人の御本尊の目録）」には「石河新兵衛入道道念《いしかわしんひょうえのにゅうどうどうねん》」とあり、「道念《どうねん》」との法号《ほうごう》があります。日興上人から石河入道《いしかわにゅうどう》の嫡子《ちゃくし》・石河孫三郎能忠《いしかわまごさぶろうよしただ》へ授与された御本尊の脇書《わきがき》には「源義忠《みなもとのよしただ》（能忠《よしただ》）」とあることから、石河《いしかわ》氏は源《げん》氏の一族だと考えられます。

石河入道《いしかわにゅうどう》の妻は「重須殿女房《おもすどののにょうぼう》」と呼《よ》ばれました。「弟子分本尊目録《でしぶんほんぞんもくろく》」に「南条《なんじょう》兵衛七郎《ひょうえしちろう》女子石川新兵衛入道後家尼《いしかわしんひょうえのにゅうどうごけあま》」と記《しる》されていることから、重須殿女房《おもすどののにょうぼう》は、南条兵衛七郎《なんじょうひょうえしちろう》（南条時光《なんじょうときみつ》の父）の娘《むすめ》であったことが分かります。すなわち、石河《いしかわ》家と南条《なんじょう》家は姻戚《いんせき》関係にあり、石河入道《いしかわにゅうどう》は南条時光《なんじょうときみつ》と義兄弟の間柄《あいだがら》であったことになります。

石河入道《いしかわにゅうどう》がいた重須郷《おもすごう》は、時光《ときみつ》の在所である上野郷《ごう》（静岡県富士宮市下条）に近《きん》接《せつ》し、近しく連絡《れんらく》を取り合える距離《きょり》にありました。石河入道《いしかわにゅうどう》夫妻は、時光《ときみつ》ら近隣《きんりん》の門下《もんか》たちと励《はげ》まし合い、力《ちから》を合わせて、日蓮大聖人、日興上人を支えたものと思われます。

重須郷だった地の周辺を流れる潤井川（静岡県富士宮市）

「姫御前《ひめごぜん》」のお手紙

大聖人から石河入道《いしかわにゅうどう》へのお手紙は現存《げんそん》していませんが、他の門下《もんか》への御消息《ごしょうそく》に石河入道《いしかわにゅうどう》の家族のことが記《しる》されています。

弘安《こうあん》元年（1278年）4月に南条時光《なんじょうときみつ》に与《あた》えられた「上野殿御返事《うえのどのごへんじ》（末法要法《まっぽうようほう》の

事《こと》)」に、「石河兵衛入道殿《いしかわのひょうえのにゅうどうどの》のひめ《姫》御前《ごぜん》」(新1872ページ・全1545ページ)と、石河入道《いしかわにゅうどう》の娘《むすめ》の話が出てきます。実は、この年、石河入道《いしかわにゅうどう》の娘《むすめ》が病気で亡《な》くなりました。姪《めい》を亡《な》くした叔父《おじ》の時光《ときみつ》から知らせを受けた大聖人が身延《みのぶ》で認《したた》められたのだと思われます。大聖人は返書で、石河入道《いしかわにゅうどう》の娘《むすめ》が生前、幾度《いくど》となく大聖人にお手紙を送っていたことを明かし、入道《にゅうどう》の娘《むすめ》が息を引き取る前に送ってきた書状を紹介《しょうかい》されています。

「姫御前《ひめごぜん》は、何度も私にお手紙を送ってくれました。3月14、15日の夜分でしょうか、このようなお手紙が届《とど》きました。『世の中を見渡《みわた》すと、病《やまい》でない人でも、今年などは無事に過ごせるとは限《かぎ》らない状況《じょうきょう》にあります。まして、私はもとより病気の身です。病状が急に悪くなってきましたので、これが最後の手紙になるかもしれません』とありましたが、とうとう、お亡《な》くなりになったのですね」

(同、趣意)

「姫御前《ひめごぜん》」とは、未婚《みこん》の若《わか》い女性の敬称《けいしょう》です。姫御前《ひめごぜん》の病状がだんだんと悪化していったことは、おそらく大聖人のもとに伝えられていたことでしょう。それでも、大切な門下《もんか》の娘《むすめ》が亡《な》くなったことは、大聖人にとって突然《とつぜん》の悲しい知らせに違《ちが》いありません。深く哀悼《あいとう》の意を表すとともに、姫御前《ひめごぜん》からのお手紙を通して、その信心を称《たた》えられたのです。

当時は日本国中に深刻《しんこく》な疫病《えきびょう》が広がっており、病気でない人にとっても死は身近なものでした。とはいえ、わが身に死の影《かげ》が忍《しの》び寄《よ》れば、「なぜ私が……」と思ってしまうのが人の常です。ところが姫御前《ひめごぜん》は、若《わか》い身でありながら、自《みずか》らの生死《しょうじ》を冷静に見《み》つめ、最期《さいご》まで南無妙法蓮華経を唱《とな》え切ったのです。

大聖人は、姫御前《ひめごぜん》が死に臨《のぞ》んでも心を乱《みだ》さず、最期《さいご》まで信心を貫《つらぬ》いたことは、一眼《いちげん》の亀《かめ》が浮木《うきぎ》の穴《あな》に入るように、天から垂《た》らした糸が針《はり》の穴《あな》を通るように、希有《けう》なことであるとされ、姫御前《ひめごぜん》の信心を最大に称賛《しょうさん》されました（新1874

ジ《ぺー》・全1546ジ《ぺー》参照）。

「日蓮の弟子の中には、法門を分かったように見えて、南無妙法蓮華経以外に余経を交《まじ》える過《あやま》ちを犯《おか》す者がいるが、姫御前《ひめごぜん》は素直に題目を信じて、信心を貫《つらぬ》き通《とお》されたのである。なんと尊《とうと》いことでしょう」（新1874ジ《ぺー》・全1546ジ《ぺー》、趣意）と。姫御前《ひめごぜん》が、成仏《じょうぶつ》を確信し、大満足の心で臨終《りんじゅう》を迎《むか》えることができるのは、大聖人の法門の正しさを示すものと教えられています（同、参照）。

愛娘《まなむすめ》を失《うしな》った石河入道《いしかわにゅうどう》夫妻が、深い悲しみに包《つつ》まれたことは想像に難《かた》くありません。しかし、時光《ときみつ》へ宛《あ》てたこの手紙のような渾身《こんしん》の激励《げきれい》が、夫妻のもとにも届《とど》けられたことは大いに考えられます。入道《にゅうどう》夫妻は、繰《く》り返《かえ》し大聖人の励《はげ》ましを拝《はい》しては、亡《な》くなった娘《むすめ》がどれほど立派《りっぱ》な信心を貫《つらぬ》いたのかを胸《むね》に刻《きざ》み、娘《むすめ》の分まで生き抜《ぬ》こう、大聖人の門下《もんか》として立派《りっぱ》に信心を貫《つらぬ》こう、と誓《ちか》ったことでしょう。

十字御書《むしもちごしょ》

御執筆《ごしっぴつ》が弘安《こうあん》4年（1281年）1月5日と推定《すいてい》される、重須殿女房《おもすどののにょうぼう》へのお手紙（「十字御書《むしもちごしょ》」）があります。重須殿女房《おもすどののにょうぼう》が新年に当たって、「十字《むしもち》[1]（蒸《む》し餅《もち》）」100枚と果物一籠《ひとかご》を御供養《ごくよう》したことに対し、大聖人がそのお礼を認《したた》められたものです（新2036ページ・全1491ページ参照）。新年という節目に、新たな決意を込《こ》めて、御供養《ごくよう》を捧《ささ》げたものと思われます。

大聖人は、重須殿女房《おもすどののにょうぼう》の瑞々《みずみず》しい志《こころざし》を称《たた》えられています。正月1日は、「月のはじめ」「年のはじめ」と幾重《いくえ》にも「始まり」の意義が込《こ》められているとしたうえで、その意義深き正月1日に、妙法をもって祝う人は、月が次第に満ち、赫々《かっかく》

1　麦などの粉を練って蒸《む》しあげたもの。その表面には十字《じゅうじ》の切れ込《こ》みが入れられたことから、「十《むし》字《もち》」と表されるようになった。

たる太陽が昇《のぼ》っていくように、自身の福徳をますます豊かにし、人々から愛されるようになっていくと励《はげ》まされています（新2036ジペー・全1491ジペー、趣意）。

また同抄《どうしょう》には、「今、正月の始めに法華経を供養《くよう》しようと思われるあなたのお心《こころ》は、木から桜の花が咲《さ》き、池から蓮《はす》のつぼみが出《で》、雪山《せっせん》の栴檀《せんだん》の双葉《ふたば》が開《ひら》け、月が始めて出るようなものでしょう」（新2037ジペー・全1492ジペー、通解）とも仰《おお》せです。これらは、凡夫《ぼんぷ》の肉身《にくしん》に、仏界という最極《さいごく》の生命が具《そな》わっている譬《たと》えですが、泥《どろ》の池から鮮《あざ》やかな蓮《はす》の花が咲《さ》くように、さまざまな苦しみや悩《なや》みも、この妙法によって必ず成仏《じょうぶつ》の因《いん》へと転換《てんかん》できることを教えられた激励《げきれい》とも拝《はい》されます。

当時、駿河国《するがのくに》には得宗家《とくそう》（執権北条氏《しっけんほうじょう》の家督《かとく》を継《つ》ぐ本家）の所領があり、大聖人一門に対して、厳《きび》しい目が向けられていました。

また、この弘安《こうあん》4年（1281年）頃は、重須殿女房《おもすどののにょうぼう》の弟である南条時光《なんじょうときみつ》が、大聖人の門下《もんか》ということで権力者《けんりょくしゃ》から目を付けられ、所領に重い雑税《ざつぜい》や、夫役《ぶやく》（労働の形で納める課役）などを課せられていました。近くの石河入道《いしかわにゅうどう》夫妻にも何らかの圧迫《あっぱく》が及《およ》んでいたことは、十分に考えられます。

姫御前《ひめごぜん》の死に続いて、新たな苦境に直面していた重須殿女房《おもすどののにょうぼう》は、このお手紙を拝《はい》し、自分も必ず信心で厳寒《げんかん》の苦しみを乗《の》り越《こ》え、爛漫《らんまん》と希望の花を咲《さ》かせることができると確信を深めたことでしょう。

日興上人を自領に招《まね》く

石河入道《いしかわにゅうどう》夫妻は、亡《な》くなった娘《むすめ》の分まで、わが子には信心を受《う》け継《つ》いでほしいと強く願ったに違《ちが》いありません。妙法に生き抜《ぬ》いた親の信心は、嫡子《ちゃくし》・石河孫三郎能忠《いしかわまごさぶろうよしただ》へと確かに継承《けいしょう》されていきました。

正応《しょうおう》2年（1289年）に身延《みのぶ》を離山《りざん》された日興上人は、南条時光《なんじょうときみつ》の招きで上野郷《ごう》に入られました。

その後、日興上人を重須郷《おもすごう》の自領にお迎《むか》えしたのが、石河孫三郎能忠《いしかわまごさぶろうよしただ》だったのです。重須《おもす》には、談所《だんしょ》（学問所）などがつくられ、日興上人自《みずか》ら数々の重書を講義され、広宣流布のための人材の訓育に当たられました。

当時、富士または鎌倉方面にいた門下《もんか》の生命や財産が傷《きず》つけられる事件が起きました。日興上人が弟子に宛《あ》てたお手紙をみると、この事件に際して、石河入道《いしかわにゅうどう》の子孫が重要な役割を果《は》たしたこと、また石河《いしかわ》氏の意見を日興上人が重んじられていたことがうかがえます。このように、大聖人の滅後《めつご》、石河入道《いしかわにゅうどう》夫妻の赤誠《せきせい》の信心は子孫に継承《けいしょう》されていったのです。

【関連御書】
石河能助の妻宛て：「十字御書」（新2036ジ・全1491ジ）
【参考】
『勝利の経典「御書」に学ぶ』第18巻（「十字御書」講義）

刑部左衛門尉女房《ぎょうぶのさえもんのじょうのにょうぼう》

尾張《おわり》

刑部左衛門尉女房《ぎょうぶのさえもんのじょうのにょうぼう》が大聖人から頂《いただ》いたお手紙で現存《げんそん》しているのは「刑部左衛《ぎょうぶのさえ》門尉女房御返事《もんのじょうのにょうぼうごへんじ》」の1編だけであり、詳《くわ》しい人物像は分かっていません。宛名《あてな》に「尾張刑部左衛門尉殿女房《おわりのぎょうぶのさえもんのじょうどののにょうぼう》」とあるところから、尾張国《おわりのくに》（愛知県）に住んでいたと推測《すいそく》されます。

弘安《こうあん》3年（1280年）10月の御執筆《ごしっぴつ》とされる、この御消息《ごしょうそく》の冒頭《ぼうとう》を拝《はい》すると、刑部左衛門尉女房《ぎょうぶのさえもんのじょうのにょうぼう》は亡《な》き母の十三回忌《かいき》に際して、大聖人に銭《ぜに》20貫文《かんもん》を御供養《ごくよう》したことが分かります（新2070ジ・全1397ジ参照）。

大聖人は同抄《どうしょう》で、刑部左衛門尉女房《ぎょうぶのさえもんのじょうのにょうぼう》の真心《まごころ》の御供養《ごくよう》を心から称《たた》えられるとともに、仏法からみた最高の孝養《こうよう》について教えられています。

まず、自分を育ててくれた母親の恩がいかに尊《とうと》いかを語られています。「父母の恩がいかに大きいかは、今さら改めていうまでもありませんが、母の恩については、とりわけ心肝《しんかん》に染《そ》めて尊《とうと》く思っています」（新2071ジ《ペー》・全1398ジ《ペー》、通解）と。

そして、母親は、妊娠《にんしん》や出産、子育てで、計《はか》り知れない痛《いた》みと苦労を伴《ともな》うものなのに、子どもがあまり恩を感じていないことを、かなりの長文にわたって具体的に示されているのです。「子が胎内《たいない》にいる9カ月間の苦しみは、お腹《なか》が鼓《つづみ》に皮を張ったようになり、首は針《はり》をつり下げているようなものです。お産が近づけば、あまりの痛《いた》みに腰《こし》は破れてしまいそうになり、目が飛《と》び抜《ぬ》けて天に昇《のぼ》るようです。これほど苦しい目にあっているのに、産み落とした子を急いで胸《むね》に抱《だ》きかかえ、3年もの間、心を込《こ》めて養い続けます。その間に、子が母の乳《ちち》を飲む量は

名古屋城近くに立つ中部池田記念会館（愛知県名古屋市）。かつて大聖人の女性門下がいた尾張の地で、今日も創価の友は広布に走る

180斛《こく》（石）3升《しょう》5合[2]で、この乳《ちち》はたとえ1合といえども三千大千世界に値《あたい》するほど貴重《きちょう》なものです。それなのに、子どもは、それほど感謝の念を抱《いだ》かないものです。たとえ子が今生《こんじょう》で孝《こう》養《よう》を尽《つ》くしたようでも、母が亡《な》くなり、日が経《た》つにつれて、弔《とむら》う人は減っていき、13年も経《た》てば、ほとんどいなくなるでしょう」（新2071㌻・全1

2　1斛《こく》（石）は100升《しょう》（約180・4㍑）、1升《しょう》は10合（約1・8㍑）になる。

398㌻、趣意）と。

大聖人は、母の恩がいかに広大であるかを示すことで、刑部左衛門尉女房《ぎょうぶのさえもんのじょうのにょうぼう》の御供養《ごくよう》がどれほど尊《とうと》いものなのかを称賛《しょうさん》されているのです。

母の恩を忘《わす》れない人は、強く、正しく、深い人生を歩むことができます。そのような賢者《けんじゃ》の振《ふ》る舞《ま》いを、大聖人は喜ばれ、賛嘆《さんたん》してやまなかったのです。

さらに大聖人は、御自身《ごじしん》も母にもっと孝養《こうよう》を尽《つ》くせばよかったと、ありのままのお気持ちを語られています。「日蓮は、母の存命中《ぞんめいちゅう》、母の言うことに背《そむ》いてばかりいたので、先立たれた今になって、深く後悔《こうかい》しています」（新2074㌻・全1401㌻、通解）と。だからこそ、大聖人は、釈尊《しゃくそん》の生涯《しょうがい》の教えを探究《たんきゅう》し、母への孝養《こうよう》を果たそうと思っているのだと綴《つづ》られています（同、参照）。

釈尊《しゃくそん》の教えの中で最《もっと》も優《すぐ》れた法華経を弘《ひろ》める大聖人を支えるために、母の追善《ついぜん》に寄せて、真心《まごころ》の御供養《ごくよう》をする刑部左衛門尉女房《ぎょうぶのさえもんのじょうのにょうぼう》を称《たた》え、こう仰《おお》せです。「亡《な》き母の冥福《めいふく》を祈り、追善《ついぜん》を願い出る人々を見ると、わがことのようにうれしく思います」（新2075ジ゙ペ・全1401ジ゙ペ、通解）と。亡《な》き母に寄せる思いを、師《し》はすべてすくい取ってくださいました。その言々句々《げんげんくく》に、刑部左衛門尉女房《ぎょうぶのさえもんのじょうのにょうぼう》は感激《かんげき》し、胸《むね》がいっぱいになったことでしょう。

大聖人は、妙法による追善《ついぜん》で、故人がたちまちのうちに霊山浄土《りょうぜんじょうど》へ行かれることは間違《まちが》いないと励《はげ》まされ、善知識《ぜんちしき》を求めて妙法の教えを求めていくべきであると本抄《ほんしょう》を結ばれています。刑部左衛門尉女房《ぎょうぶのさえもんのじょうのにょうぼう》は、この後、妙法を持《たも》つ先輩《せんぱい》、同志と励《はげ》まし合い、信心を貫《つらぬ》いていったことでしょう。

【関連御書】
刑部左衛門尉の妻宛て：「刑部左衛門尉女房御返事」（新2070ジ゙ペ・全1397ジ゙ペ）

出雲尼《いずもあま》　安房《あわ》

出雲尼《いずもあま》は、『日蓮大聖人御書全集　新版』に新たに収録《しゅうろく》されたお手紙の対告衆《たいごうしゅ》です。

出雲尼《いずもあま》が大聖人から頂《いただ》いたお手紙は、弘安《こうあん》元年（1278年）12月1日付の1編の断簡《だんかん》だけが残されており、詳《くわ》しい人物像は分かっていません。その宛名《あてな》には「安州出雲尼御前《あんしゅうのいずもあまごぜん》」とあるところから、出雲尼《いずもあま》は、安房国《あわのくに》（千葉県南部）の女性門下《もんか》だと考えられます。

御文《ごもん》の内容から、出雲尼《いずもあま》はこの時、安房《あわ》からはるばる身延《みのぶ》の大聖人のもとを訪問《ほうもん》していたとも思われますが、詳細《しょうさい》は不明です。いずれにしても大聖人は、出雲《いずも》尼《あま》の道中をとても心配され、その真情を綴《つづ》られています。「道中《どうちゅう》、どのようであったでしょうか。気がかりでなりません。すぐにでもご返事をいただいて、心のうちを晴らしたいものです」（新1268ジペー※新規収録、通解）と。

この御文《ごもん》の直前には、「……を逆縁《ぎゃくえん》とお考えになるべきです」とあります。残念ながら、これより前の部分は残されていませんが、おそらく出雲尼《いずもあま》は大聖人に、何らかの悩《なや》みを打ち明けたのでしょう。それに対して大聖人が、このお手紙で門下《もんか》の苦悩《くのう》の闇《やみ》を晴らそうと、法門に基《もと》づいた激励《げきれい》を認《したた》められたのかもしれません。

また、出雲尼《いずもあま》の道中の心配もされており、このようなごく短い一節の中からも、一人の門下《もんか》をどこまでも思いやられる大聖人の心中が伝わってきます。

【関連御書】

出雲尼宛て：「出雲尼御前御書」（新1268ページ※新規収録）

妙法尼《みょうほうあま》、妙一女《みょういちにょ》

妙法尼《みょうほうあま》

日蓮大聖人が認《したた》められたいくつかの御抄《ごしょう》に、「妙法尼御前《みょうほうあまごぜん》」「妙法尼《みょうほうあま》」という宛《あて》名《な》があります。これはすべて同一人物なのではなく、大聖人は「妙法《みょうほう》を持《たも》つ尼《あま》」との意味で「妙法尼《みょうほうあま》」という表現を用《もち》いられたと考えられます。

妙法尼《みょうほうあま》に当たる人物としては、①弘安《こうあん》元年（1278年）に夫を亡《な》くした妙法《みょうほう》尼《あま》、②兄と思われる尾張次郎兵衛《おわりのじろうひょうえ》を弘安元年《こうあん》（1278年）6月に亡《な》くした妙法《みょうほう》尼《あま》、③駿河国《するがのくに》（静岡県中央部）の門下《もんか》・松野殿《まつのどの》にゆかりがあると考えられる妙法《みょうほう》尼《あま》、このほか駿河国《するがのくに》・岡宮《おかみや》（同沼津市岡宮《ぬまづ おかのみや》）に住んだとされる妙法尼《みょうほうあま》[1]などが考えられますが、このうちの誰《だれ》と誰《だれ》が同一人物なのか、また別人なのかは定《さだ》かではありません。

ここでは、「妙法尼《みょうほうあま》」宛《あ》ての御抄《ごしょう》、一編一編に即《そく》して、考えられる人物像、また、大聖人との〝師弟《してい》の絆《きずな》〟を紹介《しょうかい》します。

夫婦で信心に励《はげ》む

「妙法尼御前御返事《みょうほうあまごぜんごへんじ》（臨終一大事の事《りんじゅういちだいじ こと》）」（弘安元年《こうあん》〈1278年〉7月14日の御執筆《ごしっぴつ》）を頂《いただ》いたのが、①の妙法尼《みょうほうあま》です。大聖人は、このお手紙の中で、妙法尼《みょうほうあま》の夫の臨《りん》終《じゅう》の相《そう》が良かったこと、日々、妙法を唱《とな》えてきた夫が臨終《りんじゅう》の間際《まぎわ》に題目を唱《とな》えて亡《な》くなったことから、夫の成仏《じょうぶつ》は疑《うたが》いないと述《の》べられ、妻である妙法尼《みょうほうあま》の成仏《じょうぶつ》も疑《うたが》いないと激励《げきれい》されています。このことから、夫婦で信心に励《はげ》んできた人物であると想像できます。

このお手紙に「見参《げんざん》の時」（新2103ジ・全1405ジ）とあることから、この妙法尼《みょうほうあま》は身延《みのぶ》から、そう遠くない地に住んでいたと思われます。

兄を亡《な》くした女性

「妙法比丘尼御返事《みょうほうびくにごへんじ》」（弘安《こうあん》元年〈1278年〉9月6日の御執筆《ごしっぴつ》）を頂《いただ》いたのが、②の妙法尼《みょうほうあま》です。同抄《どうしょう》から、この妙法尼《みょうほうあま》の兄と思われる尾張次郎兵衛《おわりのじろうひょうえ》は大聖人と

1　「法華初心成仏抄《ほっけしょしんじょうぶつしょう》」（新685ジ・全544ジ）を頂《いただ》いたのは、駿河国《するがのくに》・岡宮《おかみや》の妙法尼《みょうほうあま》とされてきたが、最近の研究では同抄《どうしょう》の宛先《あてさき》は不明と考えられている。

お会いしたものの念仏を称《とな》えてきたこと、一方で妻は大聖人に帰依《きえ》していたことがうかがえます。

尾張次郎兵衛《おわりのじろうひょうえ》の妻は、夫が亡《な》くなった後すぐ、妙法尼《みょうほうあま》を介《かい》して大聖人に太布《たふ》帷《かたびら》[2]を御供養《ごくよう》しました。本抄《ほんしょう》には、この供養《くよう》への心からの感謝が綴《つづ》られています。

この中で大聖人は、付法蔵《ふほうぞう》[3]の第三の商那和修《しょうなわしゅ》という人が遠い過去世において聖者《せいじゃ》に衣を供養《くよう》した功徳で、生々《しょうじょう》世々、衣に困《こま》らなかった因縁《いんねん》を語られ、法華経の行者を供養《くよう》する功徳がいかに大きいかを述《の》べられています。

さらに大聖人は、尾張次郎兵衛《おわりのじろうひょうえ》の妻に「藤《ふじ》の花が咲《さ》き誇《ほこ》って松に絡《から》まっているのに、松が思いがけず倒《たお》れたようなものです」（新２１２０ページ・全１４１８ページ、趣意）と、いたわりの言葉をかけて、夫を亡《な》くし心を痛《いた》める彼女《かのじょ》に寄《よ》り添《そ》われています。尾張次郎兵衛《おわりのじろうひょうえ》は法華経に帰依《きえ》することなく、弘安《こうあん》元年（１２７８年）６月に亡《な》くなるまで念仏の信仰《しんこう》を続けましたが、大聖人は本抄で妻と妙法尼《みょうほうあま》を大きく包《つつ》

山深い地、身延。大聖人は晩年、この身延で末法広宣流布の基盤を整えられていった

み込まれています。

松野殿《まつのどの》の縁者《えんじゃ》

「妙法尼御返事《みょうほうあまごへんじ》」（弘安《こうあん》元年〈1278年〉5月1日の御執筆《ごしっぴつ》）を頂《いただ》いたのが、③の妙法尼《みょうほうあま》です。この妙法尼《みょうほうあま》は季節の筍《たけのこ》を御供養《ごくよう》しています。

2　太布《たふ》は、コウゾなどの樹皮《じゅひ》の繊維《せんい》をつむいで織った布。帷《かたびら》は、裏《うら》をつけない衣類。

3　釈尊《しゃくそん》から付嘱《ふぞく》された教え（法蔵《ほうぞう》）を次々に付嘱《ふぞく》し、布教していった正統な継承者《けいしょうしゃ》とされる人々のこと。

このことから、この妙法尼《みょうほうあま》は身延《みのぶ》から近い地に住んでいたことがうかがえます。

本抄《ほんしょう》を頂《いただ》いた妙法尼《みょうほうあま》は、松野殿《まつのどの》ゆかりの女性門下《もんか》ですが、この松野殿《まつのどの》についても、具体的にどういう人物かは分かりません。なお、「松野《まつの》」の名字を持つ門下《もんか》としては、駿河国《するがのくに》・松野《まつの》（静岡県富士市北松野・南松野あたり）の松野六郎左衛門入道《まつのろくろうざえもんのにゅうどう》がいます。大聖人は本抄《ほんしょう》で、供養《くよう》の志《こころざし》を示した妙法尼《みょうほうあま》の成仏《じょうぶつ》は疑《うたが》いないと強調されています。

題目の意義をお尋《たず》ねする

「妙法尼御前御返事《みょうほうあまごぜんごへんじ》（一句肝心の事《いっくかんじんのこと》）」（弘安《こうあん》元年〈1278年〉7月3日の御執筆《ごしっぴつ》）を頂《いただ》いた妙法尼《みょうほうあま》は、この時、大聖人がいらした身延《みのぶ》から、そう遠くない地に在住した門下《もんか》であると考えられます。それは、同抄《どうしょう》の末尾《まつび》に「詳《くわ》しいことは、お目にかかって申し上げるからと、お伝えしてください」（新2100ジペー・全1403ジペー、趣意）との仰《おお》せがあるからです。妙法尼《みょうほうあま》にゆかりのある弟子から妙法尼《みょうほうあま》に本抄の内容を伝えるよう、大聖人が指示されたとも拝《はい》せます。

このお手紙には、妙法尼《みょうほうあま》が「南無妙法蓮華経と唱《とな》えるだけで仏になることができるのでしょうか」（新2098ページ・全1402ページ、趣意）と質問したことが記《しる》されており、大聖人は「法華経について疑問《ぎもん》を立てて、その意味を尋《たず》ねられたことは、尊《とうと》い大善根《だいぜんこん》[4]です」（同、趣意）と称賛《しょうさん》されています。

その上で、南無妙法蓮華経の題目こそ法華経の肝心《かんじん》であり、題目に仏の功徳と

4　善根《ぜんこん》とは、善《ぜん》の果報を招き生ずる因となる善行《ぜんぎょう》を指す。

修行がすべて含《ふく》まれることを教えられ、さらに竜女《りゅうにょ》[5]の即身成仏《そくしんじょうぶつ》こそ法華経の偉《い》大《だい》な功力《くりき》の証《あか》しであると示されています。

夫に先立たれた女性

「妙法比丘尼御前御返事《みょうほうびくにごぜんごへんじ》」（弘安《こうあん》4年〈1281年〉の御執筆《ごしっぴつ》）を頂《いただ》いた妙法尼《みょうほうあま》は、夫に先立たれ、親類からも離《はな》れ、一人か二人いる娘《むすめ》も頼《たよ》りにならない（嫁《とつ》いで便《たよ》りがない、ともとれます）中で信心をしていました。彼女《かのじょ》は大聖人に明衣《めいい》[6]を御供養《ごくよう》しています。周囲の無理解の中、けなげに妙法流布に励《はげ》む、この妙法尼《みょうほうあま》のことを、大聖人は不軽菩薩《ふきょうぼさつ》のようであると称賛《しょうさん》されています（新1211ページ・全1419ページ参照）。

不軽菩薩《ふきょうぼさつ》は、非難《ひなん》・中傷《ちゅうしょう》があっても、相手の成仏《じょうぶつ》を願い、「二十四文字の法華経」[7]をひたすら説き続けました。不軽菩薩《ふきょうぼさつ》は、法華経で説かれる、釈尊《しゃくそん》自身の過去世における菩薩道《ぼさつどう》の実践《じっせん》の姿《すがた》です。「さながら不軽菩薩《ふきょうぼさつ》のごとし」（同）との仰《おお》せは、〝不軽菩薩《ふきょうぼさつ》のように妙法を弘《ひろ》めるあなたは必ず成仏《じょうぶつ》しますよ〟との師《し》の真心《まごころ》の励《はげ》ましです。

さらに大聖人は妙法尼《みょうほうあま》に対し、釈尊《しゃくそん》の叔母《おば》である摩訶波闍波提比丘尼《まかはじゃはだいびくに》が一切衆《いっさいしゅ》

5　竜女《りゅうにょ》は法華経の説法の場で、その身がたちまちに成仏《じょうぶつ》する姿《すがた》を示したと、法華経提婆達多品《だいばだったほん》第12に説かれる。竜女《りゅうにょ》の成仏《じょうぶつ》は、一切の女人成仏《にょにんじょうぶつ》の手本とされ、同時に即身成仏《そくしんじょうぶつ》を表現している。

6　白い単衣《ひとえ》の着物。

7　「我《われ》は深《ふか》く汝等《なんだち》を敬《うやま》い、敢《あ》えて軽慢《きょうまん》せず。所以《ゆえん》は何《いか》ん、汝等《なんだち》は皆菩薩《みなぼさつ》の道《どう》を行《ぎょう》じて、当《まさ》に作仏《さぶつ》することを得《う》べければなり」（法華経557ページ）の経文を指す。これは、あらゆる人が成仏《じょうぶつ》できることを示している。鳩摩羅什《くまらじゅう》の漢訳《かんやく》では二十四文字なので「二十四文字の法華経」という。

生喜見仏《じょうきけんぶつ》との記別《きべつ》[8]を受けたことを述《の》べられ、「この一切衆生喜見仏《いっさいしゅじょうきけんぶつ》とは、あなたのことですよ」（新2123ページ・全1420ページ、趣意）と、不退の信心を示す妙法尼《みょうほうあま》を包《つつ》み込《こ》まれています。

「一切衆生喜見仏《いっさいしゅじょうきけんぶつ》」とは、「一切衆生《いっさいしゅじょう》が喜んで見る仏」との意味です。こうした慈愛《じあい》こもる励《はげ》ましに、妙法尼《みょうほうあま》は心打たれ、歓喜《かんき》したことでしょう。妙法尼《みょうほうあま》は、大聖人の励《はげ》ましを人生の確かな指針《ししん》として、妙法流布に生き抜《ぬ》く決意を新たにしたに違《ちが》いありません。

【関連御書】

妙法尼宛て：「妙法尼御前御返事（臨終一大事の事）」（新2101ページ・全1404ページ）、「妙法比丘尼御返事」（新2104ページ・全1406ページ）、「妙法尼御返事」（新1999ページ・全1390ページ〈松野殿御返事〉）、「妙法尼御前御返事（一句肝心の事）」（新2098ページ・全1402ページ）、「妙法比丘尼御前御返事」（新2121ページ・全1419ページ）

妙一女《みょういちにょ》

日蓮大聖人が認《したた》められた「妙一女御返事《みょういちにょごへんじ》」は2編現存《げんそん》し[9]、「妙一女《みょういちにょ》」という女性の門下《もんか》がいたことは確かです。ただ、どのような人物なのかは分かりません。

8　仏が弟子の未来の成仏《じょうぶつ》を保証し、仏としての名、また、その国土や劫《こう》（時代）の名称《めいしょう》などを明らかにすること。

9　「妙一女御返事《みょういちにょごへんじ》（事理成仏抄《じりじょうぶつしょう》）」の冒頭《ぼうとう》に「去《い》ぬる七月中旬《ちゅうじゅん》の比《ころ》、真言《しんごん》・法華《ほっけ》の即身成仏《そくしんじょうぶつ》の法門《ほうもん》、大体註《しる》し進《まい》らせ候《そうら》いし」（新2131㌻・全1260㌻）との仰《おお》せがある。ここから、この御抄《ごしょう》と、これ以前に与《あた》えられた「妙一女御返事《みょういちにょごへんじ》（即身成仏法門《そくしんじょうぶつほうもん》）」（新2124㌻・全1255㌻）が、同じ妙《みょう》一女《いちにょ》という人物に与《あた》えられたことが分かる。

妙一女《みょういちにょ》と妙一尼《みょういちあま》10を同一人物とする説もありますが、一般《いっぱん》に別人とされています。2編とも、妙一女《みょういちにょ》が即身成仏《そくしんじょうぶつ》の法門に関心を持ち、大聖人にお尋《たず》ねしたことへの返答の書です。即身成仏《そくしんじょうぶつ》とは、衆生《しゅじょう》が、その身のままで仏の境涯《きょうがい》を顕《あらわ》すことができることを示す法理です。

妙一女《みょういちにょ》が、この2編のお手紙を頂《いただ》いた弘安《こうあん》3年（1280年）の頃は、蒙古《もうこ》（モンゴル帝国）の2度目の襲来《しゅうらい》がいつ起こるか分からないという不安と、度重《たびかさ》なる天災や疫病《えきびょう》で、政治的にも社会的にも非常に緊迫《きんぱく》していた時です。常に死と隣《とな》り合《あ》わせにいるという状況《じょうきょう》の中で、人々が成仏《じょうぶつ》の法理に関心を持つのは当然のことだったのかもしれません。

仏法の法理に深い理解

2編のうちの最初のお手紙が、弘安《こうあん》3年（1280年）7月14日に御執筆《ごしっぴつ》の

「妙一女御返事《みょういちにょごへんじ》（即身成仏法門《そくしんじょうぶつほうもん》）」です。このお手紙の前半部分は漢文体で書かれています（真筆《しんぴつ》は現存《げんそん》しません）。形式も、他の女性門下《もんか》宛《あ》てのお手紙には見られない問答形式であり、内容も法門に関することに終始しています。具体的には、即身成仏《そくしんじょうぶつ》に関する弘法《こうぼう》・慈覚《じかく》・智証《ちしょう》[11]らの義を破折する内容です。このことから、妙一女《みょういちにょ》は法門の理解が大変に深く、他宗《たしゅう》の教義の知識も持ち合わせていたと考えられます。

10　大聖人御在世《ございせ》当時の鎌倉の女性門下《もんか》。

11　弘法《こうぼう》は、日本真言宗《しんごんしゅう》の開祖である弘法大師《こうぼうだいし》・空海《くうかい》のこと。慈覚《じかく》は平安初期の天台宗《てんだいしゅう》の僧《そう》・円仁《えんにん》であり、第3代天台座主《てんだいざす》。天台宗《てんだいしゅう》の密教《みっきょう》（台密《たいみつ》）を真言宗《しんごんしゅう》に匹《ひっ》敵《てき》するものとし、法華経と密教《みっきょう》は理において同じだが、印《いん》や真言《しんごん》の事相においては密教《みっきょう》が勝《まさ》るという説に立った。智証《ちしょう》は平安初期の天台宗《てんだいしゅう》の僧《そう》・円珍《えんちん》であり、第5代天台座主《てんだいざす》。慈覚《じかく》が進めた天台宗《てんだいしゅう》の密教化《みっきょうか》をさらに推《お》し進《すす》め、密教《みっきょう》が理法・事相ともに法華経に勝《まさ》るとの立場に立った。

この御抄《ごしょう》では、即身成仏《そくしんじょうぶつ》の法門を立てる宗派《しゅうは》には法華《ほっけ》と真言の二つの宗があるものの、真言宗《しんごんしゅう》で説く即身成仏《そくしんじょうぶつ》は、経文の裏付《うらづ》けがなく有名無実《うみょうむじつ》であると述《の》べられています。

求道の姿勢《しせい》

1通目を頂《いただ》いてから2カ月あまり後、妙一女《みょういちにょ》は、再度、即身成仏《そくしんじょうぶつ》の法門について大聖人にうかがっています。大聖人は、その返信である「妙一女御返事《みょういちにょごへんじ》（事理《じり》成仏抄《じょうぶつしょう》）」を弘安《こうあん》3年（1280年）10月5日に認《したた》められました。

大聖人は、1通目の内容を心にとどめるよう述《の》べられ、真言の教えには即身成《そくしんじょう》仏《ぶつ》の実義はなく、法華経の即身成仏《そくしんじょうぶつ》の教えを用《もち》いていくよう念押《ねんお》しをされています。そして、法華経にのみ説かれる真実の即身成仏《そくしんじょうぶつ》の証拠《しょうこ》が、竜女《りゅうにょ》の成仏《じょうぶつ》〈注5を参照〉であると示されています。

このお手紙では、深い法門についても踏《ふ》み込《こ》んで教えられ、凡夫《ぼんぷ》の肉身《にくしん》そのままが、ありのままの仏であること、さらに末法においては日蓮大聖人こそ即身成《そくしんじょう》仏《ぶつ》を可能にする真実の法を弘《ひろ》めていることを明らかにされています。

大聖人は、難解《なんかい》な即身成仏《そくしんじょうぶつ》に関する質問を大変に喜ばれ、「女性の身として、度々このように即身成仏《そくしんじょうぶつ》の法門について尋《たず》ねられたことは、ひとえにただごとではありません。教主釈尊《きょうしゅしゃくそん》があなたの身に入《い》れ替《か》わられたのでしょうか」（新2134ページ・全1262ページ、趣意）と、妙一女《みょういちにょ》の求道の姿勢《しせい》を心から称賛《しょうさん》されています。

さらに大聖人は「あなたは、たちまちに寂光《じゃっこう》の覚月《かくげつ》をながめられることでしょう[12]」（同、趣意）と、成仏《じょうぶつ》への確信を与《あた》えて妙一女《みょういちにょ》の幸せを願われています。

12　寂光《じゃっこう》とは常寂光土《じょうじゃっこうど》の略。法華経に示された、久遠《くおん》の仏が常住する永遠に安穏《あんのん》な国土のこと。この仰《おお》せは、常寂光《じょうじゃっこう》の仏土《ぶつど》の月を眺《なが》めるような成仏《じょうぶつ》の境涯《きょうがい》を胸中《きょうちゅう》に築《きず》けることを教えている。

「竜女《りゅうにょ》が跡《あと》を継《つ》ぎ給《たも》うか」（新２１３４ジ・全１２６２ジ）、すなわち〝竜女《りゅうにょ》の後を継《つ》いで女人成仏《にょにんじょうぶつ》を証明する人〟との真心《まごころ》の励《はげ》ましに、妙一女《みょういちにょ》は感激《かんげき》したに違《ちが》いありません。妙一女《みょういちにょ》は、大聖人の御指南《ごしなん》を心に刻《きざ》んで信心を貫《つらぬ》いていこうと決意したことでしょう。

【関連御書】

妙一女宛て：「妙一女御返事（即身成仏法門）」（新２１２４ジ・全１２５５ジ）、「妙一女御返事（事理成仏抄）」（新２１３１ジ・全１２６０ジ）

日蓮門下の人間群像
——師弟の絆、広布の旅路　下巻

発行日　二〇二三年一月二十六日

編　者　創価学会教学部
発行者　松　岡　資
発行所　聖　教　新　聞　社
〒一六〇-八〇七〇　東京都新宿区信濃町七
電話〇三-三三五三-六一一一(代表)

印刷・製本　図書印刷株式会社

＊

落丁・乱丁本はお取り替えいたします

定価は表紙に表示してあります
ISBN978-4-412-01695-8